全国高职高专精品教材

不动产测绘

洪 波 主 编
朱 勇 副主编

测绘出版社
·北京·

内容简介

本书是全国高职高专精品教材系列之一。全书共分10章,主要内容包括不动产管理的基本知识、不动产权籍调查概述、不动产权属调查、地籍控制测量、地籍要素测量、全国土地调查、面积量算、土地调查数据库及管理系统建设、调查成果整理及检查验收、土地勘测定界。

本书可作为高职高专测绘类专业教材,同时也可作为土地管理、房地产工作者及各类测绘工作者的参考书和培训教材。

图书在版编目(CIP)数据

不动产测绘 / 洪波主编. -- 北京 : 测绘出版社,
2020.9 (2022.11 重印)
全国高职高专精品教材
ISBN 978-7-5030-4278-2

Ⅰ. ①不… Ⅱ. ①洪… Ⅲ. ①不动产－测绘－高等职
业教育－教材 Ⅳ. ①F293.3

中国版本图书馆 CIP 数据核字(2019)第 246616 号

责任编辑　雷秀丽　　**封面设计**　李　伟　　**责任印制**　陈姝颖

出版发行	测绘出版社	**电　　话**	010－68580735(发行部) 010－68531363(编辑部)
地　　址	北京市西城区三里河路50号	**网　　址**	www.chinasmp.com
邮政编码	100045	**经　　销**	新华书店
电子信箱	smp@sinomaps.com	**印　　刷**	北京建筑工业印刷厂
成品规格	184mm×260mm	**字　　数**	390千字
印　　张	16	**印　　次**	2022年11月第2次印刷
版　　次	2020年9月第1版	**定　　价**	48.00元
印　　数	3001－6000		

书　　号　ISBN 978-7-5030-4278-2

前 言

不动产测绘是不动产管理的重要手段，随着测绘技术、计算机技术的飞速发展，以及新技术的不断出现，不动产测绘的手段和方法有了较大改变。特别是《中华人民共和国民法典》的颁布，使不动产管理工作步入了法制化、制度化轨道。随着不动产统一登记制度的全面实施和全国第三次国土调查的全面开展，目前不动产管理事业已经迈进数字化、信息化时代，为科学、高效地管理不动产奠定了基础。

高职教育就是为了培养服务于生产一线的高等技术应用型人才。不动产测绘是不动产管理的基础性工作，是测绘类专业学生必备的一项重要岗位能力。本书在原《地籍与房产测量》(ISBN 978-7-5030-1956-2)的基础上，结合最新颁布的规程和标准及当前高职教育的特点，以工作过程为导向，着重在基础理论和实践应用方面进行系统阐述，体现不动产测量与管理的最新进展，包括政策、理论、方法、成果等，注重实操性，突出工学结合教育特点，在深度和广度上力求体现学科的发展前沿。

本教材在编写过程中突出以下几个特点：

(1)教材内容涵盖了当前地籍管理和房产管理中所涉及的所有测绘工作，以工作过程为导向组织安排教材内容，体现了工学结合教育特点。

(2)以国家最新颁布的行业标准、技术规程为依据，以目前广泛使用的技术手段为主要内容，体现了教材的实用性，同时对一些新技术也做了简要介绍，体现了教材的先进性。

(3)理论知识以“必须”“够用”为尺度，突出实践性。按工作岗位需要来组织整合教材内容，力争做到通俗易懂，便于学生自学。

本教材除了作为高职高专国土测绘与规划、工程测量技术等专业教材之外，也可以作为房地产开发经营、地理与资源类专业的参考书和不动产登记与管理工作的培训教材。

本教材由扬州市职业大学的洪波任主编、朱勇任副主编。全书共分 10 章，主要内容包括不动产管理的基本知识、不动产权籍调查概述、不动产权属调查、地籍控制测量、地籍要素测量、全国土地调查、面积量算、土地调查数据库及管理系统建设、调查成果整理及检查验收、土地勘测定界。其中第 1、2、10 章由洪波编写；第 3、4、5 章及附录 A、附录 B、附录 C 由朱勇编写；第 6、7 章及附录 D 由雷晓霞(扬州市职业大学)编写；第 8、9 章由徐艳(扬州市职业大学)编写；全书由洪波最后统稿和定稿。

由于编者水平有限，不当及疏漏之处在所难免，希望同行专家给予批评指正。

扫码查看 PPT 课件

前　言

目　录

第1章　不动产管理的基本知识

§1.1　不动产的含义及特点

1.1.1　不动产的含义

《中华人民共和国民法典》(以下简称《民法典》)将物分为动产和不动产两类。动产与不动产是我国法律依照物是否可以移动,并且移动是否会损害其价值为标准来区分。动产是指能够移动而不损害其价值或用途的物,如飞机和汽车等。不动产是指不能移动或移动就会损害其价值的物,土地及其定着物即为不动产,包括物质实体及其相关权益,如建筑物及土地上生长的植物,又如探矿权和采矿权等。动产和不动产有时是可以互变的。例如,钢材、水泥等是动产,但是用其做成了房屋,就变成了不动产;树木是不动产,但被砍伐后变成木材就变成了动产。《不动产登记暂行条例》中所称不动产,是指土地、海域,以及房屋、林木等定着物。

1.1.2　不动产与动产的主要区别

1. 权力设定方式不同

动产的转让和其他权利的设定不一定需要书面的形式,而不动产物权的转让和其他权利的设定一般必须采用书面的形式,但是法律另有规定的除外。

2. 公示方式不同

动产的转让以交付为公示方式,而不动产和其他权利的设定则以登记为公示方式。依法属于国家所有的自然资源,所有权可以不登记。

3. 权利派生的种类不同

动产可以派生出质权、留置权。而不动产可以派生出地上权、永佃权、典权、抵押权。

4. 管辖不同

因不动产提起的行政诉讼和不动产物权纠纷的民事诉讼由不动产所在地法院专属管辖。

5. 对他人的权利限制不同

不动产所有人和使用人为自己土地利用的方便,可以通过相邻权或设定地役权而使用他人的土地,而动产则不存在该权利。

1.1.3　不动产的特性

1. 自然特性

(1)不可移动性:又称位置固定性,即地理位置固定。

(2)差异性:又称独特性、异质性,包括位置差异、利用程度差异、权利差异。

(3)耐久性:即寿命长久,例如土地不因使用或放置而损耗、毁灭。

(4)数量有限性:又称供给有限性,土地总量固定有限,经济供给有弹性。

2. 社会经济特性

(1)价值量大:与一般物品相比,不动产不仅单价高,而且总价高。

(2)用途多样性:也称用途的竞争、转化及并存的可能性,主要指空地所具有的特性。例如,从经济角度看土地利用的优先顺序为商业、办公、居住、工业、耕地、牧场、放牧地、森林、不毛荒地。

(3)涉及广泛性:不动产涉及社会多方面,容易对外界产生影响。在经济学中称为外部性,分为正的外部性、负的外部性。

(4)权益受限性:由涉及广泛性引起。政府主要通过设置管制权、征收权、征税权和充公权4种特权进行管理。

(5)难以变现性:即变现力弱、流动性差,主要由价值高、不可移动、易受限制性等造成。影响变现的因素主要有不动产的通用性、独立使用性、价值量、可分割性、开发程度、区位市场状况等。

(6)保值增值性:不动产中的房屋,由于面积不能增加、交通等基础设施不断完善、人口增加等原因,其价值随着时间推移而增加。保值是指不动产能抵御通货膨胀。

§1.2 不动产管理的基本内容

不动产是人类生产和生活的物质基础,也是重要的财富,具有稀缺性和不可替代性,因此,为了合理有效地利用不动产资源,维护所有者和使用者的合法权益,必须加强对不动产资源的管理。不动产管理主要分为土地管理和房产管理两部分,此外还涉及农、林、海洋等资源管理。不动产管理的基础是地籍管理,核心是权属管理。

1.2.1 土地管理的内容

1. 地籍管理

地籍管理是指国家为取得有关地籍资料和全面研究土地的权属、自然和经济状况而采取的以地籍调查、土地登记、土地统计、土地评价和地籍档案等为主要内容的国家措施。地籍管理是土地管理的基础。

2. 权属管理

权属管理是国家为维护土地所有制度,保护土地所有者和使用者的合法权益,调整土地关系,合理组织土地利用而依法对土地所有权和使用权进行科学的管理。其为确定土地权属、变更土地权属及处理土地权属纠纷提供法律凭证。土地管理的各项内容都要以权属管理作为保障其顺利实施的条件。因此,土地权属管理是土地管理的核心。

3. 土地利用管理

土地利用管理是通过编制和实施各级土地利用总体规划和专项规划、土地用途管制,以及采取地租、地价、地税等经济杠杆,对农用地、建设用地、未利用土地的开发、利用、保护进行组织、监督和调控。

4. 土地市场管理

土地市场是土地在流通过程中发生的经济关系的总和。主体是土地买卖双方,客体是土地,主体之间的种种利益关系构成了市场。价格是市场的中心,土地市场也可以说是土地供求双方为确定土地交换价格而进行的一切活动或安排。我国的土地市场有城镇国有土地使用权出让市场(也称“土地一级市场”)、城镇国有土地使用权转让市场(也称“土地二级市场”)、土地金融市场、涉外土地市场和土地中介服务市场五种类型。另外,2020 年 1 月 1 日生效的修改后的《土地管理法》有了关于农村集体经营性建设用地可以入市的新规定。土地市场有资源配置、价格管理、收益分配、市场法律和土地中介服务五大体系。土地市场管理包括对土地市场供需、土地交易、土地价格、土地市场化配置等进行管理。

1.2.2　房产管理的内容

1. 产权产籍管理

产权产籍管理是城市行政管理的重要组成部分,是政府主管机关为保障产权人合法权益而对房产产权的取得、灭失及合法变动行为的确认,以及为此目的而实施的管理。产权产籍管理主要包括产权确认、产权登记、禁止产权转移和代管等内容。

2. 开发经营管理

开发经营管理主要包括对开发经营企业的管理、对开发项目的管理和对经营活动的管理。

3. 房地产交易管理

房地产交易管理是房地产市场管理的重要内容。城镇房地产交易,包括各种所有制房屋的买卖、租赁、转让、抵押等。房地产交易管理是指政府设立的房地产交易管理部门及其他相关部门以法律的、行政的、经济的手段对房地产交易活动行使指导、监督等管理职能,其主要通过不动产登记制度来实现。

§1.3　不动产登记

1.3.1　我国不动产登记状况回顾

在《中华人民共和国物权法》(以下简称《物权法》)颁布之前,不动产登记分属于国土、房产、林业、农业、海洋等相关部门。2007 年《物权法》颁布实施,其第十条规定“国家对不动产实行统一登记制度”。但不动产登记“九龙治水”的管理模式让统一登记面临部门利益和职权再分配等难题,加之一系列的法律技术难题,致使统一登记进展缓慢,甚至一度陷入停滞。

2013 年 11 月,国务院常务会议决定由国土资源部负责指导监督全国不动产统一登记职责,并会同住房和城乡建设部、农业部、林业局、海洋局,建立不动产登记工作部际联席会议制度,明确了各自的登记责任。

2014 年 5 月,经中央机构编制委员会办公室批复,在国土资源部地籍司加挂成立不动产登记局。将不动产登记职责统一到一个部门,实行“一站式”服务。2014 年 11 月 28 日,中央编办批复同意中国土地矿产法律事务中心更名为国土资源部不动产登记中心,主要承担不动产登记相关政策、业务、技术等方面的支撑工作。与此同时,各地方政府也已成立了不动产登记主管部门,并开展相关工作。不动产统一登记基本完成各级职责整合,建立基础性制度。

2014 年 12 月 24 日,《不动产登记暂行条例》正式公布。2015 年 6 月 29 日,《不动产登记暂行条例实施细则》审议通过。这些条例的实施使得不动产统一登记配套制度健全,登记工作平稳有序实施。

2018 年 3 月，中华人民共和国自然资源部成立，主要负责对自然资源开发利用和保护进行监管，建立空间规划体系并监督实施，履行全民所有各类自然资源资产所有者职责，统一调查和确权登记，建立自然资源有偿使用制度，负责测绘和地质勘查行业管理等。同年 7 月 1 日不动产登记信息管理基础平台投入运行，标志着不动产统一管理、统一登记体系已经形成。

2020 年 5 月 28 日通过的《民法典》第二百一十条规定国家对不动产实行统一登记制度。统一登记的范围、登记机构和登记办法，由法律、行政法规规定。使得不动产统一登记制度有了法律保障。

1.3.2 不动产登记概念

不动产登记是《民法典》确立的一项物权制度，规定不动产物权的设立、变更、转让和消灭，经依法登记，发生效力；未经登记，不发生效力，但是法律另有规定的除外。《不动产登记暂行条例》第二条规定不动产登记是指不动产登记机构依法将不动产权利归属和其他法定事项记载于不动产登记簿的行为。不动产登记簿是权利归属和内容的根据，不动产登记簿由登记机构管理。不动产登记遵循的是法律对不动产权利的认定规定，因此不动产登记是一种法律行为。但它也体现了国家行政权力对不动产权属关系的合理干预，因此也是一种行政行为，通过不动产登记明晰不动产产权，来保护权利人的利益。

不动产登记的目的是确认不动产所有权、使用权及他项权利，维护不动产所有制制度，保护所有者、使用者的合法权益，为充分合理有效利用不动产资源提供法律依据。

不动产登记是不动产权属管理的一种制度，是国家依法行使的一项法律措施和行政措施。

1.3.3 不动产登记的类型

根据《不动产登记暂行条例》规定，不动产登记主要包括以下八类登记内容。

1. 不动产首次登记

不动产首次登记是指不动产权利第一次登记。市、县人民政府可以根据情况对本行政区域内未登记的不动产，组织开展集体土地所有权、宅基地使用权、集体建设用地使用权、土地承包经营权的首次登记。

2. 变更登记

下列情形之一的，不动产权利人可以向不动产登记机构申请变更登记：

(1)权利人的姓名、名称、身份证明类型或者身份证明号码发生变更的；

(2)不动产的坐落、界址、用途、面积等状况变更的；

(3)不动产权利期限、来源等状况发生变化的；

(4)同一权利人分割或者合并不动产的；

(5)抵押担保的范围、主债权数额、债务履行期限、抵押权顺位发生变化的；

(6)最高额抵押担保的债权范围、最高债权额、债权确定期间等发生变化的；

(7)地役权的利用目的、方法等发生变化的；

(8)共有性质发生变更的；

(9)法律、行政法规规定的其他不涉及不动产权利转移的变更情形。

3. 转移登记

因下列情形导致不动产权利转移的，当事人可以向不动产登记机构申请转移登记：

(1)买卖、互换、赠予不动产的；
(2)以不动产作价出资(入股)的；
(3)法人或者其他组织因合并、分立等原因致使不动产权利发生转移的；
(4)不动产分割、合并导致权利发生转移的；
(5)继承、受遗赠导致权利发生转移的；
(6)共有人增加或者减少以及共有不动产份额变化的；
(7)因人民法院、仲裁委员会的生效法律文书导致不动产权利发生转移的；
(8)因主债权转移引起不动产抵押权转移的；
(9)因需役地不动产权利转移引起地役权转移的；
(10)法律、行政法规规定的其他不动产权利转移情形。

4. 注销登记

有下列情形之一的，当事人可以向不动产登记机构申请办理注销登记：
(1)不动产灭失的；
(2)权利人放弃不动产权利的；
(3)不动产被依法没收、征收或者收回的；
(4)人民法院、仲裁委员会的生效法律文书导致不动产权利消灭的；
(5)法律、行政法规规定的其他情形。

5. 更正登记

权利人、利害关系人认为不动产登记簿记载的事项有错误，可以申请更正登记。

6. 异议登记

利害关系人认为不动产登记簿记载的事项错误，权利人不同意更正的，利害关系人可以申请异议登记。

7. 预告登记

有下列情形之一的，当事人可以按照约定申请不动产预告登记：
(1)商品房等不动产预售的；
(2)不动产买卖、抵押的；
(3)以预购商品房设定抵押权的；
(4)法律、行政法规规定的其他情形。

8. 查封登记

人民法院、人民检察院等国家机关依法需要对不动产查封的，不动产登记机关按照人民法院、人民检察院等国家机关下达的协助执行通知书要求对不动产办理查封登记。

1.3.4　不动产登记的程序

1. 申请

申请人或委托代理人向登记机关提出书面申请并提交有关证明材料。申请材料主要包括：
(1)登记申请书；
(2)申请人、代理人身份证明材料、授权委托书；
(3)相关的不动产权属来源证明材料、登记原因证明文件、不动产权属证书；
(4)不动产界址、空间界限、面积等材料；

(5)与他人利害关系的说明材料；

(6)法律、行政法规以及本条例实施细则规定的其他材料。

2. 现场审核

现场审核主要审核登记职责范围，申请材料是否齐全、是否符合法定形式，如符合要求当场受理申请，如不符合要求应当场书面一次性告知申请人需要补正的全部内容。

3. 查验

登记机关对申请人提交的材料进行查验，查验的主要内容有：

(1)不动产界址、空间界限、面积等材料与申请登记的不动产状况是否一致；

(2)有关证明材料、文件与申请登记的内容是否一致；

(3)登记申请是否违反法律、行政法规规定。

必要时不动产登记机关可以对申请登记的不动产进行实地查看或进行实地调查。

4. 登记

将不动产的基本情况记载于登记簿上。记载的内容主要包括：

(1)不动产的坐落、界址、空间界限、面积、用途等自然状况；

(2)不动产权利的主体、类型、内容、来源、期限、权利变化等权属状况；

(3)涉及不动产权利限制、提示的事项；

(4)其他相关事项。

5. 颁发证书

不动产登记机关完成登记后，应当依法向申请人核发不动产权属证书或者登记证明。主要包括不动产所有权证书、使用权证书和他项权利证书等。不动产权属证书是权利人享有该不动产物权的证明。不动产权属证书记载的事项，应当与不动产登记簿一致；记载不一致的，除有证据证明不动产登记簿确有错误外，以不动产登记簿为准。

§1.4 地籍与土地权属

1.4.1 地 籍

1. 地籍的含义

地籍，简单地说就是土地的户口。在我国，地籍最初是为了增收赋税而产生的，并且有着悠久的历史。早在四千多年前的夏禹时期就有了地籍的雏形，以后随着社会的进步和科学技术的发展，人们对土地的认识和利用程度不断提高，统治阶级为了维护其阶级利益，对土地实施了一系列管理，地籍的含义也在不断地发展和丰富，从最初的“税收地籍”到“产权地籍”再到今天的“多用途地籍”。不同时期的地籍无论是在内容上还是在形式、载体及功能上都有很大程度的丰富和完善。目前对地籍的主流解释是指由国家监管的、以土地权属为核心、以地块为基础的土地及其附着物的权属、位置、数量、质量和利用现状等土地基本信息的集合，并用数据、表册、文字和图等各种形式表示。

对地籍含义的理解可把握以下几点。

1)国家建立、管理地籍

地籍资料是土地登记的重要依据，经登记的土地受法律保护，同时，地籍资料也是国家管理土地、取得有关土地资料、巩固土地制度、合理利用土地、征收赋税、制定政策、编制规划的重要依据。因此，地籍必须由国家来建立和管理。

2)土地权属是地籍的核心

地籍定义中强调了"以土地权属为核心"，即地籍是以土地权属为核心对土地诸要素隶属关系的综合表述。

3)以地块为基础建立地籍

土地在空间上是连续的，一个区域的空间连续土地根据被占有、使用等原因被分割成边界明确、位置固定、具有不同权属的许多块。地籍的内涵之一就是以地块为基础，准确地描述每一块土地的自然属性和社会经济属性，并以地块为基础建立相应独立的地籍档案。

4)地籍必须描述地块内附着物的状况

地面上的附着物是人类赖以生存的物质基础，是土地的重要组成部分。在城镇，人们是通过利用地上附着物来间接发挥土地的价值。地上附着物又是土地利用分类的重要标志。因此，地籍必须对土地及其附着物进行综合描述。

5)地籍是土地基本信息的集合(简称"土地清册")

土地基本信息包括土地调查册、土地登记册和土地统计册，用图(地籍图)、数(地籍数据)、表(地籍表)的形式描述了土地及其附着物的权属、位置、数量、质量和利用状况。图、数、表之间通过特殊的标识符(关键字)相互连接，这个标识符就是通常所说的地块号(宗地号或地号)。

2. 地籍的种类

随着地籍使用范围的不断扩大，其内容也越加充实，类别的划分也更趋合理。地籍按其发展阶段、对象、目的和内容的不同，可以划分为不同的类别体系。

1)按地籍的用途划分

地籍可分为税收地籍、产权地籍和多用途地籍。

在一定社会生产方式下，地籍具有特定的对象、目的、作用和内容，但它不是一成不变的。地籍发展的过程，也是地籍用途不断扩张的过程。

(1)税收地籍。税收地籍是早期采用的一种地籍制度，其目的是为国家税收服务，所以税收地籍的内容包括纳税人的姓名、地址、土地面积，以及为确定税率所需要的土地等级。

(2)产权地籍。产权地籍也称法律地籍。这是社会发展到一定阶段的产物。随着经济的发展和社会结构的复杂化，土地交易日益频繁和公开化，因而促使地籍不但要用于税收，还要用于产权保护。产权地籍是国家为维护土地所有制度、保护土地所有者及使用者的合法权益、鼓励土地交易、防止土地投机、保护土地买卖双方的利益而建立的土地清册。凡经登记的土地，其产权证明都具有法律效力。为此，产权地籍必须以反映宗地的权属、界线和界址点的精确位置及准确的土地面积等为主要内容。

(3)多用途地籍。多用途地籍也称现代地籍，是税收地籍和产权地籍进一步发展的结果，其目的不仅是为课税或保护产权服务，更重要的是为土地利用、保护和科学管理土地提供基础资料，同时也为规划、城市建设、房产等部门提供基础资料。经济的快速发展和社会结构复杂化的加剧为地籍应用领域的扩张提供了动力，而科学技术的发展，则为地籍内容的深化和扩张提供了强有力的技术支撑，从而使地籍突破税收地籍和产权地籍的局限，具有多用途的功能。

2)按地籍的特点和任务划分

地籍可分为初始地籍和日常地籍。

初始地籍是指在某一时期内，对其行政辖区内全部土地进行全面调查后，建立的新的地籍（不是指历史上的第一次）。

日常地籍是针对土地及其附着物的权属、位置、数量、质量和利用状况的变化，以初始地籍为基础进行修正、补充和更新的地籍。

初始地籍和日常地籍是不可分割的完整体系。初始地籍是基础，日常地籍是对初始地籍的补充、修正和更新。

3）按城乡土地的不同特点划分

地籍可分为城镇地籍和农村地籍。

城镇土地和农村土地在利用方式上存在较大区别。城镇地籍的对象是城镇的建城区的土地，以及独立于城镇以外的工矿企业、铁路、交通等用地。农村地籍的对象是城镇郊区和农村集体所有土地，以及国有农场使用的国有土地和农村居民点用地等。由于城镇土地利用率和集约化程度高、建（构）筑物密集、土地价值高，位置和交通条件所形成的级差收益悬殊，因此，城镇地籍要求的精度高，而农村地籍则精度要求相对较低。因此，在地籍的内容、土地权属处理、地籍的技术和方法及其成果整理、编制等方面，城镇地籍比农村地籍有更高、更复杂的要求。

4）按地籍手段和成果形式划分

地籍可分为常规地籍和数字地籍。这是近年来地籍手段快速发展引起的一种分类，具有普遍性和必然性。

常规地籍一般以过去通常运用的手段和形式来完成地籍信息的收集、调查、记载、整理，然后通过建图、表、卡、册、簿等方式来表现地籍资料。常规地籍费工费时，成果累赘，应用管理不便，差错防范困难。

数字地籍是指地籍测量、管理、应用全过程的数字化。数字地籍是地籍管理的一种形式，也是地籍管理的重要阶段。数字地籍从基础调查资料起，用数字的形式存储于体积小、重现度高的介质中，通过规范的程序实现整理、分类、汇总及建库。无论图形资料还是数据资料，都转化为数字形态。从而省略了累赘不便的图、表、卡、册、簿。数字地籍具有处理能力强、省工节时、防止加工整理差错、检索快捷准确、表现形式生动等优越性。它代表着地籍现代化的方向。数字地籍在某种程度上拓展了传统地籍的应用范畴，可以与其他系统集成，并满足如规划、土地评估、统计，以及数字城市的应用。

除此以外，也有人按行政管理层次将地籍管理分为国家地籍管理和基层地籍管理。将县和县以上的地籍管理划为国家地籍管理，乡和村的地籍管理划归基层地籍管理。

3. 地籍的特点

地籍具有空间性、法律性、精确性和动态性的特点。

1）地籍的空间性

地籍的空间性是由土地的空间特点所决定的。在一定的空间范围内，地界的变动，必然带来土地使用面积的改变，各种地类界线的变动，也一定带来各地类面积的增减变化。因此，地籍的内容不仅需要记载在地籍簿册上，同时还应标绘在地籍图上，并力求做到图册与簿册相一致。

2）地籍的法律性

地籍的法律性是指地籍图上界址点、界址线的位置和地籍簿上的权属记载及其面积的登记，要有严格的法律程序并有充足的法律依据，有关凭证要作为地籍的必要组成部分。地籍的法律性体现了地籍图册资料的可靠性。

3)地籍的精确性

地籍的精确性是指地籍资料的获取一般要通过实地调查获得,同时还要运用先进的测绘和计算方面的科技手段,否则就会使地籍数据失真。

4)地籍的动态性

地籍的动态性一方面反映地籍的内容在随着自然条件和社会经济条件的变化而变化,如面积、等级、权属等。为反映地籍资料的现势性,必须对地籍资料经常更新,否则过时的地籍资料会失去应有的使用价值。另一方面,地籍的服务范围也在随着社会的发展、技术的进步,在逐步扩大,内容也在不断丰富。地籍始终处在一个发展变化的过程中。

4. 地籍的功能

1)地籍的税收功能

地籍最初就是为了税收而产生的,"税由籍而来,籍为税而设"。地籍由原来的税收地籍发展到今天的多用途地籍,无论是在内容还是表现形式上都有了很大变化,但最基本的税收功能仍应保留。

2)地籍的产权保护功能

地籍的核心是土地权属,产权地籍主要是国家为维护土地所有制度、保护土地所有者及使用者的合法权益而建立的。凡经登记的土地,其产权证明具有法律效力。

3)地籍的土地正常交易维护功能

利用地籍提供的土地及其附着物的位置、面积、用途、等级和使用权、所有权状况,结合国家和地方的有关法律法规,为以土地及其附着物为目标的经济活动(如土地的有偿转让、出让,土地和房地产税费的征收,防止房地产市场投机等)提供可靠准确的基本资料,从而促进以土地为目标的经济活动正常进行。

4)地籍的土地管理功能

地籍所提供的有关土地类型、数量、质量和权属等基本资料是调整土地关系,合理组织土地利用的基本依据。土地利用状况及其境界位置的资料是进行土地分配、再分配和征拨土地工作的重要依据。土地的数量、质量及其类型分布规律是编制土地利用总体规划、村镇规划、城市规划的基础。因此,在开展土地管理工作中,地籍是不可缺少的。

5)地籍的多目标服务功能

土地是人类赖以生存的最基本生产资料,人类的一切活动都离不开土地。随着社会经济的发展,地籍所登录的土地信息资料不仅为土地管理服务,同时也为国民经济各部门提供服务。

1.4.2 土地权属

1. 土地权属的含义

土地权属,也称地权,是指土地产权的归属。包括土地所有权、土地使用权和土地他项权利。土地产权是土地制度的核心。土地制度对于土地权利的种种约束表现为土地产权的约束。

1)土地所有权

土地所有权是土地所有制在法律上的表现,具体是指国家或农民集体在法律规定的范围内对其拥有土地享有的占有、使用、收益和处分的权利。土地所有权的一个特点是具有排他性,也就是同一块土地上只能有一个所有权存在,而不能同时存在两个以上的所有权。在我国,土地所有权相对于一般财产所有权，具有主体特定性、交易禁止性、权属稳定性、权能分离性等特点。

我国实行土地的社会主义公有制，即全民所有制和劳动群众集体所有制。因此，我国现行土地的所有权有两种，即国家土地所有权和集体土地所有权。

(1)国家土地所有权。国家土地所有权是指国家依法对其所有的土地享有占有、使用、收益和处分的权利。国家土地所有权由国务院代表国家行使，也可由国务院通过制定行政法规或者发布行政命令授权地方人民政府及其职能部门行使。被授权的县级以上地方人民政府及其职能部门以本机关的名义行使国家土地所有权，但须依法经有审批权的人民政府审批。

(2)集体土地所有权。集体土地所有权是指劳动群众集体对属于其所有的土地依法享有的占有、使用、收益和处分的权利。集体土地所有权的主体只能是农民集体。所谓农民集体应具备三个条件：①必须有确定的形式和组织机构，如集体经济组织或者村民委员会；②应当具有民事主体资格，就是说这个集体组织是被法律承认的，能够依照法律享受权利和承担义务；③集体成员应为长期生活于该集体内的农村居民。

农民集体所有的土地，依照法律分别属于村农民集体、乡(镇)农民集体和村内两个以上的农村集体经济组织的农民集体所有。它们之间在土地所有权上是平等的、相互独立的，都是可以单独承担义务和享受权利的民事主体。

——村农民集体土地所有权。村农民集体土地所有权属于全村农民集体所有，村农业生产合作社或者村民委员会等只能作为集体土地的经营和管理者，是农民集体经济组织的法人机关或者法定代表人，也就是集体土地所有者的法定代表。

——乡(镇)农民集体土地所有权。乡(镇)农民集体所有的土地属于全乡(镇)农民集体所有，一般由乡(镇)办企事业单位使用，也可以由乡农民集体或个人使用。乡(镇)农民集体经济组织指的应是全乡(镇)性的、包括乡(镇)全体农民的经济组织，而不是一般意义上的乡(镇)企业。乡(镇)农民集体所有的土地，目前一般是由乡(镇)人民政府代管的，即由乡(镇)人民政府代行乡(镇)农民集体的土地所有权及其他财产权。

——村内两个以上农村集体经济组织的土地所有权。行政村内两个以上各自独立的集体经济组织，一般是指由过去的生产队沿袭下来的组织。农村体制改革实行大包干以后，大部分生产队已经解体，一些地区相应建起了村民小组。这种村内的农业经济组织是否具有集体土地所有权的主体特征，可以从两个方面来考察：一是各个农业经济组织之间是否仍然明确保持着过去生产队时期的土地权属界线；二是这些农业经济组织对自己认定的界线内的土地有无法律规定的占有、使用、收益、处分的权利。具体可以通过考察是否具有排斥他人的、独自的占有使用权，农、林、牧、渔业用地承包经营的发包权，以及国家建设征用土地时的独立受偿权等。

集体土地所有权具有不完全性，在收益和处分方面受到一定的限制。如集体土地所有者不得擅自改变土地用途，集体土地不得违规进行出让、出租，或用于非农业建设等。

2)土地使用权

土地使用权是民事主体(国家机关、企事业单位、社会团体、农村集体经济组织和公民个人等)在法律允许的范围内对国有土地或集体土地占有、使用、收益的权利。土地使用权按照其所依附的土地所有权不同，分为国有土地使用权和集体土地使用权。

(1)国有土地使用权。国有土地使用权是指依法使用国家所有土地的权利。其主体具有多样性，可以是国家机关、企事业单位、社会团体、境外组织和个人，凡符合依法使用我国国有土地条件的，都可成为我国的国有土地使用者。国有土地使用权的取得方式主要有划拨、出让、国家作价出资(入股)、租赁、国家授权经营等方式。

(2)集体土地使用权。集体土地使用权一般是指,农村集体经济组织及其成员,或符合法律规定的其他组织和个人,进行非农业建设和农业生产依法使用集体所有土地的权利。非农业建设用地包括乡(镇)、村企事业建设用地、农村居民宅基地和乡(镇)、村公益事业建设用地三类。集体土地使用权的主体有较为严格的限制,一般只能由本集体及其所属成员享有使用权。全民所有制单位和城市集体所有制单位进行建设,需要使用集体所有的土地,应当经过征用,使之转为国有土地后才能取得使用权,即国有土地使用权。一般不允许全民所有制单位或城市集体所有制单位拥有集体土地使用权。但下列情况例外。

——企业单位或个人与农民集体举办联营企业,经过批准,农民集体可以按照联营协议将土地使用权作为联营条件,从而使联营企业获得集体土地使用权。

——农民集体的土地已由其他农民集体按协议使用的,则该农民集体所有的土地可以由另一个农民集体取得集体土地使用权。

——非农业户口和其他农民集体的农民按照有关法律、政府规定使用集体所有土地作为宅基地或承包经营农业用地的,可以取得该集体土地使用权。

——依照《中华人民共和国土地管理法》(以下简称《土地管理法》)规定,农民集体企业因破产或被其他企业兼并可以将集体土地使用权转给非本集体的单位或个人。

——全民所有制单位和城市集体所有制单位通过承包开发集体四荒地(荒山、荒沟、荒丘、荒滩)取得集体土地使用权。

3)土地他项权利

土地他项权利是在已经确定了他人所有权和使用权的土地上设定的其他利用土地方面的权利。土地他项权利的主体具有特定性,他项权利者必须是与土地所有者或使用者有着密切关系的单位和个人,如邻里关系、土地使用权租赁关系、土地使用权抵押关系、地上附着物权属关系等。土地他项权利的发生,有的是由于土地所有者和使用者通过协议出让了部分权利,有的是法律明文规定的。土地他项权利与土地所有权和使用权客体一般同为一块土地,它既依附于土地的所有权和使用权,又是对土地所有权和使用权的一种限制。这种限制往往影响土地所有者和使用者对土地的充分利用,从而影响土地所有权和使用权的价值。

土地他项权利包括抵押权、租赁权、地役权等。随着土地使用制度的改革,还会逐步派生出各种各样的土地他项权利。

(1)抵押权。抵押权是指抵押人(债务人或第三人)以不转移占有方式向抵押权人(债权人)提供土地作为债务履行担保,在债务人不履行债务时,债权人可依法将土地使用权拍卖并优先受偿的权利。经出让、转让的土地使用权可以用来抵押。抵押当事人应当签订合同,并经土地部门登记后,抵押权人即取得土地使用权的抵押权。抵押终止,抵押权即告消灭。抵押人破产的,抵押权人可以从土地使用权拍卖收益中得到补偿。

(2)租赁权。租赁权是指经出让的土地使用权可以出租,承租人对所承租的土地有租赁权,这是我国的一种较为特殊的土地他项权利。租赁权经土地登记可以保护土地承租人在租期内对土地的合法使用。

(3)地役权。地役权是指为自己土地利用的需要,而对他人土地加以支配的权利。例如,甲、乙两工厂相邻,甲工厂原有东门,甲工厂为了解决本厂职工上下班通行方便,想开一个西门,但必须借用乙工厂的道路通行。于是甲、乙两工厂约定,甲向乙支付使用费,乙工厂允许甲工厂的员工通行，为此双方达成书面协议，在乙工厂的土地上设立了通行地役权。此时，乙地称为供役地，甲地称为需役地。

2. 土地权属的来源

土地权属的来源是指土地所有者或使用者最初取得土地的方式。判断某一宗地是国家所有还是集体所有，是国有土地使用权还是集体土地使用权，必须查清土地的权属来源。

1)国家土地所有权来源

(1)国家依照《中华人民共和国土地改革法》(以下简称《土地改革法》)和《城市郊区土地改革条例》没收、征收、收归国有的土地。土地改革时，国有化的土地包括《土地改革法》第十五、十八、十九、二十五、二十六条和《城市郊区土地改革条例》第九条规定的土地，以及国家机关、企业、学校、团体等接收、接管的土地。

(2)《中华人民共和国宪法》(以下简称《宪法》)第九条规定属于国家所有的水流、森林、山岭、草原、荒地、滩涂等自然资源。

(3)《土地管理法》第九条规定的城市市区土地和法律规定属于国家所有的农村和城市郊区土地。

(4)国家依照法律规定征用的农民集体所有的土地和土地私有时期个人所有的土地。

(5)其他形式转为国有的土地。

2)国有土地使用权来源

(1)城市内的单位和个人及农村和城市郊区国有工矿企业、交通运输业、学校、医院、监狱、宗教等社会团体，以及其他使用国有土地的单位，从新中国成立前沿用下来的土地。

(2)国家机关、企事业单位接收使用新中国成立前敌伪和官僚地主等留下来的土地。

(3)国家划拨的国有土地：①依照审批程序划拨的；②城市郊区土改时交农民使用的国有土地；③国有荒山、荒地、滩涂及征而未用的土地按有关政策的规定由农民集体使用的；④国有森林、水利工程、荒山、荒地、滩涂依照法律和政策由有关部门管理并使用的。

(4)征用集体的土地：①依法征用后使用的；②在特定条件下以合同(协议)方式征用的；③在特定条件下，通过购买集体土地或地上附着物而取得土地使用权的；④在一定条件下，因受赠土地取得土地使用权的；⑤依照政策使用由集体所有转为国家所有的土地的。

(5)继承、购买、受赠国有土地上附着物而取得土地使用权的。

(6)使用有偿出让、国家入股、国家出租或授权经营、转让的国有土地的。

(7)其他土地使用权的来源。

以上所称的“特定条件”或者“一定前提”，是指仅适于历史上法制不健全时期发生的情况，一般未按规定办理征用和划拨手续，应通过补办手续予以确认。

3)集体土地所有权来源

(1)1956年由农民个人所有的土地入社后转为集体所有。

(2)1962年《农村人民公社工作条例修正草案》(简称《六十条》)规定的生产队范围内的土地。

(3)《宪法》第九条规定集体所有的森林、山岭、草原、荒山、滩涂等。

(4)《土地管理法》第九条规定的除属于国家所有以外的农村和城市郊区的土地，以及农民宅基地、自留地、自留山。

(5)占用其他集体闲置的土地达20年以上的，转为占有者集体所有。

(6)与国家或其他集体交换的土地。

(7)乡(镇)企、事业单位依法占用的村农民集体所有的土地,属乡(镇)农民集体所有。

(8)其他形式的集体土地。

4)集体土地使用权来源

1982年以前,国家对使用集体土地搞建设没有统一的、明确的规定,因而集体土地使用权的来源十分复杂,并且不同地区不同时期占用土地方式差异很大。1982年《村镇建房用地管理条例》实施后,集体土地的管理才逐步走上正轨。

(1)乡(镇)、村企事业集体土地使用权来源:①依法使用集体土地(参照国家建设征用土地的标准进行过用地补偿和安置);②1982年以前通过与被用单位签订协议使用的集体土地;③1962年以前调用集体土地没有退还的;④1982年以前农民集体自行使用本集体土地的;⑤过去经有关领导批准或同意,并进行了一定的土地调整或补偿的;⑥沿用已撤销企、事业单位闲置的土地。

(2)宅基地集体土地使用权来源:①集体拨用;②私有宅基地转来;③通过继承、购买房产使用集体土地。

(3)农业用地的集体土地使用权来源:①与集体签订承包合同;②与原使用人(承包人)在集体参与下签订转包合同;③承包开发利用集体四荒地;④以招标、拍卖、协议等方式有偿取得集体荒地的开发权、使用权。

3. 土地权属的确认

1)土地权属的确认方式

所谓土地权属的确认(简称"确权")是指依照法律对土地权属状况的认定,包括土地所有权和土地使用权的性质、类别、权属主及其身份、土地位置等的认定。确权涉及用地的历史、现状、权源、取得时间、界址及相邻权属主等状况,是地籍调查中一件细致而复杂的工作。一般情况下,确权工作由当地政府授权的土地管理部门主持,土地权属主(或授权指界人)、相邻土地权属主(或授权指界人)、地籍调查员和其他必要人员都必须到现场。具体的确认方式如下。

(1)文件确认。它是根据权属主所出示并被现行法律所认可的文件来确定土地使用权或所有权的归属,这是一种较规范的土地权属认定手段,城镇土地使用权的确认大多用此方法。

(2)惯用确认。它主要是对若干年以来没有争议的惯用土地边界进行认定的一种方法,是一种非规范化的权属认定手段,主要适用于农村和城市郊区。在使用这种认定方法时,为防止错误发生,要注意以下几点:一是尊重历史,实事求是;二是注意四邻认可,指界签字;三是不违背现行法规政策。

(3)协商确认。当确权所需文件不详,或认识不一致时,本着团结、互谅的精神,由各方协商,对土地权属进行认定。

(4)仲裁确认。在有争议而达不成协议的情况下,双方都能出示有关文件而又互不相让的情况下,应充分听取土地权属各方的申述,实事求是地、合理地进行裁决。不服从裁决者,可以向法院申诉,通过法律程序解决。

2)土地权属的确认

(1)农村地区(含城市郊区)土地所有权和使用权的确认。

农村土地所有权和使用权的确认涉及村与村、乡与乡、乡村与城市、村与独立工矿及企事业单位的边界等。它不但形式复杂,而且往往用地手续不齐全。因此,应将文件确认、惯用确认、协商确认或仲裁确认几种方式结合起来确认农村土地所有权和使用权。对完成了土地利用现状调查的地区，其调查成果的表册和图件是很有说服力的确权文件的，应予承认。

铁路、公路、军队、风景名胜区和水利设施等用地，其所有权属国家，使用权归各管理部门。由于这些用地分布广泛，并且比较零乱，其权属边界比较复杂。在进行土地权属调查时，按照土地使用原则和征地或拨地文件确认土地的使用权和所有权。

(2)城市土地使用权的确认。

城市的土地所有权为国家所有，权属主只有土地使用权。城市土地使用权主要按以下文件确认：

——单位用地红线图。红线图是指在大比例尺的地形图上标绘用地单位的用地红线，并注有用地单位名称、用地批文的文件名、批文时间、用地面积、征地时间、经办人和经办单位印章等信息的一种图件。红线图的形成经过建设立项、上级机关批准、用地所在市县审批、城市规划部门审核选址、地籍管理部门和建设用地部门审定和办理征(拨)地手续，再由城市勘测部门划定红线等一系列法定手续。红线图是审核土地权属的权威性文件。在进行地籍调查时，可根据该红线图来判定土地权属，并到实地勘定用地范围的边界。

——房地产使用证。包括地产使用证、房地产使用权证或房产所有权证。1949 年以来的几十年中，有的城市曾经核发过地产使用证。1978 年至 1986 年，城市房地产部门组织过地籍测量，绘制过房产图，并发放过房地产使用权证或房产所有权证。这些文件可作为确权依据。

——土地使用合同书、协议书、换地书等。1949 年至 1986 年的几十年中，企事业单位之间的调整、变更，企事业单位之间的合并、分割、兼并、转产等情况，它们所签订的各种形式的土地使用合同书、协议书、换地书等，本着尊重历史、注重现实的原则，可作为确权文件。

——征(拨)地批准书和合同书。1949 年至 1982 年，企事业单位建设用地采取征(拨)地制度。权属主所出示的征(拨)地批准书和合同书，可作为确权文件。

——有偿使用合同书(协议书)和国有土地使用权证书。1986 年之后，国家进一步明确了土地所有权与使用权分离的制度，改无偿使用土地为有偿使用土地。政府土地管理部门为国有土地管理人，以一定的使用期限和审批手续，对土地使用权进行出让、转让或拍卖。所签订的有偿使用合同书(或协议书)和发放国有土地使用权证是土地使用权确认的文件。

——城市住宅用地确权的文件。现阶段我国的城市住宅有三种所有制，即全民所有制住宅、集体所有制住宅和个人所有制住宅。一般情况下，住宅的权属主同时是该住宅所坐落的土地的权属主。单位住宅用地根据其征(拨)地红线图和有关文件确权；个人住宅用地(含购商品房住宅)根据房产证、契约等文件确权；奖励、赠予的房屋用地应根据奖励证书、赠予证书和有关文件(如房产证)确认土地使用权。

§1.5 土地利用现状分类

土地由于所处的环境与地域的不同，它们在形态、色泽和肥力等方面存在着差异，加之人类生活、生产对土地的需求和施加的影响，导致了土地生产能力和开发利用方式上的差异。土地分类的目的是为了正确认识土地，从而能因地制宜地开展土地开发、利用、保护、改良、调查、统计和管理等。

1.5.1 土地分类的基本概念

土地分类是指按一定的分类标志(指标)，将性质上有差异的土地划分成的若干类型。土地分类体系(或土地分类系统)是按照统一规定的原则和分类标志,将分类土地有规律、分层次地排列组合在一起。

土地分类研究对象的核心是分类标志,分类标志依据土地分类成果应用的需要而不同。我国在科学研究和实际工作中常见的土地分类系统有土地自然分类系统、土地评价分类系统、土地利用分类系统。

1. 土地自然分类体系

土地自然分类体系(即土地类型分类体系)主要是依据土地自然属性分类,如地貌、植被、土壤等。它可以依据土地的某一自然特性分类,也可以依据土地的自然综合特性分类。例如,按土地的地貌特征分类,可将土地分为平原、丘陵、山地、高山地。它还可按土壤、植被等进行土地分类。

2. 土地评价分类体系

土地评价分类体系(即土地生产潜力分类体系)主要是依据土地的经济属性分类,如土地的生产力水平、土地质量、权属等。土地评价分类体系是划分土地评价等级的基础,是确定基准地价的重要依据,主要用于生产管理方面。

3. 土地利用分类体系

土地利用分类体系主要依据土地的综合特性(包括土地的自然属性、经济属性和其他因素)进行分类。土地综合特性的差异,导致人类在长期利用、改造土地的过程中所形成的土地利用方式、土地利用结构、土地的用途和生产利用方面的差异。土地利用现状分类就是属于其中的一种分类形式。土地利用分类系统具有生产的实用性,利用它可以分析土地利用现状,预测土地利用方向。

1.5.2　土地利用现状分类原则

土地利用现状分类以服务国土资源管理为主,依据土地的自然属性、覆盖特征、利用方式、土地用途、经营特点及管理特性等因素,按照如下原则进行分类:

(1)科学性原则。依据土地的自然和社会经济属性,运用土地管理科学及相关科学技术,采用多级续分法,对土地利用现状类型进行归纳、分类。

(2)实用性原则。分类体系力求通俗易用、层次简明、易于判别,便于掌握和应用。

(3)开放性原则。分类体系具有开放性、兼容性,既要满足一定时期管理及社会经济发展需要,又要满足进一步修改完善的需要。

(4)继承性原则。借鉴和吸取国内外土地分类经验,对没有异议的分类直接继承和应用。

1.5.3　我国土地分类系统回顾

1. 土地利用现状分类

我国在1984年颁布的《土地利用现状调查技术规程》中“土地利用现状分类及其含义”采用两级分类,其中一级类分耕地、园地、林地、牧草地、居民点及工矿用地、交通用地、水域及未利用土地8类,二级类分46类。

土地利用现状分类用于土地详查和土地变更调查。从1984年颁布开始,一直沿用到2001年12月。

2. 城镇土地分类

我国在 1989 年 9 月颁布的《城镇地籍调查规程》中的“城镇土地分类及含义”，其城镇土地分类主要根据土地用途的差异，将城镇土地分为商业、金融业用地，工业、仓储用地，市政用地，公共建筑用地，住宅用地，交通用地，特殊用地，水域用地，农用地及其他用地 10 个一级类，24 个二级类。

城镇土地分类用于城镇地籍调查和城镇地籍变更调查。从 1989 年发布开始，一直沿用到 2001 年 12 月。

3. 全国土地分类

2001 年 8 月，国土资源部下发了《关于印发试行〈土地分类〉的通知》，并于 2002 年 1 月 1 日起在全国范围试行。全国土地分类是为了满足土地用途管制的需要，科学实施全国土地和城乡地政统一管理，扩大调查成果的应用，在研究、分析“土地利用现状分类及其含义”和“城镇土地分类及含义”两个土地分类基础上，修改、归并形成了城乡统一的全国“土地分类”。

《全国土地分类(试行)》采用三级分类。其中一级分为农用地、建设用地和未利用地三类，也就是《土地管理法》的三大类；二级分为耕地、园地、林地、牧草地、其他农用地、商服用地、工矿仓储用地、公用设施用地、公共建筑用地、住宅用地、交通运输用地、水利设施用地、特殊用地、未利用土地和其他土地 15 类；三级分为 71 类。

4. 第二次全国土地调查分类

《土地利用现状分类》(GB/T 21010—2007)采用二级分类体系。一级类 12 个，二级类 57 个。

1)一级类的设定

(1)依据土地用途和利用方式，考虑农、林、水、交通等有关部门需求，设定耕地、园地、林地、草地、水域、交通运输用地。

(2)依据土地利用方式和经营特点以及有关部门管理需求，设定商服用地、工矿仓储用地、住宅用地、公共管理与公共服务用地、特殊用地。

(3)为了保证地类的完整性，对上述一级类中未包含的地类，设定为其他土地。

2)二级类的设定

二级类是依据自然属性、覆盖特征、用途和经营目的等方面的土地利用差异，对一级类具体细化。

1.5.4 我国现行土地分类系统

2017 年 11 月 1 日，由国土资源部组织修订的国家标准《土地利用现状分类》(GB/T 21010—2017)，经国家质检总局和国家标准化管理委员会批准发布并实施，将在第三次全国土地调查中全面应用。

新版标准秉持满足生态用地保护需求、明确新兴产业用地类型、兼顾监管部门管理需求的思路，完善了地类含义，细化了二级类，调整了地类名称，增加了湿地归类。

新版标准规定了土地利用的类型、含义，将土地利用类型分为耕地、园地、林地、草地、商服用地、工矿仓储用地、住宅用地、公共管理与公共服务用地、特殊用地、交通运输用地、水域及水利设施用地、其他用地等 12 个一级类、73 个二级类，适用于土地调查、规划、审批、供应、整治、执法、评价、统计、登记及信息化管理等。

土地利用分类的地类编码和含义见表1-1。

表1-1　土地利用现状分类

一级类		二级类		含义
编码	名称	编码	编码	
01	耕地			指种植农作物的土地，包括熟地，新开发、复垦、整理地，休闲地（含轮歇地、休耕地）；以种植农作物（含蔬菜）为主，间有零星果树、桑树或其他树木的土地；平均每年能保证收获一季的已垦滩地和海涂。耕地中包括南方宽度小于1.0 m、北方宽度小于2.0 m固定的沟、渠、路和地坎（埂）；临时种植药材、草皮、花卉、苗木等的耕地，临时种植果树、茶树和林木且耕作层未破坏的耕地，以及其他临时改变用途的耕地
		0101	水田	指用于种植水稻、莲藕等水生农作物的耕地，包括实行水生、旱生农作物轮种的耕地
		0102	水浇地	指有水源保证和灌溉设施，在一般年景能正常灌溉，种植旱生农作物（含蔬菜）的耕地，包括种植蔬菜的非工厂化的大棚用地
		0103	旱地	指无灌溉设施，主要靠天然降水种植旱生农作物的耕地，包括没有灌溉设施，仅靠引洪淤灌的耕地
02	园地			指种植以采集果、叶、根、茎、枝、汁等为主的集约经营的多年生木本和草本作物，覆盖度大于50%或每亩株数大于合理株数70%的土地，包括用于育苗的土地
		0201	果园	指种植果树的园地
		0202	茶园	指种植茶树的园地
		0203	橡胶园	指种植橡胶树的园地
		0204	其他园地	指种植桑树、可可、咖啡、油棕、胡椒、药材等其他多年生作物的园地
03	林地			指生长乔木、竹类、灌木的土地，及沿海生长红树林的土地。包括迹地，不包括城镇、村庄范围内的绿化林木用地，铁路、公路征地范围内的林木，以及河流、沟渠的护堤林
		0301	乔木林地	指乔木郁闭度大于等于0.2的林地，不包括森林沼泽
		0302	竹林地	指生长竹类植物，郁闭度大于等于0.2的林地
		0303	红树林地	指沿海生长红树植物的林地
		0304	森林沼泽	指以乔木森林植物为优势群落的淡水沼泽
		0305	灌木林地	指灌木覆盖度大于等于40%的林地，不包括灌丛沼泽
		0306	灌丛沼泽	指以灌丛植物为优势群落的淡水沼泽
		0307	其他林地	包括疏林地（指树木郁闭度大于等于0.1、小于0.2的林地）、未成林地、迹地、苗圃等林地
04	草地			指以生长草本植物为主的土地
		0401	天然牧草地	指以天然草本植物为主，用于放牧或割草的草地，包括实施禁牧措施的草地，不包括沼泽草地
		0402	沼泽草地	指以天然草本植物为主的沼泽化的低地草甸、高寒草甸
		0403	人工牧草地	指人工种植牧草的草地
		0404	其他草地	指树林郁闭度小于0.1，表层为土质，不用于放牧的草地

续表

一级类		二级类		含义
编码	名称	编码	编码	
05	商服用地			指主要用于商业、服务业的土地
		0501	零售商业用地	指以零售功能为主的商铺、商场、超市、市场和加油、加气、充换电站等的用地
		0502	批发市场用地	指以批发功能为主的市场用地
		0503	餐饮用地	指饭店、餐厅、酒吧等用地
		0504	旅馆用地	指宾馆、旅馆、招待所、服务型公寓、度假村等用地
		0505	商务金融用地	指商务服务用地，以及经营性的办公场所用地。包括写字楼、商业性办公场所、金融活动场所和企业厂区外独立的办公场所；信息网络服务、信息技术服务、电子商务服务、广告传媒等用地
		0506	娱乐用地	指剧院、音乐厅、电影院、歌舞厅、网吧、影视城、仿古城以及绿地率小于65%的大型游乐等设施用地
		0507	其他商服用地	指零售商业、批发市场、餐饮、旅馆、商务金融、娱乐用地以外的其他商业、服务业用地。包括洗车场、洗染店、照相馆、理发美容店、洗浴场所、赛马场、高尔夫球场、废旧物资回收站、机动车、电子产品和日用产品维修网点、物流营业网点，居住小区及小区级以下的配套服务设施等用地
06	工矿仓储用地			指主要用于工业生产、物资存放场所的土地
		0601	工业用地	指工业生产、产品加工制造、机械和设备修理及直接为工业生产等服务的附属设施用地
		0602	采矿用地	指采矿、采石、采砂(沙)场，砖瓦窑等地面生产用地，排土(石)及尾矿堆放地
		0603	盐田	指用于生产盐的土地，包括晒盐场所、盐池及附属设施用地
		0604	仓储用地	指用于物资储备、中转的场所用地，包括物流仓储设施、配送中心、转运中心等
07	住宅用地			指主要用于人们生活居住的房基地及其附属设施的土地
		0701	城镇住宅用地	指城镇用于生活居住的各类房屋用地及其附属设施用地，不含配套的商业服务设施等用地
		0702	农村宅基地	指农村用于生活居住的宅基地
08	公共管理与公共服务用地			指用于机关团体、新闻出版、科教文卫、公用设施等的土地
		0801	机关团体用地	指用于党政机关、社会团体、群众自治组织等的用地
		0802	新闻出版用地	指用于广播电台、电视台、电影厂、报社、杂志社、通讯社、出版社等的用地
		0803	教育用地	指用于各类教育用地，包括高等院校、中等专业学校、中学、小学、幼儿园及其附属设施用地，聋、哑、盲人学校及工读学校用地，以及为学校配建的独立地段的学生生活用地
		0804	科研用地	指独立的科研、勘察、研发、设计、检验检测、技术推广、环境评估与监测、科普等科研事业单位及其附属设施用地
		0805	医疗卫生用地	指医疗、保健、卫生、防疫、康复和急救设施等用地。包括综合医院、专科医院、社区卫生服务中心等用地；卫生防疫站、专科防治所、检验中心和动物检疫站等用地；对环境有特殊要求的传染病、精神病等专科医院用地；急救中心、血库等用地
		0806	社会福利用地	指为社会提供福利和慈善服务的设施及其附属设施用地。包括福利院、养老院、孤儿院等用地

续表

一级类		二级类		含义
编码	名称	编码	编码	
08	公共管理与公共服务用地	0807	文化设施用地	指图书、展览等公共文化活动设施用地。包括公共图书馆、博物馆、档案馆、科技馆、纪念馆、美术馆和展览馆等设施用地；综合文化活动中心、文化馆、青少年宫、儿童活动中心、老年活动中心等设施用地
		0808	体育用地	指体育场馆和体育训练基地等用地，包括室内外体育运动用地，如体育场馆、游泳场馆、各类球场及其附属的业余体校等用地。溜冰场、跳伞场、摩托车场、射击场，以及水上运动的陆域部分等用地，以及为体育运动专设的训练基地用地，不包括学校等机构专用的体育设施用地
		0809	公用设施用地	指用于城乡基础设施的用地。包括供水、排水、污水处理、供电、供热、供气、邮政、电信、消防、环卫、公用设施维修等用地
		0810	公园与绿地	指城镇、村庄范围内的公园、动物园、植物园、街心花园、广场和用于休憩、美化环境及防护的绿化用地
09	特殊用地			指用于军事设施、涉外、宗教、监教、殡葬、风景名胜等的土地
		0901	军事设施用地	指直接用于军事目的的设施用地
		0902	使领馆用地	指用于外国政府及国际组织驻华使领馆、办事处等的用地
		0903	监教场所用地	指用于监狱、看守所、劳改场、戒毒所等的建筑用地
		0904	宗教用地	指专门用于宗教活动的庙宇、寺院、道观、教堂等宗教自用地
		0905	殡葬用地	指陵园、墓地、殡葬场所用地
		0906	风景名胜设施用地	指风景名胜景点(包括名胜古迹、旅游景点、革命遗址、自然保护区、森林公园、地质公园、湿地公园等)的管理机构，以及旅游服务设施的建筑用地。景区内的其他用地按现状归入相应地类
10	交通运输用地			指用于运输通行的地面线路、场站等的土地。包括民用机场、汽车客货运场站、港口、码头、地面运输管道和各种道路以及轨道交通用地
		1001	铁路用地	指用于铁道线路及场站的用地，包括征地范围内的路堤、路堑、道沟、桥梁、林木等用地
		1002	轨道交通用地	指用于轻轨、现代有轨电车、单轨等轨道交通用地，以及场站的用地
		1003	公路用地	指用于国道、省道、县道和乡道的用地，包括征地范围内的路堤、路堑、道沟、桥梁、汽车停靠站、林木及直接为其服务的附属用地
		1004	城镇村道路用地	指城镇、村庄范围内公用道路及行道树的用地。包括快速路、主干路、次干路、支路、专用人行道和非机动车道，及其交叉口等公共停车场，汽车客货运输站点及停车场等用地
		1005	交通服务场站用地	指城镇、村庄范围内交通服务设施用地，包括公交枢纽及其附属设施用地、公路长途客运站、公共交通场站、公共停车场(含设有充电桩的停车场)、停车楼、教练场等用地，不包括交通指挥中心、交通队用地
		1006	农村道路	在农村范围内，南方宽度大于等于1.0 m、小于等于8 m，北方宽度大于等于2.0 m、小于等于8 m，用于村间、田间交通运输，并在国家公路网络体系之外，以服务于农村农业生产为主要用途的道路(含机耕道)
		1007	机场用地	指用于民用机场、军民合用机场的用地
		1008	港口码头用地	指用于人工修建的客运、货运、捕捞及工程、工作船舶停靠的场所及其附属建筑物的用地，不包括常水位以下部分
		1009	管道运输用地	指用于运输煤炭、矿石、石油、天然气等管道及其相应附属设施的地上部分用地

续表

一级类		二级类		含义
编码	名称	编码	编码	
11	水域及水利设施用地			指陆地水域，滩涂、沟渠、沼泽、水工建筑物等用地，不包括滞洪区和已垦滩涂中的耕地、园地、林地、城镇、村庄、道路等用地
		1101	河流水面	指天然形成或人工开挖河流常水位岸线之间的水面，不包括被堤坝拦截后形成的水库区段水面
		1102	湖泊水面	指天然形成的积水区常水位岸线所围成的水面
		1103	水库水面	指人工拦截汇积而成的总库容大于等于10万立方米的水库正常蓄水位岸线所围成的水面
		1104	坑塘水面	指人工开挖或天然形成的蓄水量小于10万立方米的坑塘常水位岸线所围成的水面
		1105	沿海滩涂	指沿海大潮高潮位与低潮位之间的潮侵地带，包括海岛的沿海滩涂，不包括已利用的滩涂和滩地
		1106	内陆滩涂	指河流、湖泊常水位至洪水位间的滩地，时令湖、河洪水位以下的滩地，水库、坑塘的正常蓄水位与洪水位间的滩地，包括海岛的内陆滩地，不包括已利用的滩地
		1107	沟渠	指人工修建，南方宽度大于等于1.0 m、北方宽度大于等于2.0 m用于引、排、灌的渠道，包括渠槽、渠堤、护堤林及小型泵站
		1108	沼泽地	指经常积水或渍水，一般生长湿生植物的土地，包括草本沼泽、苔藓沼泽、内陆盐沼等，不包括森林沼泽、灌丛沼泽和沼泽草地
		1109	水工建筑用地	指人工修建的闸、坝、堤路林、水电厂房、扬水站等常水位岸线以上的建(构)筑物用地
		1110	冰川及永久积雪	指表层被冰雪常年覆盖的土地
12	其他土地			指上述地类以外的其他类型的土地
		1201	空闲地	指城镇、村庄、工矿范围内尚未使用的土地，包括尚未确定用途的土地
		1202	设施农用地	指直接用于经营性畜禽养殖生产设施及附属设施用地；直接用于作物栽培或水产养殖等农产品生产的设施及附属设施用地；直接用于设施农业项目辅助生产的设施用地；晾晒场、粮食果品烘干设施、粮食和农资临时存放场所、大型农机具临时存放场所等规模化粮食生产所必需的配套设施用地
		1203	田坎	指梯田及梯状坡地耕地中，主要用于拦蓄水和护坡，南方宽度大于等于1.0 m、北方宽度大于等于2.0 m的地坎
		1204	盐碱地	指表层盐碱聚集，生长天然耐盐植物的土地
		1205	沙地	指表层为沙覆盖、基本无植被的土地，不包括滩涂中的沙地
		1206	裸土地	指表层为土质，基本无植被覆盖的土地
		1207	裸岩石砾地	指表层为岩石或石砾，其覆盖面积大于等于70%的土地

表 1-2　城镇村及工矿用地

一级		二级		含义
编码	名称	编码	名称	
20	城镇村及工矿用地			指城乡居民点、独立居民点以及居民点以外的工矿、国防、名胜古迹等企事业单位用地，包括其内部交通、绿化用地
		201	城市	指城市居民点，以及与城市连片的和区政府、县级市政府所在地镇级辖区内的商服、住宅、工业、仓储、机关、学校等单位用地
		202	建制镇	指建制镇居民点，以及辖区内的商服、住宅、工业、仓储、学校等企事业单位用地
		203	村庄	指农村居民点，以及所属的商服、住宅、工矿、工业、仓储、学校等用地
		204	采矿用地	指采矿、采石、采砂(沙)场，盐田，砖瓦窑等地面生产用地及尾矿堆放地
		205	风景名胜及特殊用地	指城镇村用地以外用于军事设施、涉外、宗教、监教、殡葬等的土地，以及风景名胜(包括名胜古迹、旅游景点、革命遗址等)景点及管理机构的建筑用地

思考题

1. 什么是不动产？不动产与动产的主要区别是什么？
2. 不动产的特性有哪些？
3. 不动产管理的内容有哪些？
4. 什么是不动产登记？主要类型有哪些？
5. 简述不动产登记的程序。
6. 什么是地籍？什么是地籍管理？
7. 地籍有哪几类？它们之间有何区别？
8. 地籍管理的主要内容有哪些？
9. 地籍有哪些特点？
10. 地籍管理的原则是什么？
11. 地籍管理的手段有哪些？
12. 什么是土地的权属？
13. 土地权属分为哪几种？
14. 土地权属的确认方式有几种？
15. 城市土地使用权确认的依据有哪些？
16. 土地利用现状分类的原则是什么？

第2章　不动产权籍调查概述

§2.1　不动产权籍调查概念、内容及方法

2.1.1　不动产权籍调查的概念、意义及现状

1. 不动产权籍调查的概念

不动产权籍，是指记载不动产的权属、位置、界址、面积、用途、等级和价格等的表、卡、簿册、证、图件和数据的总称。不动产权籍调查，就是指依据不动产权利人的申请，由政府统一组织，通过权属调查和不动产测量，查清不动产的权属、位置、界线、数量、质量和用途等基本情况，为不动产登记、核发证书等提供依据的一项技术性工作。《不动产登记暂行条例》第三章第十六条规定：申请人应当提交不动产界址、空间界限、面积等材料。不动产权籍调查包括不动产权属调查和不动产测量两部分，其核心是不动产权属调查。

开展不动产权籍调查应以地籍调查为基础，以宗地为信托，以满足不动产登记要求为出发点，按照继承性、兼容性和统一性的要求，稳妥有序地开展土地、海域及房屋、林木等定着物的日常权属调查和测绘工作。

2. 不动产权籍调查的意义

不动产权籍调查是不动产登记的法定程序，是不动产登记的基础工作，权籍调查成果资料经不动产登记后，具有法律效力。不动产权籍调查既是一项政策性、法律性和社会性很强的基础工作，又是一项集科学性、实践性、统一性、严密性于一体的技术工作。

不动产权籍调查是登记机构、登记簿册、登记依据和信息平台"四统一"的内在要求；是不动产登记条例实施、簿册证统一和信息平台建设的重要支撑；是保证已完成不动产登记职责和机构整合地区顺利开展不动产登记工作，实现日常不动产权籍调查有序运行的必要前提。

3. 不动产权籍调查的现状

不动产权籍调查工作主要分散于各个职能部门，所涉及的主要是自然资源部门，具体有国土、房产、林业、农业及海洋等部门，如表2-1所示。

表2-1　不动产权籍调查的现状

项目	国土部门	房产部门	林业部门	农业部门	海洋部门
调查内容	地籍调查（包括农村土地所有权，宅基地使用权等）	房产调查	林权调查	土地承包经营权调查	海籍调查、无居民海岛调查
调查基本单位	宗地	幢、户（丘）	林班、小班	承包地块	宗海用岛区块

续表

项目	国土部门	房产部门	林业部门	农业部门	海洋部门
依据规范	《地籍调查规程》	《房产测量规范 第1单元：房产测量规定》《房产测量规范 第2单元：房产图图式》《城市测量规范》	《森林资源规划设计调查技术规程》	《农村土地承包经营权调查规程》	《海籍调查规范》《无居民海岛开发利用测量规范》
数据库规范	《城镇地籍数据库标准》《土地利用数据库标准》		《森林资源空间数据库建设技术规范》	《农村土地承包经营权确权登记数据库规范》	

2.1.2　权籍的有关概念

1. 土地

不同学科的学者，从各自研究的角度，赋予土地以不同的含义。一般认为土地是指地球表层的陆地部分（包括内陆水域和沿海滩涂）及其以上一定高度和以下一定深度范围内的土壤、岩石、大气、水文和植被所组成的自然资源综合体。

2. 海域

海域原意是指包括水上、水下在内的一定海洋区域，是“海的区域”的简称。《中华人民共和国海域使用管理法》中所称海域指的是中华人民共和国内水、领海的水面、水体、海床和底土。海域中的内水，是指中华人民共和国领海基线向陆地一侧至海岸线的海域。

3. 房屋

房屋是指土地（海域）上的建筑物、构筑物，包括独立成栋、有固定界限的封闭空间，以及区分幢、层、套、间等可以独立使用、有固定界限的封闭空间。

4. 幢

幢是指一座独立的，包括不同结构和不同层次的房屋等建筑物、构筑物。

5. 地籍

地籍是以土地权属为核心，记载有关土地的权属、位置、数量、质量、价值、利用等基本状况的图、簿册及数据。它不仅是全面、统一、依法、科学管理土地的必不可少的资料，同时也是国家制定宏观经济政策的重要依据。

6. 海籍

海籍指记载各项目用海的位置、界址、权属、面积、类型、用途、用海方式、使用期限、海域等级、海域使用金征收标准等基本情况的簿册和图件。

7. 宗地

宗地是指由土地权属界线封闭的地块或者空间。

8. 宗海

宗海是指被权属界址线所封闭的同类型用海单元。

9. 界址线

界址线是指宗地（宗海）的边界线。

10. 界址点

界址点是指土地(海域)权属界址线的转折点。

11. 权属界线

权属界线是指具有明确的界址点的界址线。

12. 定着物

定着物是指固定于土地(海域)且功能完整、具有独立使用价值的房屋等建筑物、构筑物,以及森林、林木等不能移动的物。

13. 定着物单元

定着物单元是指权属界线固定封闭、功能完整且具有独立使用价值的房屋等建筑物、构筑物,以及森林、林木等定着物,是定着物所有权登记的基本单位。

14. 幢号

幢号是指宗地(或地籍子区)内独立的(包括不同结构和不同层次)房屋等建筑物、构筑物的编号。

15. 户号

户号是指区分幢、层、套、间的房屋等定着物单元的顺序号。

16. 不动产

不动产是指土地(海域)及房屋、林木等定着物。

17. 不动产单元

不动产单元是指由权属界线固定封闭,且具有独立使用价值的空间。

18. 不动产单元代码

不动产单元代码即不动产单元号,是按一定规则赋予不动产单元的唯一和可识别的标识码。

2.1.3 不动产权籍调查的内容、方法及技术要求

1. 调查内容

不动产权籍调查是以宗地、宗海为单位,查清宗地、宗海及其房屋、林木等定着物组成的不动产单元状况,包括宗地信息、宗海信息、房屋(建、构筑物)信息、森林和林木信息等。

(1)宗地信息。查清宗地的权利人、权利类型、权利性质、土地用途、四至、面积等土地状况。针对土地承包经营权宗地和农用地的其他使用权宗地,还应查清承包地块的发包方、地力等级、是否划定为基本农田、水域滩涂类型、养殖业方式、适宜载畜量、草原质量等内容。

(2)宗海信息。查清宗海的权利人、项目名称、项目性质、等级、用海类型、用海方式、使用金总额、使用金标准依据、使用金缴纳情况、使用期限、共有情况、面积、构(建)筑物基本信息等内容。

(3)构(建)筑物信息。查清房屋权利人、坐落、项目名称、房屋性质、构(建)筑物类型、共有情况、用途、规划用途、幢号、户号、总套数、总层数、所在层次、建筑结构、建成年份、建筑面积、专有建筑面积、分摊建筑面积等内容。针对宗地内的建筑物区分所有权的共有部分,还应查清其权利人、构(建)筑物名称、构(建)筑物数量或者面积、分摊土地面积等。

(4)森林、林木信息。查清森林与林木的权利人、坐落、造林年度、小地名、林班、小班、面积、起源、主要树种、株数、林种、共有情况等内容。

2. **技术路线与方法**

1)主要技术依据

不动产权籍调查的主要技术依据有以下一些规范和标准。

GB/T 21010—2017	《土地利用现状分类》
GB/T 17986.1—2000	《房产测量规范 第 1 单元:房产测量规定》
GB/T 26424—2010	《森林资源规划设计调查技术规程》
TD/T 1001—2012	《地籍调查规程》
NY/T 2537—2014	《农村土地承包经营权调查规程》
NY/T 2538—2014	《农村土地承包经营权要素编码规则》
HY/T 124—2009	《海籍调查规范》
JGJ/T 246—2012	《房屋代码编码标准》
2014 年国务院令第 656 号	《不动产登记暂行条例》
国土资发〔2015〕25 号	《国土资源部关于启用不动产登记簿证样式(试行)的通知》

2)技术路线

以地(海)籍调查为基础,以宗地(海)为依托,以满足不动产登记要求为出发点,充分利用已有不动产权籍调查、登记以及前期审批、交易、竣工验收等成果资料,采用已有集体土地所有权地籍图、城镇地籍图、村庄地籍图、海籍图、地形图、影像图等图件做工作底图,通过内外业核实、实地调查测量的方法,完成不动产权属调查和不动产测量等工作。

3)技术方法

采用内外业核实和实地调查相结合的方法开展不动产权属调查,查清不动产单元的权属状况、界址、用途、四至等内容,确保不动产单元权属清晰、界址清楚、空间相对位置关系明确。

(1)对权属来源资料完整的不动产权属,主要采用内外业核实的调查方法。

(2)对权属来源资料缺失、不完整的不动产权属,主要采用外业核实、调查的方法。

(3)对无权属来源资料的不动产权属,主要采用外业调查的方法。

3. **技术目标**

1)权属清楚

权属清楚是指在某一时点,地块的权利状态(合法、违法、无法确定、争议)是清楚的。权属合法是指地块的权利符合现行法律法规,即地块处于土地权属来源合法、土地的权属性质准确、土地使用合理的状态。权属调查为状态的确定提供了依据。

2)界址清晰

界址清晰是指宗地的界址点、界址线、界标的设立准确、合理,指界人认界手续完备,实地与图、表描述一致,界址边长实丈数据在允许误差之内。

3)面积准确

面积是否准确取决于界址是否清楚和面积测算的方法。面积准确是相对的,其准确度多用相对误差表示。

2.1.4　不动产权籍调查的工作程序

不动产权籍调查按照准备工作、权属调查、不动产测量、成果审查入库、成果整理归档的次序开展工作。

1. 准备工作

根据授权委托的不动产权籍调查任务，调查机构应做好收集、整理和分析所调查的不动产登记、抵押、查封、权属来源、交易、控制点坐标、界址点坐标等相关资料（包括图件、表格、数据和文件等），制定调查方案，发放指界通知书，计算测量放样数据等工作。

2. 权属调查

权属调查工作的主要内容包括核实和调查不动产权属和界址状况、绘制不动产单元草图、填写不动产权籍调查表等。

3. 不动产测量

不动产测量工作的主要内容包括控制测量、界址测量、宗地（海）图和分户房产图的测绘、面积计算、不动产测量报告的撰写等。

4. 成果审查入库

不动产权籍调查成果主要为文字成果、表格成果、图件成果。包括不动产权籍调查授权委托书、权源资料、不动产权籍调查表、界址点坐标成果表、不动产测量报告、宗地图、宗海图、房产分户图等。成果通过审查后，审查部门或单位应将审查后的成果提交给不动产权籍调查数据库和成果管理机构，在完成不动产登记后，更新相关数据库和不动产登记数据库。

5. 成果整理归档

不动产权籍调查成果经相关部门审查确认后，调查机构应以宗地、宗海为单位，按照统一的不动产成果样式，形成不动产单元调查成果，提交纸质成果和相应的电子数据，并进行整理、立卷、组卷、编目和归档。

§2.2 不动产单元划分与编码

2.2.1 不动产单元划分的原则

1. 合法性原则

合法性原则是我国法律制度的基本原则，基本精神就是控制国家权力，以保障公民权利，基本要求就是遵循法律、法规和规范性文件的约束。不动产单元设定、调查、登记也必须依据法律和法规的规定，不得与法律和法规相抵触，任何与不动产单元设定相关的违法行为都应承担相应的法律责任。

2. 合意性原则

(1)要满足社会经济管理和相关行政管理的需求，有利于明确不动产的归属和发挥不动产的效用。

(2)要尊重权利人按照意愿占有、使用、收益和处分不动产的权利，维护产权人的合法权益。

(3)要照顾相邻权利人生产、生活的便利，坚持团结互助、公平合理的准则。

3. 一物一权原则

不动产单元是特定的物，也是不动产权利的客体和不动产管理的基本单位。不动产单元应具有独立性和特定性，并遵守“一物一权”原则。

4. 继承性原则

不动产单元划分的继承性原则是在尊重业已存在的各类不动产登记单位和登记信息的基

础上，新设定的不动产单元应继承已经登记的各类不动产信息，衔接现行各类不动产登记的业务规则和技术要求，确保不动产登记结果法律层面的延续性。

5. 界线明确原则

明确不动产权单元的界线和位置是划分不动产单元的重要内容，是保护不动产相邻双方产权人利益的重要途径。不动产单元的划分必须要保证每一个不动产单元的位置准确与边界明确，避免因界址范围不清楚带来的产权纠纷。

6. 稳定性原则

不动产单元的划分涉及面广，初始划定以后，应保持相对稳定。只要不动产单元本身未发生界线调整等变更行为，其他类型变化（包括整体转让、更名更址、权利性质变更等）不应影响已有不动产单元范围的变化。

2.2.2　不动产单元划分

1. 地籍区和地籍子区划分

（1）在县级行政辖区内，以乡（镇）、街道界线为基础结合明显线性地物划分地籍区。

（2）在地籍区内，以行政村、居委会或街坊界线为基础结合明显线性地物划分地籍子区。

（3）地籍区、地籍子区划定后，其数量和界线应保持稳定，原则上不随所依附界线或线性地物的变化而调整。

（4）海籍调查可不划分地籍区和地籍子区。

2. 宗地划分

在地籍子区内，按照以下情形划分宗地：

（1）依据宗地的权属来源，划分国有土地使用权宗地和集体土地所有权宗地。在集体土地所有权宗地内，划分集体建设用地使用权宗地、宅基地使用权宗地、土地承包经营权宗地和其他使用权宗地等。

（2）两个或两个以上农民集体共同所有的地块，且土地所有权界线难以划清的，应设为共有宗。

（3）两个或两个以上权利人共同使用的地块，且土地使用权界线难以划清的，应设为共用宗。

（4）土地权属未确定或有争议的地块可设为一宗地。

（5）公用广场、停车场、市政道路、公共绿地、市政设施用地、城市（镇、村）内部公用地、空闲地等可单独设立宗地。

3. 宗海（含无居民海岛）划分

在县级行政辖区内，按下列情形划分宗海和无居民海岛使用权范围：

（1）依据宗海的权属来源，划分海域使用权宗海。

（2）依据无居民海岛的权属来源，划分无居民海岛使用权范围。

4. 定着物单元的划分

在使用权宗地（宗海）内，应将房屋、林木等定着物划分为不同的定着物单元。

1）定着物为房屋等建筑物、构筑物

（1）同一权利人拥有的独幢房屋（如别墅）宜划分为一个定着物单元。

（2）具有多个权利人的一幢房屋（如居民楼、写字楼），应按照界线固定，且具有独立使用价值的幢、层、套、间等封闭空间划分定着物单元。

(3)同一权利人拥有的多套(层、间等)界线固定且具有独立使用价值的房屋,每套(层、间等)房屋宜各自划分定着物单元。

(4)同一权利人(如行政机关、企事业单位)拥有的两幢或两幢以上的房屋可共同组成一个定着物单元。

2)定着物为森林、林木

(1)权属界线封闭、独立成片的森林、林木可划分一个定着物单元。

(2)属于同一权利人的多片森林、林木可共同组成一个定着物单元。

3)定着物为其他类型

(1)每个定着物可各自单独划分一个定着物单元。

(2)属于同一权利人的全部同类定着物(如水塔、烟囱等)可组成一个定着物单元。

5. 不动产单元设定

(1)集体土地所有权宗地应设定不动产单元。

(2)无定着物的使用权宗地(宗海)应设为一个不动产单元。

(3)有定着物的使用权宗地(宗海),宗地(宗海)内的每个定着物单元与该宗地(宗海)应设为一个不动产单元。

2.2.3 不动产单元编码及案例

1. 不动产单元代码的构成

按照每个不动产单元应具有唯一代码的基本要求,依据《信息分类和编码的基本原则与方法》(GB/T 7027—2002)规定的信息分类原则和方法,不动产单元代码采用七层28位层次码结构,由宗地(宗海)代码与定着物单元代码构成,不动产单元代码结构如图2-1所示。

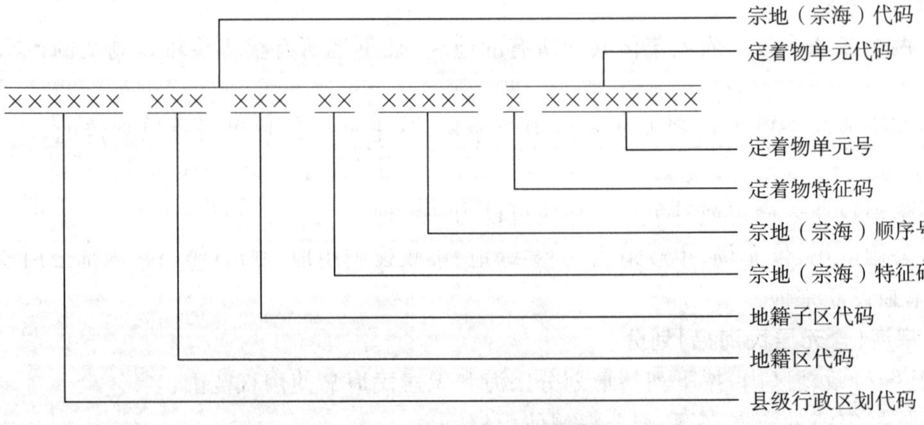

图2-1 不动产单元代码结构

(1)宗地(宗海)代码为五层19位层次码,按层次分别表示县级行政区划代码、地籍区代码、地籍子区代码、宗地(宗海)特征码、宗地(宗海)顺序号,其中宗地(宗海)特征码和宗地(宗海)顺序号组成宗地(宗海)号。

(2)定着物单元代码为二层9位层次码,按层次分别表示定着物特征码、定着物单元号。

2. 编码方法

1)县级行政区划代码编码方法

不动产单元代码的第一层次为县级行政区划代码,码长为6位,采用《中华人民共和国行政区划代码》(GB/T 2260—2007)规定的行政区划代码。

(1)国务院确定的重点国有林区的森林、林木和林地,行政区划代码应采用所在地县级行政区划代码;对于跨行政区的,行政区划代码可采用共同的上一级行政区划代码;跨省级行政区的,行政区划代码可采用“860000”表示。

(2)国务院批准的项目用海、用岛,行政区划代码采用所在地县级行政区划代码;对于跨行政区的,行政区划代码可采用共同的上一级行政区划代码;跨省级行政区的,行政区划代码可采用“860000”表示。

2)地籍区代码编码方法

不动产单元代码的第二层次为地籍区代码,码长为3位,码值为000~999,不足3位时,用前导“0”补齐。

(1)地籍区代码在同一县级行政区划内应保持唯一性。

(2)地籍区代码宜在县级行政区划内,从西北角开始,按照自左至右、自上而下的顺序编制。

(3)开发区、经济新区等特殊区域,可采取设置特定码段的方式,编制地籍区代码。

(4)线性地物地籍区代码可用“999”表示。

(5)整建制的乡(镇)、街道级的“飞地”,采用“飞入地”所在行政辖区的行政区划,宜在“飞入地”所在行政辖区内统一编制地籍区代码。

(6)依据土地出让合同等相关权源材料确定的范围设立国有建设使用权宗地(地下)的,其地籍区可与地表的地籍区保持一致,地籍区代码采用地表的地籍区代码。

(7)海籍调查时,地籍区代码可用“000”表示。其中,国务院批准的项目用海、用岛地籍区代码用“111”表示。

(8)国务院确定的重点国有林区的森林、林木和林地,地籍区代码用“900”表示。

3)地籍子区代码编码方法

不动产单元代码的第三层次为地籍子区代码,码长为3位,码值为000~999,不足3位时,用前导“0”补齐。

(1)地籍子区代码在同一地籍区内应保持唯一性。

(2)地籍子区代码宜在地籍区内,从西北角开始,按照自左至右、自上而下的顺序编制。

(3)线性地物地籍子区代码可用“000”补齐。

(4)村(居委会、街坊)级的“飞地”,宜在“飞入地”所在地籍区内统一编制地籍子区代码。

(5)依据土地出让合同等相关权源材料确定的范围设立国有建设使用权宗地(地下)的,其地籍子区可与地表的地籍子区保持一致,地籍子区代码采用地表的地籍子区代码。

(6)海籍调查时,地籍子区代码可用“000”表示。其中,国务院批准的项目用海、用岛地籍子区代码用“111”表示。

(7)国务院确定的重点国有林区的森林、林木和林地,地籍子区代码用“900”表示。

4)宗地(宗海)特征码编码方法

不动产单元代码的第四层次为宗地(宗海)特征码,码长为2位。

(1)第1位用G、J、Z表示。“G”表示国家土地(海域)所有权，“J”表示集体土地所有权，“Z”表示土地(海域)所有权未确定或有争议。

(2)第2位用A、B、S、X、C、D、E、F、L、N、H、G、W、Y表示。“A”表示土地所有权宗地；“B”表示建设用地使用权宗地(地表)；“S”表示建设用地使用权宗地(地上)；“X”表示建设用地使用权宗地(地下)；“C”表示宅基地使用权宗地；“D”表示土地承包经营权宗地(耕地)；“E”表示土地承包经营权宗地(林地)；“F”表示土地承包经营权宗地(草地)；“L”表示林地使用权宗地(承包经营以外的)；“N”表示农用地的使用权宗地(承包经营以外的、非林地)；“H”表示海域使用权宗海；“G”表示无居民海岛使用权海岛；“W”表示使用权未确定或有争议的宗地；“Y”表示其他使用权宗地，用于宗地特征扩展。

5)宗地(宗海)顺序号编码方法

不动产单元代码的第五层次为宗地(宗海)顺序号，码长为5位，码值为00001～99999，在相应的宗地(宗海)特征码后顺序编号。

6)定着物特征码编码方法

不动产单元代码的第六层次为定着物特征码，码长为1位，用F、L、Q、W表示。“F”表示房屋等建筑物、构筑物；“L”表示森林或林木；“Q”表示其他类型的定着物；“W”表示无定着物。

7)定着物单元号编码方法

不动产单元代码的第七层次为定着物单元号，码长为8位。

(1)定着物为房屋等建筑物、构筑物的，定着物单元在使用权宗地(宗海)内应具有唯一编号。前4位表示幢号；幢号在使用权宗地(或地籍子区)内统一编号，码值为0001～9999；后4位表示户号，户号在每幢房屋内统一编号，码值为0001～9999。其中，全部房屋等建筑物、构筑物归同一权利人所有，该宗地(宗海)内全部房屋等建筑物、构筑物可一并划分为一个定着物单元的，定着物单元代码的前5位可采用“F9999”作为统一标识，后4位户号从“0001”开始首次编号。每幢房屋等建筑物、构筑物的基本信息可在房屋调查表中按幢填写。

(2)定着物为森林、林木的，定着物单元在使用权宗地(宗海)内应具有唯一的编号，码值为00000001～99999999。

(3)定着物为其他类型的，定着物单元在使用权宗地(宗海)内应具有唯一的编号，码值为00000001～99999999。

(4)集体土地所有权宗地及使用权宗地(宗海)内无定着物的，定着物单元代码用“W00000000”表示。

3. 不动产单元编码案例

1)集体土地所有权宗地

某宗地位于某县第3地籍区，第6地籍子区，宗地顺序号为12的土地属于某农村集体经济组织所有。

宗地代码：340123003006JA0012

定着物代码：W00000000

不动产单元代码：340123 003006 JA00012 W00000000

2)无地上建筑物、构筑物的国有建设用地使用权宗地

某国有使用权宗地，位于某县第2地籍区，第3地籍子区，宗地顺序号为4，且该宗地上无建筑物。

宗地代码：340123002003GB00004

定着物代码：W00000000

不动产单元代码：340123 002003 GB00004 W00000000

3）住宅小区

某县第 7 地籍区、第 8 地籍子区、宗地顺序号为 9 的国有土地使用权宗地上建有一住宅小区，内有多幢住宅楼，其中一幢楼在第 8 地籍子区内的编号为 340，在宗地内的顺序号为 25。现对该幢楼中的第 12 户进行编码，以地籍子区为单元编制不动产单元代码方法如下。

宗地代码：340123007008GB00009

定着物代码：F03400012

不动产单元代码：340123 007008 GB00009 F03400012

4）农村单户独院宅基地

某县第 9 地籍区、第 11 地籍子区的集体所有权土地，宗地顺序号为 12 的宗地为一处农村宅基地，且该处宅基地上建有 3 栋住房，房屋同属于一个产权人。这 3 栋房屋可构成一个定着物单元，该定着物单元的幢顺序号可标识为 9999，编制不动产单元代码方法如下。

宗地代码：340123009011JC00012

定着物代码：F99990001

不动产单元代码：340123 009011 JC00012 F99990001

5）农村多户共用宅基地

某县第 11 地籍区、第 12 地籍子区、宗地顺序号为 13 的宗地为宅基地，其上建有 4 栋房屋，分属不同产权人所有，针对其中的第 2 栋房屋进行编码。该栋房屋在地籍子区内的顺序号为 14，宗地内的顺序号为 2。以宗地为单元编制不动产单元代码方法如下。

宗地代码：340123011012JC00013

定着物代码：F00020001

不动产单元代码：340123 011012 JC00013 F00020001

6）大学或机关大院用地

某县第 13 地籍区、第 14 地籍子区为国有土地使用权宗地，宗地顺序号为 15，该宗地使用权人为某大学，建设有多幢房屋及其附属设施（办公楼、学生宿舍、教师宿舍、图书馆、食堂、体育场等）。学校内全部设施作为一个完整的定着物单元，该定着物单元的幢顺序号可标识为 9999，编制不动产单元代码方法如下。

宗地代码：340123013014GB00015

定着物代码：F99990001

不动产单元代码：340123 013014 GB00015 F99990001

7）土地承包经营权宗地上的森林、林木

某县第 17 地籍区、第 18 地籍子区、宗地顺序号为 19 的土地承包经营权宗地内种植有一片林木，该片林木的顺序编号为 33，属于权利人王某所有。编制不动产单元代码方法如下。

宗地代码：340123017018JE00019

定着物代码：L00000033

不动产单元代码：340123 017018 JE00019 L00000033

8)宗地不变,新增楼栋

某县第 2 地籍区、第 3 地籍子区内,宗地顺序号为 15 的土地上建有 20 幢房屋,宗地内最大房屋幢号为 20。现在该宗地上新建一幢楼房,对新建楼幢中的第 10 户进行不动产单元编码。

变更说明:该宗地内已有不动产单元代码不变,新增不动产单元代码中的宗地代码段不变,若幢号在宗地内统一编制,该定着物单元代码中的幢顺序号由宗地内最大幢号后续编。编制不动产单元代码方法如下。

不动产单元代码:340123 002003 GB00015 F00210010

§2.3 不动产权属调查概述

权属调查应由县级以上人民政府不动产登记机构组织完成。权属调查工作的主要内容包括核实和调查不动产权属和界址状况、绘制不动产单元草图、填写不动产权籍调查表。

2.3.1 核实确认不动产的现状

根据申请调查的材料和档案资料查询结果,核实确认不动产的权属现状,确认其界址是否发生变化,然后确定权属调查的具体方法。

2.3.2 新设界址与界址发生变化的不动产权属调查

根据不动产现状确认的结果,针对新设界址与界址发生变化的情形,依据不动产的类型,其权属调查方法为:

(1)房屋的权属调查方法按照《房产测量规范 第 1 单元:房产测量规定》(GB/T 17986.1—2000)执行,并填写新的不动产权籍调查表。

(2)耕地的权属调查方法按照《农村土地承包经营权调查规程》(NY/T 2537—2014)执行,并填写新的不动产权籍调查表。

(3)海域的权属调查方法按照《海籍调查规范》(HY/T 124—2009)执行,并填写新的不动产权籍调查表。

(4)其他土地的权属调查方法按照《地籍调查规程》(TD/ T1001—2012)执行,并填写新的不动产权籍调查表。

2.3.3 界址未变化的不动产权属调查

根据不动产现状确认的结果,针对界址未发生变化的情形,首先确定是否需要进行实地核实调查,然后按照下列方法开展权属调查。

(1)如不需要到实地核实调查,则在复印后的原不动产权籍调查表内变更部分加盖“变更”字样印章,并填写新的不动产权籍调查表,不重新绘制草图。

(2)如需要到实地调查,则经实地核实调查后,依不同情形,其处理的方法如下:

——发现不动产权属状况与相关资料完全一致的,按(1)的规定处理。

——发现不动产权属状况与相关资料不一致的,应在原不动产权籍调查表上用红线划去错误内容,标注正确内容,并填写新的不动产权籍调查表。

——发现原界址边长或房屋边长数据错误的，应在原草图的复制件上用红线划去错误数据，标注检测数据，重新绘制草图，并填写新的不动产权籍调查表。

§2.4　不动产测量概述

不动产测量是指把权属调查确定的界址点、界址线及其他权籍要素测绘到图纸上。不动产测量工作的主要内容包括控制测量、界址点测量、宗地（海）图和分户房产图的测绘、面积计算、不动产测量报告的撰写等。

2.4.1　控制测量

不动产权籍控制测量是指根据界址点和不动产权籍图的精度要求，根据测区范围的大小、测区内现存控制点数量和等级等情况，按测量的基本原则和精度要求进行技术设计、选点、埋石、野外观测、数据处理、控制网点的维护与补测等工作，精度指标分情况按照《地籍调查规程》《海籍调查规范》执行。

过渡期间，在同一县级行政区域内，宜采用地籍图的坐标系统和投影方法，并适时建立与 2000 国家大地坐标系和 1985 国家高程基准的转换关系。最终测量成果须转换到 2000 国家大地坐标系和 1985 国家高程基准。

图根控制测量的方法通常采用实时动态载波相位差分（RTK）测量和图根导线测量的方法。

2.4.2　界址点测量

界址点测量是指根据测区内已布设的控制点，采用图根测量的方法，依不同等级界址点的精度要求，测定各个界址点的平面坐标值，并编制出坐标成果表。其坐标成果可用于解析法测算用地面积。

界址点测量应基于不动产类型、保障不动产权利人切身利益、不动产管理的需要等条件选择界址点测量的精度。对同一权籍要素，如果技术标准之间的精度要求不一致，宜以精度要求高的规定为准。依据不同的界址点精度要求选择不同的界址点测量方法，具体的测量方法和程序按照各行业现行技术标准执行。

1. 解析法

采用全站仪、卫星定位信号接收机、钢尺等测量工具，通过全野外测量技术获取界址点坐标和界址点间距的方法。

2. 图解法

采用标示界址、绘制宗地草图、说明界址点位和说明权属界线走向等方式描述实地界址点的位置，由数字摄影测量加密或在正射影像图、土地利用现状图、扫描数字化的地籍图和地形图上获取界址点坐标和界址点间距的方法。

在宅基地和农村集体建设用地调查中，图解界址点坐标不能用于面积量算，不能用于放样确定实地界址点的精确位置，也不能作为解决权属纠纷的依据。并且图解界址点坐标，应在地籍调查表的“地籍测量记事”栏注明“图解坐标”。条件许可时，应采用解析坐标代替图解坐标。

2.4.3 不动产权籍图的测绘

不动产权籍图包括地籍图、海籍图及不动产单元图等，其中不动产单元图主要包括宗地图、宗海图和房产分户图(房产平面图)等。

1. 地籍图、海籍图的测绘

测绘地籍图、海籍图的方法有全野外数字测图、数字摄影测量成图和编绘法成图。

1)全野外数字测图

利用全站仪、钢尺和卫星定位信号接收机等，采用极坐标法、RTK、角度交会法、距离交会法、直角坐标法及截距法等其他方法测绘地籍要素、地形要素等，利用数字测图软件，参照宗地草图，编绘地籍图。

2)数字摄影测量成图

采用数字摄影测量方法获取地籍图要素信息并编绘地籍图。界址点和地物点有解析坐标的，应以解析坐标为准。数字摄影测量方法可用于所有比例尺地籍图的测绘。该方法适用于建筑物集中连片的区域，测图的区域越大，经济性越佳。

3)编绘法成图

基于解析界址点或图解界址点，在工作底图上，采用野外调绘的方法调绘、修补测地形要素，利用数字测图软件，依据宗地草图的丈量数据、解析界址点坐标或图解界址点坐标、调绘修补测的地形要素，进行编辑处理编绘地籍图。

对于乡镇所在地(含合并前的乡镇所在地)、独立工矿、风景名胜、特殊用地、国有土地，以及市级、县级政府所在地的周边规划区等区域，宜采用全野外数字测量方法成图，其覆盖的范围应不小于土地利用现状图上对应的图斑范围。

除以上之外的自然村落、较小的独立工矿等集体建设用地和宅基地等区域，可采用全野外数字测量方法成图，也可采用编绘法成图。村庄地籍图覆盖的范围应不小于土地利用现状图相应图斑的覆盖范围。

2. 不动产单元图的绘制

(1)宗地图的测制。以已有各种地籍图为工作底图，测绘宗地内部及其周围变化的不动产权籍空间要素和地物地貌要素，并编制宗地图。测绘方法按照《地籍调查规程》执行。

(2)宗海图的测制。以已有海籍图为工作底图，测绘宗海内部及其周围变化的不动产权籍空间要素和地物地貌要素，并编制宗海图。测绘方法和内容按照《海籍调查规范》执行。

(3)房产分户图的编制。以地籍图、宗地图(分宗房产图)等为工作底图绘制房产分户图。房产分户图的编制要求和内容参照《房产测量规范 第1单元：房产测量规定》的规定。

2.4.4 面积计算

面积计算方法有几何要素法和坐标法，其中坐标法主要是解析法和图解法。解析法是指利用解析法获取的界址点坐标或界址点间距计算面积；图解法是指利用图解法获取的界址点坐标或界址点间距计算面积的方法。

对于宅基地使用权调查，由于受经济条件的限制，不实测界址点坐标时，为了得到高精度的面积，可采用几何要素法计算宗地面积。此时地籍图采用编绘法得到。

1. 宗地或宗海面积计算

根据实际情况可采用解析法或图解法计算宗地或宗海的面积。应基于不动产类型、保障不动产权利人切身利益、不动产管理的需要等条件做出合适的选择。宗地面积变更按照《地籍调查规程》执行，宗海面积变更按照《海籍调查规范》执行。

2. 房屋面积测算

房屋面积测算方法按照《房产测量规范 第 1 单元：房产测量规定》执行。

3. 不动产测量与面积量算方法的比较

不动产测量与面积量算方法各方面的比较如表 2-2 所示。

表 2-2　不动产测量与面积量算方法的比较

序号	界址点测量	不动产权籍图测绘	面积量算	特点
1	解析法	全野外法	坐标法	费用高，技术单一
2	解析法	航测法	坐标法	费用高，一图多用，技术复杂
3	解析法	编绘法	坐标法	费用适中，一图多用，技术复杂
4	图解法	航测法	坐标法	费用低，技术单一
5	图解法	编绘法	几何要素法（坐标法补充）	费用低，技术复杂

2.4.5　不动产测量报告撰写

不动产测量报告主要反映技术标准执行、技术方法、程序、测量成果、成果质量和主要问题的处理等情况，是长期保存的重要技术档案。

不动产测量报告主要内容包括概述、测量技术依据、控制测量、界址测量、其他要素测量、图件的测制、房屋面积测算、质量评价、成果目录、成果附件等。

§2.5　不动产调查成果审查入库归档

不动产权籍调查成果主要为文字成果、表格成果、图件成果，包括不动产权籍调查授权委托书、权源资料、不动产权籍调查表、界址点坐标成果表、不动产测量报告、宗地图、宗海图、房产分户图等。

2.5.1　不动产权籍调查成果审查入库

1. 审查机构

不动产权籍调查成果应由不动产登记机构或授权机构审查。凡在前期审批、交易、竣工验收等行政管理中经相关行政职能部门和授权机构确认的且符合登记要求的成果，可继续沿用。

2. 审查内容

（1）调查程序是否规范，即权属调查、测量、成果审查、整理归档等是否按照本方案及相关技术标准实施。

（2）调查成果是否完整，即测绘资料、权属资料、图件和表格资料等是否齐全。

（3）调查成果是否有效，包含调查机构是否具有相应资质、从事调查工作的人员是否具有相应资格、调查成果是否经过自检等。

(4)调查成果格式是否符合规定要求。

(5)调查成果是否正确保持宗地、宗海及其房屋、林木等定着物之间的内在联系。

(6)宗地图、宗海图和分户房产图中的空间要素与相邻的界址、地物、地貌是否存在空间位置矛盾。

3. 审查方法

主要采用室内外复核的方法审查不动产权籍调查成果。

(1)应充分利用已有数据库、信息系统、办文系统、电子政务系统审查调查成果。

(2)应将调查机构提供的宗地图、宗海图和房产分户图的电子数据导入已有的权籍空间数据库,查看其与相邻的界址、地物、地貌是否存在空间位置矛盾。

(3)对权籍空间要素,如果室内无法判定其是否正确时,可到实地查看。

(4)对调查成果存在的问题,应责成调查机构修改完善,直至成果合格为止。

4. 成果入库和地(海)籍图更新

成果通过审查后,审查部门或单位应将审查后的成果提交给不动产权籍调查数据库和成果管理机构,在完成不动产登记后,更新相关数据库和不动产登记数据库。

2.5.2 成果的整理与归档

不动产权籍调查工作结束后,应该对成果进行整理和归档。

(1)不动产权籍调查成果经相关部门审查确认后,调查机构应以宗地、宗海为单位,按照统一的不动产权籍调查表、不动产测量报告和不动产权籍图等成果样式,形成不动产单元调查成果,提交纸质成果和相应的电子数据。

(2)不动产权籍调查成果应按照统一的规格、要求进行整理、立卷、组卷、编目和归档。

思考题

1. 什么是不动产权籍?什么是不动产权籍调查?
2. 简述不动产权籍调查的意义。
3. 简述不动产权籍调查的内容和基本方法。
4. 简述不动产权籍调查的技术目标。
5. 简述不动产权籍调查的工作程序。
6. 简述不动产单元是如何划分的。
7. 简述不动产单元代码的构成及编码方法。
8. 不动产权属调查的主要内容有哪些?
9. 不动产测量的主要内容有哪些?
10. 简述不动产权籍调查成果的审查内容与方法。

第3章　不动产权属调查

§3.1　准备工作

根据授权委托的不动产权籍调查任务，调查机构应做好收集、整理和分析所调查的不动产登记、抵押、查封、权属来源、交易、控制点坐标、界址点坐标等相关资料（包括图件、表格、数据和文件等），制定调查方案，发放指界通知书，计算测量放样数据等工作。

3.1.1　收集资料

1. 图件资料

收集已有集体土地所有权的地籍图、城镇地籍图、村庄地籍图、海籍图、地形图、影像图等图件做工作底图。

2. 登记资料

不动产登记和管理的资料分散于不同部门的，调查机构应携带不动产权籍调查资料协助查询单，到国土、房产、林业、农业、海洋、水务、规划、档案等部门的档案室或在数据库中查询、核对并获取被调查对象的档案资料和数据，并要求出具证明或在资料复印件上加盖档案资料专用章。

3. 测量控制点资料

收集调查区范围内已有的测量控制点资料。

3.1.2　制定调查技术方案

技术方案（或技术设计书）要根据当地实际情况和收集资料情况及国家标准来制定，主要内容应包括：调查区概况、调查内容、技术路线与方法、调查程序、不动产权籍调查数据库和管理系统建设等。

3.1.3　制作调查工作底图

调查工作底图是指由调查人员利用已有的地籍调查成果、航片、卫片及其他相关图件制作，并用于现场勘查定界的基础工作图，目的是为实地调查提供指导。地籍总调查时，调查人员应该利用地籍调查数据和基本比例尺地形图等资料制作权属调查底图。制作权属调查底图时，有基本比例尺地形图资料的，可以直接使用地形图资料；没有基本比例尺地形图资料的，可以数字正射影像图（digital orthophoto map，DOM）为载体，套合市、县（区）、乡（镇、街道）等各级境界与村等土地权属界线，以及已有的土地调查的确权界线，并附以村级以上必要的地名，境界直接使用民政部门的行政勘界成果。具体的调查底图制作流程如图 3-1 所示。

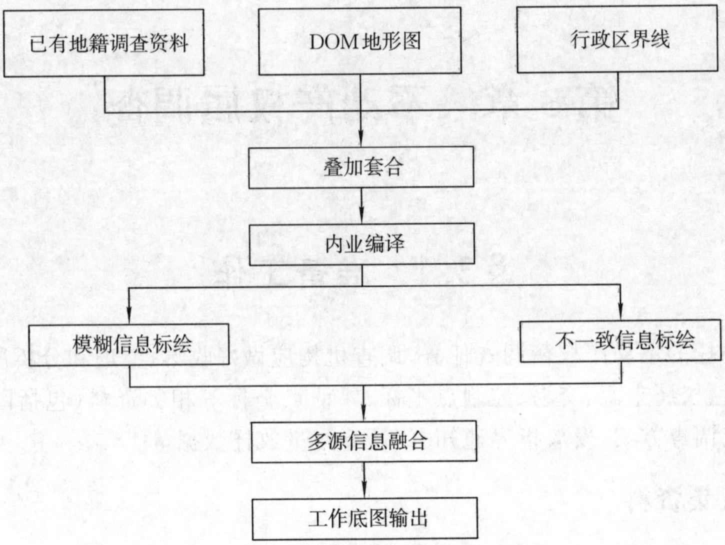

图 3-1 调查工作底图制作流程

涉及集体所有权宗地调查的，制作的权属调查底图比例尺不小于 1∶1 万；涉及土地使用权宗地调查的，根据制作底图的基础资料比例尺不同，应当分别制作比例尺为 1∶500 或 1∶2 000 的权属调查底图。

3.1.4 发放指界通知书

为了保证权籍调查的顺利进行，在调查人员进入实地调查前，必须按照调查计划、工作进度，确定实地调查时间，通知土地使用者及相邻宗地土地使用者按时到现场指界。指界通知书的内容应包括：宗地的位置，土地使用者到现场指界的时间、地点，需携带的证明材料，以及指界的法律作用和违约缺席的处理方法。通知可采用亲自登门送达或挂号邮寄，送达的通知书，应由土地使用者签名并留存根备查；也可以采用电话通知，电话通知须有电话记录；还可根据实际情况，采用公告的方法通知，如宅基地分布较为分散的地区，宜委托村民委员会或村民代表通过村内广播、召开村民大会等形式下发通知；对单位使用的土地，在通知土地使用者到现场指界的同时，还必须将“指界委托书”“法人代表身份证明书”送至土地使用者手中。

3.1.5 划分调查区预编单元号

按照地籍区、地籍子区、宗地、定着物单元的顺序来划分调查区，并按照每个不动产单元应具有唯一代码的基本要求，采用七层 28 位层次码结构将每一单元进行统一编码。编码由宗地（宗海）代码与定着物单元代码构成。

§3.2 权属调查

权属调查应由县级以上人民政府不动产登记机构组织完成。权属调查工作的主要内容包括核实和调查不动产权属和界址状况、绘制不动产单元草图、填写不动产权籍调查表（见附录 A）、签订《土地权属界线协议书》（见附录 B）或填写《土地权属争议原由书》（见附录 C）等。对界址线有争议、界标发生变化和新设界标等情况，宜现场记录并拍摄照片。

3.2.1 宗地权属状况调查

宗地权属状况调查指调查人员在接受登记人员转来的申请文件后，现场对调查宗地的土地权利人的信息、土地权属性质及来源、土地位置、土地用途、土地的共用、土地权利限制及地上构（建）筑物等情况进行调查、核实。核实无误后，调查人员根据调查情况现场填写不动产调查表，并收集相应的权属来源证明材料。在权属调查结束后，审核人对调查结果进行全面审核。核实结果无误，审核人在地籍调查表的意见栏填写合格；否则填写不合格，并指出错误所在及处理意见，审核者签字盖章。

1. 土地权利人基本情况调查

本项主要调查核实土地权利人类型、权利人姓名（单位填写法人或代理人姓名）、通信地址及证件种类和证件号码等信息。

2. 土地权属状况调查

本项主要调查核实宗地的土地权属来源情况、土地权利类型、权利性质、权利设定方式、国民经济行业分类代码等。

3. 土地位置

土地位置是指宗地所坐落的区、街道和门牌号码，一般与通信地址相一致。同时调查核实宗地四至、所在图幅号及不动产单元编号。

4. 土地利用情况

土地利用的调查是指调查人员依照《土地利用现状分类》规定，调查宗地的批准用途、实际用途、使用期限，以及土地等级、价格、面积等情况。

5. 共有或共用权利人情况调查

共有或共用权利人的名称、权利人类型、证件种类、证件号码、通信地址及共有或共用情况。无共有或共用情况的不填。

6. 宗海信息

本项主要调查宗海的权利人、项目名称、项目性质、等级、用海类型、用海方式、使用金总额、使用金标准依据、使用金缴纳情况、使用期限、共有情况、面积、构（建）筑物基本信息等内容。

7. 房屋等构（建）筑物信息

本项主要调查核实房屋权利人、坐落、项目名称、房屋性质、构（建）筑物类型、共有情况、用途、规划用途、幢号、户号、总套数、总层数、所在层次、建筑结构、建成年份、建筑面积、专有建筑面积、分摊建筑面积等内容。针对宗地内的建筑物区分所有权的共有部分，还应查清其权利人、构（建）筑物名称、构（建）筑物数量或者面积、分摊土地面积等。

8. 森林、林木信息

本项主要调查森林与林木的权利人、坐落、造林年度、小地名、林班、小班、面积、起源、主要树种、株数、林种、共有情况等内容。

3.2.2 界址调查

界址调查是权属调查的核心，也是不动产权籍调查的核心工作。实践证明，土地纠纷中，大多数是界址纠纷，土地使用者最关心的是权属界址认定。界址调查是指对相邻双方的界址状况进行实地调查，经邻界双方认可，然后经各有关部门审核后，作为不动产登记的依据。经过不动产登记的权籍成果，具有法律效力，受法律保护。界址调查包括现场指界、界标设置、界址边长丈量等工作。

1. 现场指界

1)界址的认定

调查员、本宗地指界人及相邻宗地指界人应同时到场进行指界，确认被调查宗地的权属界址范围及其界址线与相邻宗地分界的具体位置，并在地籍调查表《土地权属界线协议书》或《土地权属争议原由书》上签字盖章确认。

(1)单位使用土地，必须由法人代表出席指界，并出具身份证明和法人代表身份证明书；个人使用的土地必须由户主出席指界，并出具身份证明和户口簿。

(2)法人代表或户主因故不能亲自出席指界的，可由委托代理人指界，并出具身份证明和指界委托书。

(3)不具备法人资格的单位用地，必须由具备法人资格的上级单位或主管部门负责人出席指界，并出具身份证明和法人代表身份证明书。

(4)两个以上土地使用者共同使用的宗地，应共同委托代表指界，并出具委托书和身份证明。

(5)有争议的界址，调查人员应在现场，按协商—调解—裁决方法处理。首先是协商，协商不成，调查人员提出调解意见。调解不成，调查人员应在地籍调查表中的权属记事栏上写明双方争议的原因，并画出有争议的地段，呈报给地籍调查、土地登记领导小组裁决处理。

(6)界址点和界址线的位置必须调查得非常清楚和准确。例如以墙为界的界线必须明确是以墙内壁还是外壁或是墙中线为界，绝不能含糊地定为“以墙为界”。

(7)经双方认定的界址，必须由双方指界人在地籍调查表上签字盖章。

(8)与未确定土地使用权的国有土地相邻的宗地，可根据土地权属来源资料单方指界。

(9)农民集体所有土地的指界人由该农民集体依法推举产生，公告推举结果，并出具证明。

2)对指界人缺席或不签字的处理

(1)如一方缺席，其宗地界线以另一方所指界线确定。

(2)如果双方缺席，其宗地界线由调查人根据现状及地方习惯确定。

以上两种情况调查完毕后，应将现场调查结果，以书面形式送达违约缺席者。如有异议，必须在15日内重新提出划界申请，并负责重新划界的全部费用。逾期不申请者，则(1)、(2)两条确定的界线自动生效。

(3)指界人认界后，若不在地籍调查表上签字盖章，则可参照缺席指界的有关规定处理。

3)指界结果处理

(1)现场指界无争议的，填写地籍调查表，指界人在地籍调查表上签字盖章。对面积较大、界线复杂的集体土地所有权宗地和国有建设用地使用权宗地，宜签订《土地权属界线协议书》并签字盖章。界址线有争议的土地，填写《土地权属争议原由书》并签字盖章。

(2)应将集体土地所有权宗地的调查结果送达指界人，并要求指界人在村民会议或村民代表会议上说明指界结果，同时以张贴公告形式公示指界结果。如有异议，必须在结果送达之日起15日内提出申请，并负责重新划界的全部费用；异议期间届满后，指界结果即为生效。

2. 界标设置

1）设置界址点标志

界址认定后，在双方指界人均在场的情况下，调查人员应对所认定的界址点在实地现场按照《地籍调查规程》的要求设置界标。设置标志要注意因地制宜，保持市容美观，便于保存，界标类型由界址线双方的土地权利人确定。

2）设置界标的主要作用

(1)防止权属调查、勘丈、绘制宗地草图与地籍测量时对界址点的判别差错。

(2)保障准确勘丈、绘制宗地草图、地籍测量。

(3)界标是实地的法律凭证，是处理土地权属纠纷的依据。

(4)便于对地籍调查的测量成果进行实地检查。

(5)便于土地使用者依法使用土地，减少违法占地和土地纠纷。

(6)有利于地籍的日常管理工作。

3）界址点设置原则

(1)界址点的设置应能准确表达界址线的走向。

(2)相邻宗地的界址线交叉处应设置界址点。

(3)土地权属界线依附于沟、渠、路、河流、田坎等线状地物的交叉点应设置界址点。

(4)在一条界址线上存在多种界址线类别时，变化处应设置界址点。

(5)本宗地的相邻两个界址点间距小于 10 cm 的，可设置一个界址点。

(6)设置界标有困难时，采用标注界址点位说明、权属界线走向等方式描述界址点具体位置。损坏的界标，可采用放样方法恢复界址点。

几种情况下界址点设置如图 3-2 所示。

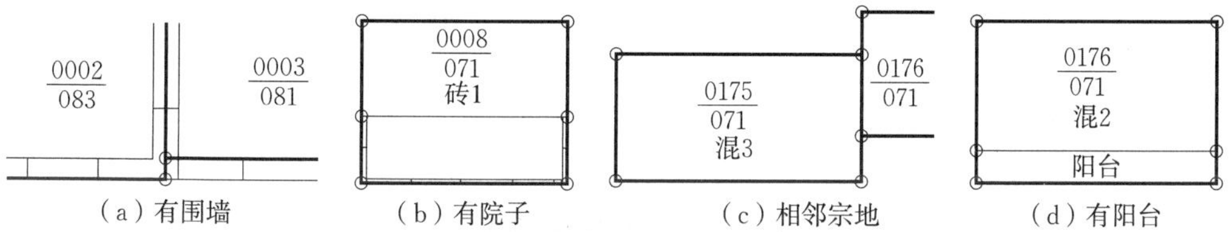

(a) 有围墙　(b) 有院子　(c) 相邻宗地　(d) 有阳台

图 3-2　几种情况下界址点设置示意

4）界标的种类和适用范围

界标的种类和适用范围如表 3-1 所示。

表 3-1　界标的种类和适用范围

界标种类	适用范围
混凝土界址标桩、石灰界址标桩	在较为空旷地区的界址点和占地面积较大的机关、团体、企业、事业的界址点，应埋设或现场浇筑混凝土界址标桩；泥土地面也可埋设石灰界址标桩
带铝帽的钢钉界址标桩	在坚硬的路面或地面上的界址点，应钻孔浇筑或钉设带铝帽的钢钉界址标桩
带塑料套的钢混界址标桩、喷漆界址标志	在坚固的房墙（角）或围墙（角）等永久性建筑物处的界址点，应钻孔浇筑带塑料套的钢混界址桩，也可设置喷漆界址标志

(1)混凝土界址标桩(在地面上埋设)如图 3-3 所示。

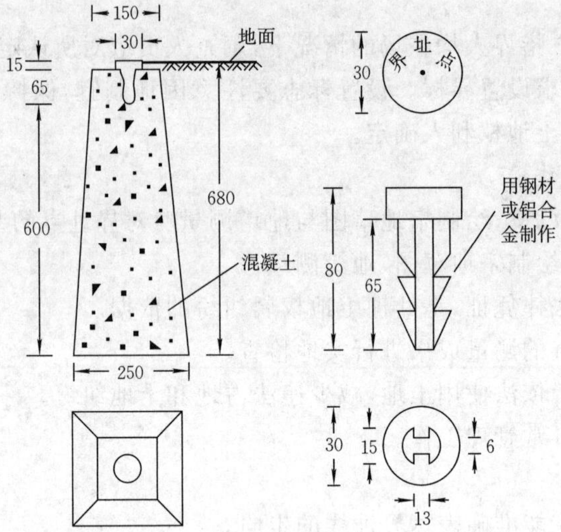

图 3-3 混凝土界址标桩(单位:mm)

(2)石灰界址标桩(在地面上埋设)如图 3-4 所示。

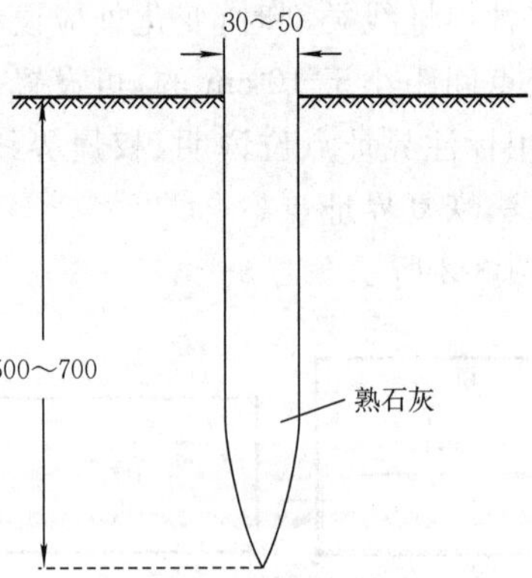

图 3-4 石灰界址标桩(单位:mm)

(3)带铝帽的钢钉界址标桩(在坚硬地面上钉设)如图 3-5 所示。

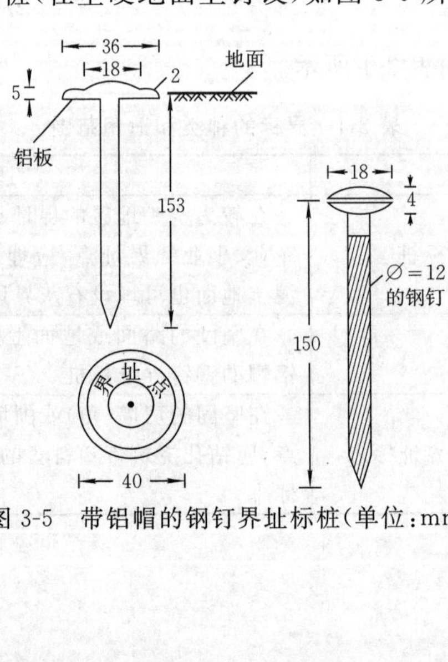

图 3-5 带铝帽的钢钉界址标桩(单位:mm)

(4)带塑料套的钢混界址标桩(在房、墙(角)浇筑)如图3-6所示。

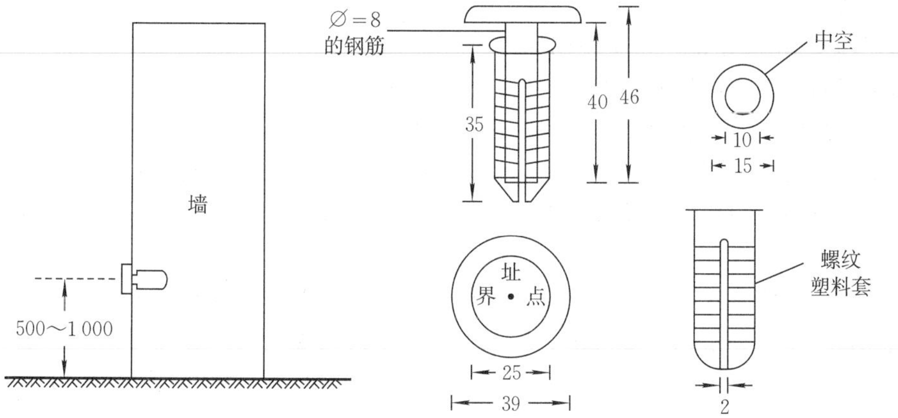

图3-6　带塑料套的钢混界址标桩(单位:mm)

(5)喷漆界址标志(在墙上喷涂)如图3-7所示。

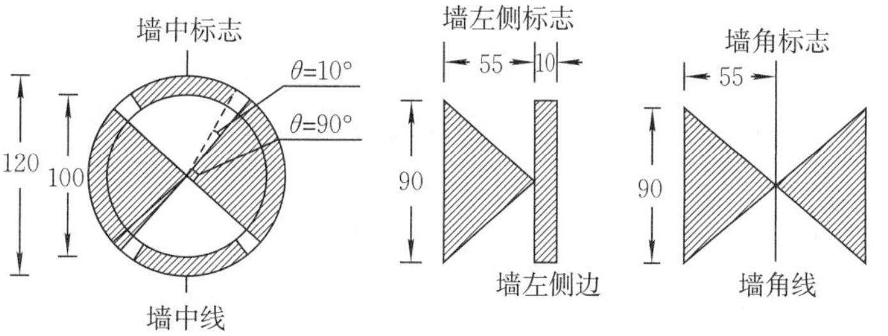

图3-7　喷漆界址标志(单位:mm)

5)界址点编号

(1)在地籍子区的范围内,应对界址点统一编号,如图3-8所示,并保证界址点号唯一。

(2)在地籍调查表和宗地草图中,可采用地籍子区范围内统一编制的界址点号;也可以宗地为单位,从左上角按顺时针方向,从"1"开始编制界址点号。

(3)解析界址点编号可采用J1、J2……表示,图解界址点编号可采用T1、T2……表示。

(4)界址变更后,新增界址点号在地籍子区内最大界址点号后续编,废弃的界址点号不再使用。

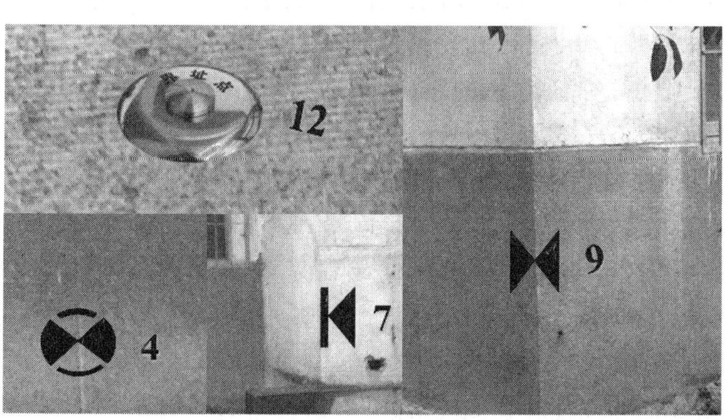

图3-8　界址点编号

3. 界址边长丈量

(1)实地丈量界址边长。

(2)无法丈量,应在说明栏中说明原因。

(3)采用钢尺丈量应控制在两个尺段以内。超过两个尺段时,解析法测量的界址点,可采用坐标反算界址边长,并在界址标示表的说明栏中说明。

(4)丈量边长所使用的钢尺应有检验记录,可自行检验,采用与全站仪比较的方法进行检验。自检文件归档保存,用于验收。钢尺 10 m 处的校差应在±15 mm 之内,30 m 处的校差应在±20 mm 之内。

(5)采用手持测距仪丈量界址边长时,要确保手持测距仪的零点与界址点在同一铅垂线上,光线保持水平。如果在界址点位置上没有支撑手持测距仪或反射片的稳定支撑物,则不宜采用手持测距仪丈量界址边长。手持测距仪应有检验记录。可自行检验,检验方法、校差及其相关要求与钢尺相同。

§3.3 宗地草图的绘制

宗地草图是描述宗地的位置、界址点、界址线和相邻宗地关系的实地记录。权属调查时,调查人员应现场绘制宗地草图,用来表示宗地现状、界址点与邻近重要地物之间距离数据、界址点的几何条件。

1. 宗地草图的特征

(1)宗地草图是宗地的原始描述。

(2)图上数据是实地测量的,精度高。

(3)所绘宗地草图是近似的,相邻宗地草图不能拼接。

2. 宗地草图的作用

(1)宗地草图是土地确权登记的原始资料。

(2)宗地草图配合地籍调查表,为测定界址点坐标和制作宗地图提供初始信息。

(3)宗地草图可为界址点的维护、恢复和解决权属纠纷提供依据。

3. 宗地草图的内容

(1)本宗地号、坐落地址、权利人。

(2)宗地界址点、界址点号及界址线,宗地内主要地物。

(3)相邻宗地号、坐落地址、权利人或相邻地物。

(4)界址边长、界址点与邻近地物的距离。

(5)确定宗地界址点位置、界址边方位所必需的建筑物或构筑物。

(6)丈量者、丈量日期、检查者、检查日期、概略比例尺、指北针等。

4. 宗地草图绘制的要求

(1)应选用质量好、能长期保存的图纸来绘制宗地草图。草图的规格为 32 开、16 开或 8 开,宗地过大的可分幅绘制。

(2)宗地草图按概略比例(之所以称为草图的原因),用 2H 至 4H 的铅笔绘制,线条、字迹清晰,数字、注记字头要向北、向西书写,斜线字头垂直斜线书写。

(3)宗地使用者名称注记在宗地内,字头一律向北书写,本宗地相邻界址点之间的距离等所有勘丈数据、几何条件都要进行注记。界址边全长注记在界址线外，分段长注记在界址线内。

(4)注记过密的部位可移位放大绘出。

(5)宗地草图必须在实地绘制，一切注记应是实地丈量记录，不得涂改，不得复制。

(6)可以利用正射影像图、地形图、地籍图等，依据实地丈量的界址边长、界址点与邻近地物的相关距离或条件距离绘制宗地草图。

(7)宗地草图可手工绘制，也可计算机绘制，可粘贴，但应加盖印章。

宗地草图如图 3-9 所示。

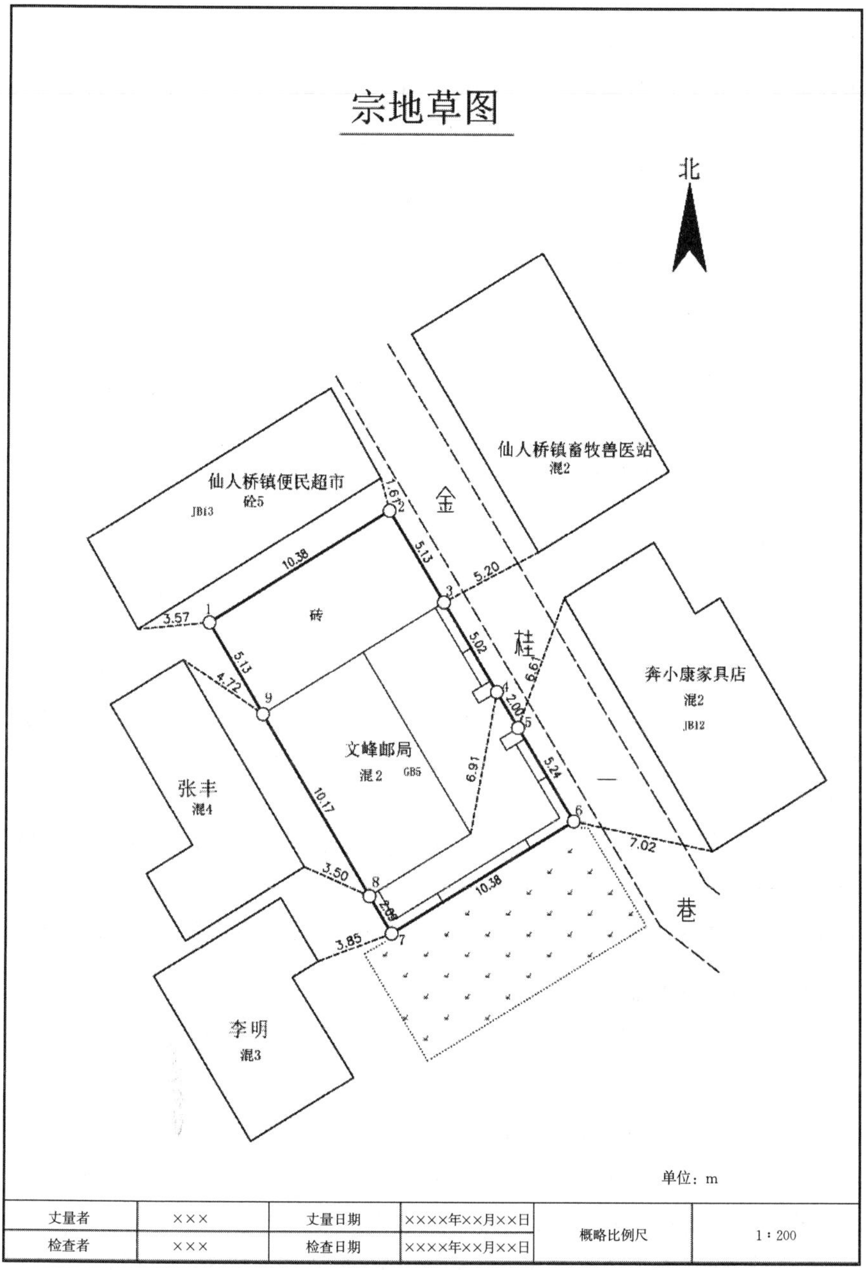

丈量者	×××	丈量日期	××××年××月××日	概略比例尺	1∶200
检查者	×××	检查日期	××××年××月××日		

图 3-9　宗地草图

§3.4 房产调查

3.4.1 房产调查概述

房产调查是确定房屋和承载房屋的土地的自然状况与权属状况，为城镇的规划和建设，房地产的管理、开发、利用及征收房地产税收提供依据。房产调查的主要成果是各种房地产平面图、有关数据及文档。房产调查成果资料一经审核批准作为权证的附件，便具有了法律效力。因此，对房产调查而言，必须有严格的要求。

房产调查分为房屋调查和房屋用地调查。其内容包括对每个权属单元的位置、权属界线、数量、质量及利用状况调查，以及行政境界和地理名称调查。

1. 与房屋有关的名词解释

1）假层

假层指房屋的最上一层，四周外墙的高度一般低于正式层外墙的高度，内部房间利用部分屋架空间构成的非正式层，其高度大于 2.2 m 部分的面积不足底层 1/2 的叫作假层。

2）气屋

利用房屋的人字屋架下面的空间建成，并设有老虎窗的叫作气屋。

3）夹层和暗楼

建筑设计时，安插在上下两层之间的房屋叫作夹层。房屋建成后，利用室内上部空间添加建成的房间叫作暗楼。

4）过街楼和吊楼

横跨里巷两边房屋建造的悬空房屋叫作过街楼。一边依附于相邻房屋，另一边有支柱建筑的悬空房屋叫作吊楼。

5）阳台

房屋建筑的上层，伸出墙外的部分，作为吸收阳光和纳凉使用的叫作阳台或眺台。阳台分为外（凸）阳台、内（凹）阳台、凸凹阳台，绘图时把凸出墙面的部位绘成虚线。

6）天井和天棚

房屋内部的小块空间，无盖见天的叫作天井。天井上覆盖的透明顶棚叫作天棚。

2. 房产调查表

房产调查表主要包括房屋调查表（见附录 A.4）和构（建）筑物调查表（见附录 A.7）。

3.4.2 房产调查内容

房产调查与测量以幢为单元分户进行。

1. 幢与幢号

（1）幢是指一座独立的，包括不同结构和不同层次的房屋。

（2）幢号以丘为单位，自进大门起，从左到右，从前到后，用数字 1、2……顺序按 S 形编号。幢号注在房屋轮廓线内的左下角，并加括号表示。

（3）在他人用地范围内所建的房屋，应在幢号后面加编房产权号，房产权号用标识符 A 表示。

(4)多户共有的房屋，在幢号后面加编共有权号，共有权号用标识符B表示。

2. 房产调查的内容

房产调查的内容包括房屋坐落、产权人、产别、层数、所在层次、建筑结构、建成年份、用途、墙体归属、权源、产权纠纷和他项权利等基本情况，以及绘制房屋权界线示意图。

1)*房屋的权属*

房屋的权属包括权利人、权属来源、产权性质、产别、墙体归属等。

(1)权利人。房屋权利人是指房屋所有权人的姓名。私人所有的房屋，一般按照产权证件上的姓名登记，若产权人已死亡则应注明代理人的姓名；产权共有的房屋，应注明全体共有人姓名；房屋是典当或抵押的，应注明典当或抵押人姓名及典当或抵押情况；产权不清或无主的房屋，可直接注明产权不清或无主，并做简要说明；单位所有的房屋，应注明单位全称；两个以上单位共有的房屋，应注明全体共有单位全称。房地产管理部门直接管理的房屋，包括公产、代管产、托管产、拨用产四种产别。公产应注明房地产管理部门的全称。代管产应注明代管及原产权人姓名。托管产应注明托管及委托人的姓名或单位名称。拨用产应注明房地产管理部门的全称及拨借单位名称。

(2)权属来源。房屋的产权来源是指产权人取得房屋产权的时间和方式，如继承、购买、赠予、交换、自荐、征用、收购、调拨、拨用等。产权来源有两种以上的，应全部注明。

(3)产权性质。房屋产权性质是按照我国社会主义经济三种基本所有制的形式，对房屋产权人占有的房屋进行所有制分类，共划分为全民(全民所有制)、集体(集体所有制)、私有(个体所有制)三类。外产、中外合资产不进行分类，但应按实际注明。

(4)产别。房屋产别是根据产权占有和管理不同而划分的类别。类别按两级分类，一级分八类，二级分四类，具体分类名称、编号及含义如表3-2所示。

表3-2　房屋产别分类标准

<table>
<tr><th colspan="2">一级分类</th><th colspan="2">二级分类</th><th rowspan="2">含义</th></tr>
<tr><th>编号</th><th>名称</th><th>编号</th><th>名称</th></tr>
<tr><td rowspan="4">10</td><td rowspan="4">国有房产</td><td></td><td></td><td>指归国家所有的房产，包括由政府接管、国家经租、收购、新建及国有单位用自筹资金建设或购买的房产</td></tr>
<tr><td>11</td><td>直管产</td><td>指由政府接管、国家经租、收购、新建、扩建的房产(房屋所有权已正式划拨给单位的除外)，大多数由政府房地产管理部门直接管理、出租、维修，少部分免租拨借给单位使用</td></tr>
<tr><td>12</td><td>自管产</td><td>指国家划拨给全民所有制单位所有及全民所有制单位自筹资金购建的房产</td></tr>
<tr><td>13</td><td>军产</td><td>指中国人民解放军部队所有的房产，包括由国家划拨的房产、利用军费开支或军队自筹资金构建的房产</td></tr>
<tr><td>20</td><td>集体所有房产</td><td></td><td></td><td>指城市集体所有制单位所有的房产，即集体所有制单位投资建造、购买的房产</td></tr>
<tr><td rowspan="2">30</td><td rowspan="2">私有房产</td><td></td><td></td><td>指私人所有的房产，包括中国公民、港澳台同胞、海外侨胞、在华外国侨民、外国人所投资建造、购买的房产，以及中国公民投资的私营企业(私营独资企业、私营合伙企业和私营有限责任公司)所投资建造、购买的房产</td></tr>
<tr><td>31</td><td>部分产权</td><td>指按照房改政策，职工个人以标准价购买的住房，拥有部分产权</td></tr>
</table>

续表

一级分类		二级分类		含义
编号	名称	编号	名称	
40	联营企业房产			指不同所有制性质的单位之间共同组成新的法人型经济实体所投资建造、购买的房产
50	股份制企业房产			指股份制企业所投资建造或购买的房产
60	港、澳、台投资房产			指港、澳、台地区投资者在内地(祖国大陆)投资的企业所建造或购买的房产
70	涉外房产			指外商投资企业、外国政府、社会团体、国际性机构所投资建造或购买的房产
80	其他房产			凡不属于以上各类别的房屋,都归在这一类,包括因所有权人不明,由政府房地产管理部门、全民所有制单位、军队代为管理的房屋及宗教、寺庙等房屋

(5)墙体归属。房屋墙体归属是指四面墙体所有权的归属,一般分为三类:自有墙、共有墙、借墙。在房屋调查时应根据实际的墙体归属分别注明。

(6)房屋权属界线示意图。房屋权属界线示意图是以权属单元为单位绘制的略图,表示房屋及其相关位置、权界线、共有共用房屋权界线,以及与邻户相连墙体的归属,并注记房屋边长。对有争议的权界线应标注部位。房屋权属界线是指房屋权属范围的界线,包括共有共用房屋的权界线,以产权人的指界与邻户认证来确定,对有争议的权界线,应做相应记录。

(7)房屋权属登记情况。若房屋原已办理过房屋所有权登记的,在调查表中注明房屋所有权证证号。

2)房屋的位置

房屋的位置包括房屋的坐落、所在层次。

(1)房屋坐落。房屋坐落是描述房屋在建筑地段的位置,是指房屋所在街道的名称和门牌号。房屋坐落在小的里弄、胡同或小巷时,应加注附近主要街道名称;缺门牌号时,应借用毗连房屋门牌号并加注东、南、西、北方位;当一幢房屋坐落在两个或两个以上街道,或有两个以上门牌号时,应全部注明;单元式的成套住宅,应加注单元号、室号或产号。

(2)所在层次。所在层次是指权利人的房屋在该幢楼房中的第几层。地下层次以负数表示。

3)房屋的质量

房屋的质量包括层数、建筑结构、建成年份。

(1)层数。房屋的层数是指房屋的自然层数,一般按室内地坪±0以上起计算层数。当采光窗在室外地坪线以上的半地下室,其室内层高在2.20 m以上的,则计算层数。房屋总层数为房屋地上层数与地下层数之和。地下层、假层、附层(夹层)、阁楼(暗楼)、装饰性塔楼及突出屋面的楼梯间、水箱间均不计算层数。屋面上添建的不同结构的房屋不计算层数,但需测绘平面图且计算建筑面积。

(2)建筑结构。根据房屋的梁、柱、墙及各种构架等主要承重构件的建筑材料确定房屋的结构,房屋结构的分类标准和编号如表3-3所示。

表 3-3　房屋建筑结构分类标准

类型 编号	类型 名称	内容
1	钢结构	承重的主要构件是钢材料建造的，包括悬索结构
2	钢、钢筋混凝土结构	承重的主要构件是用钢、钢筋混凝土建造的，如一幢房屋一部分梁柱采用钢、钢筋混凝土构架建造
3	钢筋混凝土结构	承重的主要构件是用钢筋混凝土建造的，包括薄壳结构、大模板现浇结构及使用滑模、升板等建造的钢筋混凝土结构的建筑物
4	混合结构	承重的主要构件是用钢筋混凝土和砖木建造的，如一幢房屋的梁是用钢筋混凝土制成，以砖墙为承重墙，或者梁是用木材建造，柱是用钢筋混凝土建造
5	砖木结构	承重的主要构件是用砖、木材建造的，如一幢房屋是木制房架、砖墙、木柱建造的
6	其他结构	凡不属于上述结构的房屋都归此类，如竹结构、砖拱结构、窑洞等

一幢房屋一般只有一种建筑结构，如房屋中有两种或两种以上建筑结构，如能分清楚界线的，则分别注明结构，否则以面积较大的结构为准。

(3)建成年份。房屋的建成年份是指实际竣工年份。拆除翻建的，应以翻建竣工年份为准。一幢房屋有两种以上建筑年份的，应分别调查注明。

4)房屋的用途

房屋的用途是指房屋目前的实际用途，也就是指房屋现在的使用状况。房屋的用途按两级分类，一级分八类，二级分 28 类，具体分类标准、编号及分类含义如表 3-4 所示。一幢房屋有两种以上用途的，应分别调查注明。

表 3-4　房屋用途分类

一级分类 编号	一级分类 名称	二级分类 编号	二级分类 名称	内容
10	住宅	11	成套住宅	指由若干卧室、起居室、厨房、卫生间、室内走道或客厅等组成的供一户使用的房屋
		12	非成套住宅	指人们生活居住的但不成套的房屋
		13	集体宿舍	指机关、学校、企事业单位的单身职工、学生居住的房屋。集体宿舍是住宅的一部分
20	工业	21	工业	指独立设置的各类工厂、车间、手工作坊、发电厂等从事生产活动的房屋
		22	公用设施	指自来水、泵站、污水处理、变电、燃气、供热、垃圾处理、环卫、公厕、殡葬、消防等市政公用设施的房屋
	交通	23	铁路	指铁路系统从事铁路运输的房屋
		24	民航	指民航系统从事民航运输的房屋
		25	航运	指航运系统从事水路运输的房屋
		26	公交运输	指公路运输、公共交通系统从事客、货运输、装卸、搬运的房屋
	仓储	27	仓储	指用于储备、中转、外贸、供应等各种仓库、油库用房
30	商业	31	商业服务	指各类商店、门市部、饮食店、粮油店、菜场、理发店、照相馆、浴室、旅社、招待所等从事商业和为居民生活服务所用的房屋
		32	经营	指各种开发、装饰、中介公司从事经营业务活动所用的场所
		33	旅游	指宾馆、饭店、乐园、俱乐部、旅行社等主要从事旅游服务所用的房屋

续表

一级分类		二级分类		内容
编号	名称	编号	名称	
30	金融	34	金融保险	指银行、储蓄所、信用社、信托公司、证券公司、保险公司等从事金融服务所用的房屋
	信息	35	电信信息	指各种邮电、电信部门、信息产业部门,从事电信与信息工作所用的房屋
40	教育	41	教育	指大专院校、中等专业学校、中学、小学、幼儿园、托儿所、职业学校、业余学校、干校、党校、进修学校、工读学校、电视大学等从事教育所用的房屋
	医疗卫生	42	医疗卫生	指各类医院、门诊部、卫生所(站)、检(防)疫站、保健院(站)、疗养院、医学化验、药品检验等医疗卫生机构从事医疗、保健、防疫、检验所用的房屋
	科研	43	科研	指各类从事自然科学、社会科学等研究设计、开发所用的房屋
50	文化	51	文化	指文化馆、图书馆、展览馆、博物馆、纪念馆等从事文化活动所用的房屋
		52	新闻	指广播电视台、电台、出版社、报社、杂志社、通讯社、记者站等从事新闻出版所用的房屋
	娱乐	53	娱乐	指影剧院、游乐场、俱乐部、剧团等从事文娱演出所用的房屋
	园林	54	园林绿化	指公园、动物园、植物园、陵园、苗圃、花圃、花园、风景名胜、防护林等所用的房屋
	体育	55	体育	指体育场(馆)、游泳池、射击场、跳伞塔等从事体育所用的房屋
60	办公	61	办公	指党政机关、群众团体、行政事业等单位所用的房屋
70	军事	71	军事	指中国人民解放军军事机关、营房、阵地、基地、机场、码头、工厂、学校等所用的房屋
80	其他	81	涉外	指外国使领馆、驻华办事处等涉外所用的房屋
		82	宗教	指寺庙、教堂等从事宗教活动所用的房屋
		83	监狱	指监狱、看守所、劳改场(所)等所用的房屋

5)房屋的面积

房屋的面积包括建筑占地面积、建筑面积、使用面积、共有面积、产权面积、总建筑面积、套内建筑面积等。

(1)建筑占地面积(基地面积)。房屋的建筑占地面积是指房屋底层外墙(柱)所围水平面积,一般与底层房屋建筑面积相同。

(2)建筑面积。建筑面积是指房屋外墙(柱)勒脚以上各层的外围水平投影面积,包括阳台、挑廊、地下室、室外楼等,且具备上盖,结构牢固,层高 2.2 m 以上(含 2.2 m)的永久性建筑。每户(或单位)拥有的建筑面积或分户建筑面积。水平建筑面积指房屋外墙勒脚以上的墙身外围的水平面积,楼房建筑面积则指各层房屋墙身外围水平面积的总和。建筑面积包括使用面积和共有面积两个部分。

(3)使用面积。使用面积系指房屋户内全部可供使用的空间面积,按房屋的内墙面水平投影计算,包括直接为办公、生产、经营或生活使用的面积和辅助用房的厨房、厕所或卫生间,以及壁柜、户内过道、户内楼梯、阳台、地下室、附层(夹层)、2.2 m 以上(指建筑层高,含 2.2 m,以下同)的阁(暗)楼等面积。

(4)共有面积。共有面积系指各产权主共同占有或共同使用的面积,主要包括:层高超过 2.2 m 的单车库、设备层或技术层、室内外楼梯、楼梯悬挑平台、内外廊、门厅、电梯及机房、门斗、有柱雨篷、突出屋面有围护结构的楼梯间、电梯间及机房、水箱等面积。

(5)产权面积。房屋的产权面积系指产权主依法拥有房屋所有权的房屋建筑面积。房屋产权面积由直辖市、市、县等不动产所在地的不动产登记机构进行登记确权认定。

(6)总建筑面积。总建筑面积等于计算容积率的建筑面积和不计算容积率的建筑面积之和。计算容积率的建筑面积包括使用建筑面积(含结构面积,以下简称“使用面积”)、分摊的共有面积(以下简称“共有面积”)和未分摊的共有面积。面积测量计算资料中要明确区分计算容积率的建筑面积和不计算容积率的建筑面积。

(7)套内建筑面积。成套房屋的套内建筑面积由套内的房屋使用面积、套内墙体面积、套内阳台面积三部分组成。

(8)套内房屋使用面积。套内房屋使用面积是套内房屋使用空间的面积,以水平投影面积按以下面积计算:套内使用面积为套内卧室、起居室、门厅、过道、厨房、卫生间、厕所、藏室、壁橱、壁柜等空间面积的总和。套内楼梯按自然层数的面积总和计入使用面积。不包括在结构面积内的套内烟囱、通风道、管道井均计入使用面积。内墙面装饰厚度计入使用面积。

(9)套内墙体面积。套内墙体面积是套内使用空间周围的围护或承重墙体或其他承重支撑体所占的面积,其中各套之间的分隔墙和套内公共建筑空间的分隔墙及外墙(包括山墙)等共有墙,均按水平投影面积的一半计入套内墙体面积。套内自由墙体按水平投影面积全部计入套内墙体面积。

(10)套内阳台建筑面积。套内阳台建筑面积均按阳台外围与房屋墙体之间的水平投影面积计算。其中封闭的阳台按水平投影全部计算建筑面积。未封闭的阳台按水平投影的一半计算建筑面积。

§3.5　不动产权籍调查表

不动产权属调查完成后,调查人员现场应将权属调查的结果填写在不动产权籍调查表上。经双方认可的无争议的界址,须由双方指界人在不动产权籍调查表上签字盖章。有争议的界址,调查现场处理不了的,也可填写不动产纠纷缘由书,说明有争议不动产的位置和双方意见及调查员意见,并草绘界址纠纷示意图,送登记办公室处理。

3.5.1　不动产权籍调查表

不动产权籍调查表主要由封面、地籍调查表、土地承包经营权和农用地其他使用权调查表、集体土地所有权宗地分类面积调查表、房屋调查表、林权调查表、海籍调查表、构(建)筑物调查表组成。

1. 封面

封面见附录 A。

2. 地籍调查表

地籍调查表主要包括宗地基本信息表、界址标示表、界址签章表、宗地草图、界址说明表、调查审核表和共有或共用宗地面积分摊表。地籍调查表见附录 A.1。

3. 土地承包经营权和农用地其他使用权调查表

土地承包经营权和农用地其他使用权调查表主要包括如下调查内容:发包方、承包方、土地用途、地力等级、是否是基本农田、水域滩涂类型、养殖业方式、适宜载畜量和草原质量等。

具体见附录 A.2。

4. 集体土地所有权宗地分类面积调查表

集体土地所有权宗地分类面积调查表见附录 A.3。

5. 房屋调查表

房屋调查表主要包括房屋基本信息调查表、建筑物区分所有权业主共有部分调查表和房产分户图三个部分。房屋基本信息调查表主要内容有：房地坐落、房屋所有权人、权利人类型、项目名称、房屋性质、用途、共有情况、房屋状况、房屋权界线示意图等。建筑物区分所有权业主共有部分调查表主要包括建筑物区分所有权业主共有部分权利人、建(构)筑物编号、建(构)筑物名称、建(构)筑物数量或者面积、占地面积、分摊土地面积等内容。具体见附录 A.4。

6. 林权调查表

林权调查表主要内容包括：森林和林木所有权人、森林和林木使用权人、证件种类、证件号、代理人、权利人类型、坐落、造林年度、小地名、林班、小班、面积、起源、株数、主要树种、林种等。具体见附录 A.5。

7. 海籍调查表

海籍调查表主要包括宗海基本信息表、宗海及内部单元记录表、宗海现场测量记录表、宗海位置图和宗海界址图。

宗海基本信息表内容主要包括：权利人、项目用海、海籍测量、权属核查、无居民海岛状况、记事等。宗海及内部单元记录表内容主要包括：宗海界址线、宗海总面积、用海方式等。宗海现场测量记录表内容主要包括：现场测量示意图、项目名称、测量单元、标志点编号及坐标、用海设施/构筑物、测量单位、坐标系等。具体见附录 A.6。

8. 构(建)筑物调查表

构(建)筑物调查表内容主要包括：坐落、构(建)筑物所有权人、证件种类、证件号、权利人类型、构(建)筑物类型、构(建)筑物规划用途、构(建)筑物面积、竣工时间、备注和附图等。具体见附录 A.7。

3.5.2 不动产权籍调查表填表要求

(1)不动产权籍调查表以宗地、宗海为基础，按不动产单元为单位填写。

不同的不动产单元，填写不同的调查表：①对集体土地所有权宗地，需填写地籍调查表和集体土地所有权宗地分类面积调查表。②对建设用地使用权宗地和宅基地使用权宗地，填写地籍调查表。如果其上存在房屋，则需填写房屋调查表。如果其上存在构(建)筑物，则需填写构(建)筑物调查表。③对土地承包经营权宗地、非承包方式取得的草原使用权宗地和水域滩涂养殖权宗地，填写地籍调查表和土地承包经营权、农用地其他使用权调查表。如果土地承包经营权宗地(林地)上存在森林、林木，还需填写林权调查表。④对非承包方式取得的林地使用权宗地，填写地籍调查表。如果其上存在森林、林木，还需填写林权调查表。⑤对海域使用权宗海(含无居民海岛)，填写海籍调查表。如果其上存在构(建)筑物，则需填写构(建)筑物调查表。

采用活页的形式填写调查表。表格采用活页的形式，对整页无内容的，可不归入成果。如原表格式与本方案规定的表格式一致，并且内容没有任何变化的，其复印件加盖“复印件”印章后，可直接利用归入成果。

(2)不动产权籍调查表必须做到图表内容与实地一致，表达准确无误，字迹清晰整洁。

(3)表中填写的项目不得涂改，每一处只允许划改一次，划改符号用“＼”表示，并在划改处由划改人员签字或盖章。全表划改不超过两处。

(4)表中各栏目应填写齐全，不得空项。确属不填的栏目，使用“／”符号填充。

(5)文字内容使用蓝黑钢笔或黑色签字笔填写，也可采用计算机打印输出；不得使用谐音字、国家未批准的简化字或缩写名称；签名签字部分需手写。

(6)项目栏的内容填写不下的可另加附页。宗地草图、宗海图可以附贴。凡附页和附贴的，应加盖相关单位部门印章。

§3.6　不动产变更调查

不动产变更调查是指在完成总调查和首次登记之后，为适应日常不动产管理工作的需要，为保持不动产资料的现势性，针对发生变化的宗地或单元而进行的土地及其附着物的权属、位置、数量、质量和利用状况的调查。通过变更调查，不仅可以使不动产资料保持现势性，还可以提高数据精度，修正以前的错误，逐步完善不动产权籍内容。

3.6.1　不动产变更调查作用

不动产权籍建立后，随着社会经济的发展，土地流转的速度越来越频繁，土地及其地上附着物的权属、界址、用途及地形要素和地籍要素不断地变化，使原有成果资料失去现势性，不能满足不动产管理工作需要，因此，要求不动产管理者必须及时做出反应，对不动产权籍信息进行变更，以维持社会秩序和保障经济活动正常运作。变更地籍调查的作用主要体现在以下几个方面：

(1)保持不动产权籍资料的现势性。

(2)可使实地界址点位逐步得到认真的检查、补置、更正。

(3)使不动产权籍资料中的文字部分，逐步得到核实、更正、补充。

(4)逐步消除初始不动产权籍中可能存在的差错。

(5)使不动产测量成果的质量逐步提高。

3.6.2　不动产变更调查的特点

不动产变更调查与初始调查的地理基础、内容、技术方法和原则是一样的，但又有下列特点：

(1)目标分散，发生频繁，调查范围小。不动产变更调查只是针对发生变化的宗地或单元而进行的，随着经济的不断发展，不动产发生变化的频率越来越快，变化的形式越来越复杂。因此，变更调查是不动产管理活动中的经常性的工作。

(2)政策性强，精度要求高。

(3)变更同步，手续齐全。进行了变更测量后，与本宗地有关的表、卡、册、证、图均需进行变更。

(4)任务紧急。使用者提出变更申请后，须立即进行变更调查与测量，才能满足使用者的要求。

3.6.3 不动产权籍变更的类型

不动产权籍变更主要包括更改宗地边界信息的变更和不更改宗地边界信息的变更。

1. 更改宗地边界信息的变更情况

更改宗地边界信息的变更包括以下几种情况：

(1)征收或征用土地。

(2)城镇改造拆迁。

(3)划拨、出让、转让国有土地使用权或海域使用权。

(4)权属界址调整后的宗地或宗海，土地整理后的宗地重划。

(5)宗地或宗海的界址因自然力作用而发生的变化等。

(6)由于各种原因引起的宗地或宗海分割和合并。

2. 不更改宗地边界信息的变更情况

不更改宗地边界信息的变更包括以下几种情况：

(1)转移、抵押、继承、交换、收回土地使用权或海域使用权。

(2)违法不动产经处理后的变更。

(3)宗地或宗海内地物地貌的改变，如新建建筑物、拆除建筑物、改变建筑物的用途及房屋的翻新、加层、扩建、修缮等。

(4)精确测量界址点的坐标和不动产单元的面积。

(5)权利人名称、不动产位置名称、不动产用途等的变更。

(6)不动产所属行政管理区的区划变动，即县市区、街道、街坊、乡镇等边界和名称的变动。

(7)权利取得方式、权利性质或权利类型发生变化。

3.6.4 不动产单元代码变更

1. 宗地特征、界址未发生变化的不动产单元代码变更

1)宗地代码的变更

宗地特征、界址未发生变化的，宗地代码不变。

2)定着物代码的变更

(1)宗地内定着物特征和空间范围均未发生变化的，定着物代码不变。

(2)宗地内定着物特征发生变化的，先确定新的定着物特征码，定着物单元编号在新定着物特征码的最大定着物单元编号后续编。

(3)宗地内定着物特征未发生变化的，独幢、层、套、间房屋的定着物单元编号变更情形如下：①整幢房屋内的层、套、间界线发生变化的，房屋幢号不变，房屋户号在该幢房屋的最大户号后续编；②新增的整幢房屋，房屋幢号在宗地(或地籍子区)内最大幢顺序号后续编，房屋户号在该幢房屋内统一编号，码值为0001～9999；③整幢房屋改建、扩建和翻建的，房屋幢号不变，该幢房屋内新增的层、套、间，房屋户号在该幢房屋内最大户号后续编。

(4)宗地内定着物特征未发生变化的，独立成片的林木等其他独立定着物的空间范围发生变化的，定着物单元编号在相应定着物特征码的最大定着物单元编号后续编。

(5)两个或两个以上的定着物组成一个定着物单元的，定着物代码变更情形如下：①定着物全部转移给其他权利人的，定着物代码不变；②定着物部分转移给其他权利人的，定着物代码按照原来的要求编码；③定着物发生新增、拆除、改造等变化的，不动产权利人未发生转移的，定着物代码不变。

2. 宗地特征发生变化、界址未发生变化的不动产单元代码变更

1）宗地代码的变更

在地籍子区内，确定新的宗地特征码，宗地顺序号在新宗地特征码的最大宗地顺序号后续编，形成新的宗地代码。

2）定着物代码的变更

定着物代码按照“宗地特征、界址未发生变化的不动产单元代码变更”的要求变更。

3. 宗地特征未发生变化、界址发生变化的不动产单元代码变更

1）宗地代码的变更

在地籍子区内，新的宗地顺序号在相应宗地特征码的最大宗地顺序号后续编，形成新的宗地代码。

2）定着物代码的变更

（1）定着物为房屋且房屋内定着物单元空间范围未发生变化，房屋幢号在地籍子区内统一编号的，则房屋幢号与房屋户号不变；房屋幢号在宗地内统一编号的，则在新宗地内，房屋幢号按照原来的要求编码，房屋户号不变。

（2）定着物为房屋且房屋内定着物单元空间范围已发生变化，房屋幢号在地籍子区内统一编号的，房屋幢号不变，新的房屋户号在该幢房屋内的最大户号后续编；房屋幢号在宗地内统一编号的，在新宗地内，房屋幢号按照相关规范的要求编码，新的房屋户号在该幢房屋内的最大户号后续编。

（3）定着物为其他类型的，在新宗地内，定着物代码按照原来的要求编码。

4. 宗地特征、界址均发生变化的不动产单元代码变更

1）宗地代码的变更

在地籍子区内，确定新的宗地特征码，宗地顺序号在新宗地特征码的最大宗地顺序号后续编，形成新的宗地代码。

2）定着物代码的变更

定着物代码按照“宗地特征未发生变化、界址发生变化的不动产单元代码变更”的要求编码。

5. 县级行政区界线发生变化的不动产单元代码变更

1）地籍区、地籍子区整体划入

（1）宗地代码的变更：在确定新的地籍区、地籍子区后，重编地籍区代码和地籍子区代码，宗地号不变，形成新的宗地代码。

（2）定着物代码的变更：定着物代码不变。

2）地籍区、地籍子区部分划入

（1）宗地代码的变更

宗地代码的变更如下：①在确定新的地籍区、地籍子区后，重编地籍区代码和地籍子区代码；②划入宗地的编号在新地籍子区内最大宗地号后续编。

（2）定着物代码的变更

定着物代码的变更如下：①定着物为房屋，房屋幢号以地籍子区为编码单位的，房屋幢号

在新地籍子区最大幢号后续编,房屋户号不变;房屋幢号以宗地为编码单位的,房屋幢号和房屋户号不变;②定着物为其他类型的,定着物代码不变。

6. 宗海(含无居民海岛)特征、界址未发生变化的不动产单元代码变更

(1)宗海(含无居民海岛)代码不变。

(2)新增或发生变化的定着物,先确定定着物特征码,定着物单元编号在相应定着物特征码的最大定着物单元顺序号后续编,形成新的定着物代码。

7. 宗海(含无居民海岛)特征、界址发生变化的不动产单元代码变更

先确定宗海(含无居民海岛)特征码,宗海(含无居民海岛)顺序号在相应宗海(含无居民海岛)特征码的最大宗海(含无居民海岛)顺序号后续编,形成新的宗海(含无居民海岛)代码。在新的宗海(含无居民海岛)范围内,按照编码要求进行编码。

8. 不动产灭失的不动产单元代码变更

不动产灭失的不动产单元,原不动产单元代码不再使用。

3.6.5 界址未变化的不动产权属调查

根据不动产现状确认的结果,针对界址未发生变化的情形,首先确定是否需要进行实地核实调查,然后按照下列方法开展权属调查。

1. 不需要实地调查

如不需要到实地调查,则在复印后的原不动产权籍调查表内变更部分加盖"变更"字样印章,并填写新的不动产权籍调查表,不重新绘制草图。

2. 需要实地调查

如需要到实地调查,则经实地核实调查后,依不同情形,其处理的方法如下:

(1)发现不动产权属状况与相关资料完全一致的,按第1条的规定处理。

(2)发现不动产权属状况与相关资料不一致的,应在原不动产权籍调查表上用红线划去错误内容,标注正确内容,并填写新的不动产权籍调查表。

(3)发现原界址边长或房屋边长数据错误的,应在原草图的复制件上用红线划去错误数据,标注检测数据,重新绘制草图,并填写新的不动产权籍调查表。

3.6.6 界址发生变化的不动产权属调查

1. 新界址点设置及编号

宗地分割或边界调整等增设界址点的,按预先准备的放样数据,确定新界址点并设立界标。也可根据申请者要求,直接在实地设置界标。新增界址点点号,在地籍子区内的最大界址点号后续编。

对变更后废弃的界址点,在现场销毁。

2. 变更地籍调查表

对新形成的宗地须按变更情况填写地籍调查表。

(1)在原地籍调查表封面加盖"变更"字样印章,并注明变更原因及新的宗地号。

(2)根据实地调查情况,按《地籍调查规程》有关规定,以新形成的宗地为单位填写地籍调查表。

(3)新增设的界址点、界址线须严格履行指界、签字盖章手续。

(4)对没有发生变化的界址点、界址线,不需重新签字盖章,但在备注栏内须注记原地籍调查表号,并说明原因,同一界址点变更前后的编号如果不一致,还应注明原界址点号。

(5)将原使用人、土地坐落、地籍号及变更主要原因在说明栏内注明。

3. 宗地草图变更

(1)在原宗地草图上加盖“变更”字样印章。

(2)在原宗地草图复制件上以红色标注变化部分,废弃的界址点、界址线打上“×”,变化的数据用单红线划去,废弃的界址线用红色“×”标记,新增的界址点用红色界址点符号表示,界址线用红实线表示,注明相应的实测距离。

(3)现场绘制变更后的宗地草图。

(4)原宗地草图复制件归到原宗地档案中,新形成的宗地草图归到相应的宗地档案中。

4. 变更测量

一般采用解析法。暂不具备条件的可以采用《地籍调查规程》中规定的其他方法。属土地出让等对勘丈精度要求较高的,须采用解析法进行变更地籍勘丈。

无论采用何种勘丈方法,均须以地籍平面控制点或原界址点为依据,首先检测控制点及界址点的精度,确认无误后再进行变更地籍测量。

(1)宗地分割或边界调整等增设界址点的,在不低于原精度的原则下,测量新增界址点的坐标或图解勘丈。

(2)宗地合并等不重新增设界址点的,除特殊需要外,原则上可不进行变更地籍勘丈,直接应用原勘丈结果。

思考题

1. 简述不动产权属调查的主要内容。
2. 简述宗地权属状况调查的主要内容。
3. 界址点设置的原则。
4. 界址调查的主要工作有哪些?
5. 简述界址标识的种类和作用。
6. 简述宗地草图的主要内容。
7. 不动产权籍调查表由哪几部分组成?
8. 填写不动产权籍调查表有哪些要求?
9. 不动产权籍变更的类型有哪些?
10. 宗地特征未发生变化、界址发生变化时不动产单元代码如何变更?

第 4 章　地籍控制测量

地籍测量是在土地权属调查的基础上，运用测绘科学技术，在一定区域内测量每宗土地的权属界线、位置、形状、质量及地类等，并计算其面积，绘制地籍图，为土地登记提供依据而进行的专业测绘工作。地籍测量的主要内容包括地籍控制测量、地籍要素测量、地籍图绘制和土地面积计算等。地籍测量的成果包括数据集（控制点和界址点坐标等）、地籍图和地籍册。

§4.1　地籍控制测量概述

4.1.1　地籍控制测量的概念及特点

1. 地籍控制测量的含义

地籍控制测量是根据地籍图和界址点测量的精度要求，再考虑测区范围大小、测区内现有控制点数量和等级情况，按控制测量的基本原则和精度要求进行技术设计、选点、埋石、野外观测、数据处理等的测量工作。

地籍控制测量的目的是在测区内建立一个具有一定精度和密度的地籍控制网，为该测区的地籍测量提供一个准确可靠的定位基准。地籍控制测量的精度直接影响界址点测量、地籍图测绘和面积量算的精度，也影响地籍数据库资料更新的质量和效率。地籍控制网是为开展地籍要素测量、日常地籍测量而布设的测量控制网，具有控制全局、传递点位坐标、限制测量误差传播和积累的作用。地籍控制网的布设，在精度上要满足测定界址点坐标精度的要求，在密度上要满足辖区内地籍要素测量的要求，在点位埋设上要顾及日常地籍管理的需要。现代地籍的一个重要用途，就是其资料能用于城市规划、土地利用总体规划和各类工程设计。为了达到这个目的，所有地籍数据和图形在大区域内要能进行正确拼接，否则不仅管理不便，而且也难以用于规划设计。所以，要求控制测量应有较高的绝对定位精度和相对定位精度，同时其精度指标应有极高的可靠性。

地籍控制测量包括地籍平面控制测量和地籍高程控制测量。地籍平面控制测量又分为基本控制测量和图根控制测量。前者是为建立测区内的首级控制网，一般要求利用全球导航卫星系统（global navigation satellite system，GNSS）建立控制网。后者用于地籍要素测量，又称为加密控制网测量或图根控制网测量。两种网构成了测区控制网的两个不同层次，既可保证测区控制点精度分布均匀，又可满足测区设站的实际要求。对地籍测量来说，通常只对测区建立平面控制，仅在山区和丘陵地区建立高程控制，同时大部分地籍要素不需要高程，仅在道路、桥梁、河流、空地等地方需要测量一定数量的高程点。

2. 地籍控制测量的特点

地形控制网点一般只用于测绘地形图，而地籍控制网点不但要满足测绘地籍图的要求，而且要以厘米级精度用于土地权属界址点坐标的测定和地籍变更测量。因此，地籍控制测量除具有一般地形控制测量的特点之外，无论在精度要求还是密度要求上都有别于地形控制测量。

其特点有以下几个方面：

(1)精度要求高。地籍图比例尺通常较大，地籍要素间的相对精度要求较高。因此地籍平面控制测量精度要求较高，以保证界址点和地籍要素的精度要求。

(2)地籍控制点的密度与比例尺无直接关系。在一个区域内，界址点的数量、精度和地籍图比例尺都是固定的，必须优先考虑有足够多的控制点来满足界址点测量的要求，再考虑地籍图比例尺所要求的控制点密度。

(3)地籍控制点的精度与比例尺无直接关系。测量地物的控制点精度一般用地籍图的比例尺精度来要求(测量地物的控制点的最弱点相对于起算点的点位中误差为 0.1 mm×比例尺分母)。界址点坐标精度通常以实地具体的数值来标定，而与地籍图的比例尺精度无关。一般情况下，界址点坐标精度要高于其地籍图的比例尺精度，如果地籍控制点的精度能够满足界址点坐标精度的要求，则也能够满足测绘地籍图的精度要求。

3. 地籍控制测量的原则

地籍控制测量是在测区内建立一个具有一定精度和密度的地籍控制网，为该测区的地籍测量提供一个准确可靠的定位基准，从而开展各种相关地籍测量工作。地籍控制点是进行地籍测量和测绘地籍图的依据。

(1)充分利用已有控制网。已有的国家二、三、四等三角点和国家 GNSS 点可直接作为地籍首级平面控制网点。已有的三、四等城市平面控制点(含 GPS 点)和一、二级城市平面控制点(含 GPS 点)可直接作为地籍首级平面控制网点。利用已有控制点成果前应进行检查和分析。在投影面上，相邻控制点的水平间距与原有坐标反算边长的相对误差不超过表 4-1 的规定。

表 4-1　已有相邻控制点间距检查的规定

等级	相邻控制点的水平间距与原有坐标反算边长的相对误差
二等、C 级	≤1/120 000
三等、D 级	≤1/80 000
四等、E 级	≤1/45 000
一级	≤1/14 000
二级	≤1/10 000

(2)平面控制网的布设必须遵循从整体到局部、由高级到低级、分级布网(或越级布网)、逐级控制的原则，加密网可逐级布设、越级布设或布设同级全面网。平面控制测量精度等级划分为二、三、四等和一、二、三级及图根。

(3)高程控制测量精度等级依次划分为二、三、四等和等外。

4.1.2　地籍控制测量坐标系统

地籍控制测量坐标系统尽量采用国家统一坐标系统，条件不具备的地区，可采用地方坐标系或任意坐标系。凡是用来确定地面点的位置和空间目标的位置所采用的参考系都称为坐标系。由于使用目的和方式的不同，所选用的坐标系也不同。

1. 1954 北京坐标系

1954 北京坐标系采用了苏联的克拉索夫斯基椭球体，其参数是长半径 $a = 6\,378\,245$ m，扁率 $f = 1/298.3$，其大地原点位于苏联的普尔科沃。1954 北京坐标系虽然是苏联 1942 年坐标系的延伸，但也不能说它们完全相同。因为该椭球的高程异常是以苏联 1955 年大地水准面重新平差结果为起算数据，按我国天文水准路线推算而得。而高程又是以 1956 年青岛验潮站的黄海平均海水面为基准。

2. 1980 西安坐标系

为了解决 1954 北京坐标系所存在的缺点，1978 年我国决定建立新的国家大地坐标系统，并且在该系统中进行全国天文大地网的整体平差，该坐标系统取名为 1980 西安坐标系。其原点位于我国中部——陕西省泾阳县永乐镇。椭球参数采用 1975 年国际大地测量学与地球物理学联合会推荐值：椭球长半径 $a=6\ 378\ 140$ m；重力场二阶带谐系数 $J_2=1.082\ 63\times10^{-3}$；地心引力系数 $GM=3.986\ 005\times10^{14}\ \mathrm{m^3/s^2}$；地球自转角速度 $\omega=7.292\ 115\times10^{-5}$ rad/s。

根据以上参数可得 1980 西安坐标系，大地椭球的几何参数为 $a=6\ 378\ 140$ m，$f=1/298.257$。

椭球定位按我国范围高程异常值平方和最小为原则求解参数。椭球的短轴平行于由地球质心指向 1968.0 地极原点(JYD)方向，起始大地子午面平行于格林尼治天文台子午面。长度基准与国际统一长度基准一致。高程基准以青岛验潮站 1956 年黄海平均海水面为高程起算基准，水准原点高出黄海平均海水面 72.289 m。

1980 西安大地坐标系建立后，利用该坐标系进行了全国天文大地网平差，提供了全国统一的、精度较高的国家大地坐标系，据分析，它完全可以满足 1∶5 000 测图的需要。

3. 2000 国家大地坐标系

20 世纪 80 年代以来，国际上通行以地球质量中心作为坐标系原点，采用以地球质心为大地坐标系的原点，可以更好地阐明地球上各种地理和物理现象，特别是空间物体的运动。现在利用空间技术所得到的定位和影像等成果，都是以地心坐标系为参照系。采用地心坐标系可以充分利用现代最新科技成果，为国家信息现代化服务。

2008 年 3 月，由国土资源部正式上报国务院《关于中国采用 2000 国家大地坐标系的请示》，并于 2008 年 4 月获得国务院批准。自 2008 年 7 月 1 日起，中国全面启用 2000 国家大地坐标系，国家测绘局受权组织实施。2000 国家大地坐标系与其他国家大地坐标系转换、衔接的过渡期为 8～10 年。

2000 国家大地坐标系是全球地心坐标系在我国的具体体现，其原点为包括海洋和大气的整个地球的质量中心。2000 国家大地坐标系采用的地球椭球参数如下：

长半径　$a=6\ 378\ 137$ m

扁率　$f=1/298.257\ 222\ 101$

地心引力常数　$GM=3.986\ 004\ 418\times10^{14}\ \mathrm{m^3/s^2}$

自转角速度　$\omega=7.292\ 115\times10^{-5}$ rad/s

4. 独立坐标系

为减少因长度变形而引起的误差，在实际工作中当测区位于边界子午线附近，或测区平均海拔较高时，应选择独立坐标系，从而有效限制长度变形，一般采用以下几种方法。

(1)抵偿高程面法。若测区位置距离国家坐标系的中央子午线不远，即 Y_m 值(测区中心的横坐标)不大，投影变形主要由高程引起，此时可选用抵偿高程面法，其关键是确定高程抵偿面的高程值。

(2)抵偿子午线法。当测区位于国家坐标系投影带边缘，即 Y_m 值较大，则长度变形主要

由 Y_m 引起，此时可选用抵偿子午线法，其关键是确定抵偿子午线的经度值。

(3)以测区中心处的子午线为投影带中央子午线，以城市平均高程面作为投影面法。这种方法综合前两种方法，同时改变高程起算面和中央子午线来限制长度变形。

5. WGS-84 坐标系

WGS-84 坐标系是修正美国海军导航星系统 NSWC9Z-2 参考系的原点和尺度变化，并旋转其参考子午面与国际时间局(BIH)定义的零度子午面一致而得到的一个新参考系。WGS-84 坐标系的原点在地球质心，Z 轴指向 BIH1984.0 定义的协议地球极(CTP)方向，X 轴指向 BIH1984.0 的零度子午面和 CTP 赤道的交点，Y 轴和 Z 轴、X 轴垂直构成右手坐标系。它是一个地心坐标系，称为 1984 世界大地坐标系。这是一个国际地球参考系统(international terrestrial reference system，ITRS)，是目前国际上广泛采用的大地坐标系。

WGS-84 坐标系采用的椭球是国际大地测量学与地球物理学联合会第 17 届大会大地测量常数推荐值，其基本参数如下：

长半径　$a = 6\ 378\ 137$ m

扁率　$f = 1/298.257\ 223\ 563$

地心引力常数　$GM = 3.986\ 004\ 418 \times 10^{14}\ \mathrm{m^3/s^2}$

自转角速度　$\omega = 7.292\ 115 \times 10^{-5}$ rad/s

建立 WGS-84 世界大地坐标系的一个重要目的，是在世界上建立一个统一的地心坐标系。

6. 坐标系统转换

坐标转换是指某点位置由一坐标系的坐标转换成另一坐标系的坐标的换算工作。在实际工作中有时要将不同坐标系统的坐标进行转换，例如将国家大地坐标转换成一定投影带的高斯直角坐标，不同带的高斯直角坐标之间的转换(即坐标换带)，包括 6°带与 6°带之间、3°带与 3°带之间、3°带与 6°带之间及 3°(6°)带与任意投影带之间的坐标转换。

坐标转换计算(也称“换带计算”)利用高斯正、反算公式(即高斯投影函数式)进行。具体做法是：先根据点的坐标值 (X,Y) 用投影反算公式计算出该点的大地坐标值(L,B)，再应用投影正算公式换算成另一投影带的坐标值(X',Y')。

在同一县级行政区域内，宜采用地籍图的坐标系统和投影方法，并适时建立与 2000 国家大地坐标系和 1985 国家高程基准的转换关系。最终测量成果须转换到 2000 国家大地坐标系和 1985 国家高程基准。

§4.2　地籍控制测量要求

4.2.1　地籍控制点的布设

1. 地籍控制点埋石的密度

地籍测量工作，不仅要测绘地籍图和界址点坐标，而且要频繁地对地籍资料进行变更。因此，地籍控制点的密度与测区的大小、测区内的界址点总数和要求的界址点精度有关，地籍控制点最小密度如表 4-2 所示。

表 4-2 地籍测量控制点最小密度

测图比例尺	点数/幅	点数/km²
1∶500	9	144
1∶1 000	12	48
1∶2 000	16	16

地籍控制测量点分为永久性标志和临时性标志两类。为了测定界址点而设置的控制点，不仅需要满足当前地籍细部测量，而且要为日常变更地籍测量服务，因此应布设为永久性固定标志。而测量地物的控制点应依据地形测量而布设，地物测绘完毕之后即失去作用，所以可布设为临时性标志。

2. 地籍控制点点之记和控制网略图

地籍控制点若需要永久性保存就必须在地上埋设标石(或标志)。基本控制点的标石往往埋设在地表之下(称“暗标石”)而不易被发现。一、二级地籍控制点的标石大部分被埋设在地表之下，在地表的上面仅留有很少一部分(约 2 cm 高)。为了今后应用控制点时寻找方便，必须在实地选点埋石后，对每一控制点填绘一份点之记。所谓点之记，一般来说，就是用图示和文字描述控制点位与四周地形和地物之间的相互关系，以及点位所处的地理位置的文件。该文件属上交资料。如表 4-3 所示。

表 4-3 点之记

点名	牛屯	点号	116
所在图幅(1∶10 万)	k-51-88	标石类型	混凝土桩
经纬度	L:121°30′～122°00′ B:41°20′～41°40′	土地类别	平地
建造时间	2008 年	土质类别	沙砾
建造单位	北镇市规划局	所在地址	北镇市鲍家乡牛屯村
交通路线	北镇到鲍家经岳英山水库到牛屯村		
点位略图	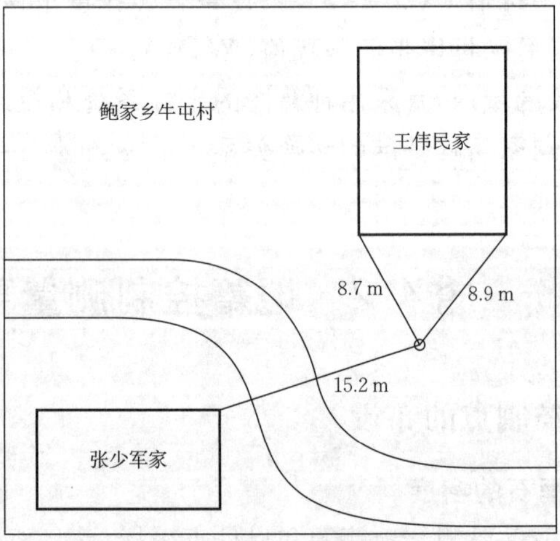		
详细说明	本点位于牛屯村王伟民家附近的路边		
绘图员	×××	填表员	×××
保管单位	北镇市规划局	日期	2018-8-16

为了更好地了解整个测区地籍控制网点分布情况，检查控制网布网的合理性和控制点分布等情况，必须绘制测区控制网略图。控制网略图就是在一张标准计算用纸（方格纸）上，选择适当的比例尺（能将整个测区画在其内为原则），按控制点的坐标值直接展绘纸上，然后用不同颜色或不同线型的线条画出各等级的网形。控制网略图要做到随测随绘，也就是当完成某一等级控制测量工作后，立即按点的坐标展出，再用相应的线条连接，这样不断地充实完成。地籍控制测量工作完成，控制网略图也相应完成。地籍控制网略图也是上交资料之一。如图 4-1 所示。

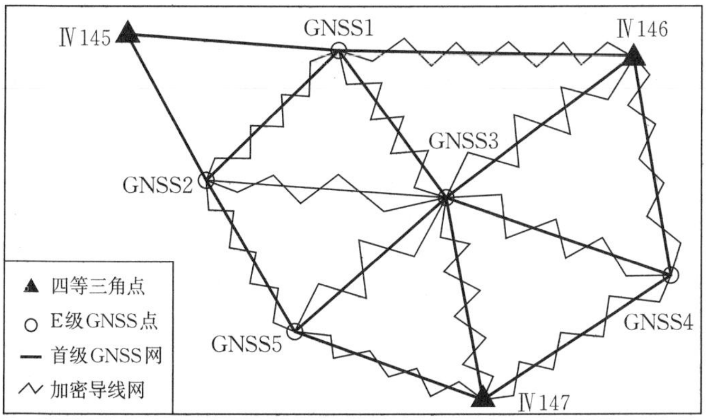

图 4-1　地籍控制网

4.2.2　地籍控制测量的精度要求

地籍控制测量的精度是以界址点的精度和地籍图的精度为依据而制定的。精度指标是 GNSS 控制网技术设计的一个重要的量化指标，它的大小将直接影响 GNSS 控制网的布设方案、观测计划及观测数据的处理方法。地籍控制测量的精度是以界址点的精度和地籍图的精度为依据而指定的。根据《地籍测绘规范》规定，四等网中最弱相邻点的相对点位中误差不大于 5 cm，四等以下网最弱点的点位中误差不大于 5 cm。

地籍平面控制测量中目前主要采用卫星定位技术和导线测量，高程控制测量主要采用水准测量、卫星定位技术和三角高程测量技术。根据不同的施测方法，各等级地籍基本控制网点的主要技术指标如表 4-4 至表 4-11 所示。

表 4-4　各等级导线测量主要技术指标

等级	平均边长/m	附合导线或闭合环长度/km	测距中误差/mm	测角中误差/(″)	导线全长相对闭合差	水平角观测测回数		方位角闭合差/(″)
						DJ_2	DJ_6	
一级	300	3.6	±15	±5.0	1/14 000	2	6	$\pm 10\sqrt{n}$
二级	200	2.4	±12	±8.0	1/10 000	1	3	$\pm 16\sqrt{n}$
三级	100	1.5	±12	±12.0	1/6 000	1	2	$\pm 24\sqrt{n}$
图根	80	0.9	±12	±20.0	1/4 000	1	1	$\pm 40\sqrt{n}$

注：n 为测站数。

表 4-5 各等级卫星定位测量控制网的主要技术指标

等级	平均边长/km	固定误差/mm	比例误差/(1×10^{-6})	最弱边相对中误差
二等	9	≤5	≤2	1/120 000
三等	5	≤5	≤2	1/80 000
四等	2	≤10	≤5	1/45 000
一级	1	≤10	≤5	1/20 000
二级	<1	≤10	≤5	1/10 000

注：当边长小于 200 m 时，边长中误差允许偏差为 2 cm。

表 4-6 各等级卫星定位测量的观测技术要求

项目	等级				
	二等	三等	四等	一级	二级
接收机类型	双频	双频或单频	双频或单频	双频或单频	双频或单频
仪器标称精度	≤5 mm+$2\times10^{-6}D$	≤5 mm+$2\times10^{-6}D$	≤10 mm+$5\times10^{-6}D$	≤10 mm+$5\times10^{-6}D$	≤10 mm+$5\times10^{-6}D$
观测模式/观测量	静态/载波相位	静态/载波相位	静态/载波相位	静态/载波相位	静态/载波相位
同步观测接收机数量	≥4	≥3	≥3	≥3	≥3
卫星高度角/(°)	≥15	≥15	≥15	≥15	≥15
有效观测同类卫星数	≥6	≥4	≥4	≥3	≥3
平均重复设站数	≥2.0	≥2.0	≥1.6	≥1.6	≥1.6
时段长度/min	≥90	≥60	≥45	≥45	≥45
观测时段长度/min	≥90	≥60	≥45	≥45	≥45
数据采样间隔	10～30	10～30	10～30	10～30	10～30
PDOP 值	<6	<6	<6	<6	<6

注：D 为测量距离，单位为 km。

表 4-7 卫星定位测量控制网异步环或附合路线边数的规定

等级	二等	三等	四等	一级	二级
异步环或附合路线边数/条	≤6	≤8	≤10	≤10	≤10

表 4-8 RTK 平面测量技术要求

等级	相邻点间距离/m	点位中误差/cm	边长相对中误差	起算点等级	流动站到单基准站间距离/km	方法	测回数
一级	≥500	±5	≤1/20 000	—	—	网络 RTK	≥4
二级	≥300	±5	≤1/10 000	—	—	网络 RTK	≥3
				四等及以上	≤6	常规 RTK	
三级	≥200	±5	≤1/6 000	—	—	网络 RTK	≥3
				四等及以上	≤6	常规 RTK	
				二等以上	≤3		
图根	≥100	±5	≤1/4 000	—	—	网络 RTK	≥2
				四等及以上	≤6	常规 RTK	
				四等以上	≤3		

注：①一级控制点布设应采用网络 RTK 测量技术；②网络 RTK 测量可不受起算点等级、流动站到单基准站间距离的限制；③困难地区相邻点间距离缩短至表中的 2/3，边长校差不应大于 2 cm。

表 4-9　水准测量技术指标

单位：mm

等级	每千米高差中数中误差		测段、区段、路线往返测高差不符值	测段、路线的左右路线高差不符值	附合路线或换线闭合差		检测已测测段高差之差
	偶然中误差 M_Δ	全中误差 M_w			平原	丘陵	
二等	±1.0	±2.0	$\pm 4\sqrt{L_s}$	—	$\pm 4\sqrt{L}$	$\pm 6\sqrt{L_i}$	—
三等	±3.0	±6.0	$\pm 12\sqrt{L_s}$	$\pm 8\sqrt{L_s}$	$\pm 12\sqrt{L}$	$\pm 15\sqrt{L}$	$\pm 20\sqrt{L_i}$
四等	±5.0	±10.0	$\pm 20\sqrt{L_s}$	$\pm 14\sqrt{L_s}$	$\pm 20\sqrt{L_s}$	$\pm 25\sqrt{L}$	$\pm 30\sqrt{L_i}$
等外	±8.0	±16.0	—	—	$\pm 30\sqrt{L}$	$\pm 35\sqrt{L}$	$\pm 40\sqrt{L_i}$

注：① L_s 为测段、区段、路线长度，取单位为 km 时的数值；L 为附合路线或环线长度，取单位为 km 时的数值；L_i 为检测测段长度，单位为 km。②山区指高程大于 1 000 m 或路线中最大高差大于 400 m 的地区。

表 4-10　卫星定位高程测量的主要技术指标

单位：mm

等级	平原、丘陵			山地			观测等级	观测方法
	高程异常模型内附合中误差	高程中误差	检测校差	模型内附合中误差	高程中误差	检测校差		
四等	≤20	≤30	≤60	—	—	—	四等	静态
等外	≤25	≤35	≤70	≤30	≤40	≤80	一级	静态

表 4-11　电磁波三角高程导线测量的主要技术要求

单位：mm

等级	垂直观测仪器类型	垂直角对向观测测回数	垂直角校差与指标差校差/(″)	边长/km	测距仪器、方法与测回数	对向观测高差不符值	附合路线或环线闭合差	
		中丝法					平原、丘陵	山区
四等	DJ_2	4	≤5	≤11	Ⅱ级、往返、1	$\pm 40\sqrt{D}$	$\pm 20\sqrt{L}$	$\pm 25\sqrt{L}$
等外	DJ_6	2	≤10	≤1	Ⅱ级、往、1	$\pm 60\sqrt{D}$	$\pm 30\sqrt{L}$	$\pm 35\sqrt{L}$

§4.3　地籍控制测量的方法

平面控制测量可采用卫星定位测量、导线测量等方法。二、三、四等平面控制测量宜采用卫星定位静态测量；一、二、三级和图根控制可采用卫星定位动态测量。各等级高程控制宜采用水准测量。四等以下等级可采用卫星定位高程测量和电磁波测距三角高程导线测量。

4.3.1　利用 GNSS 静态测量控制点的坐标

卫星定位技术的迅速发展，给测绘工作带来了革命性的变化，也对地籍测量工作，特别是地籍控制测量工作带来了巨大的影响。应用卫星定位技术进行地籍控制测量，点与点之间不要求互相通视，这样避免了常规地籍测量控制时，控制点位选取的局限条件。由于卫星定位技术具有布点灵活、全天候观测、观测及计算速度快、精度高等优点，在地籍控制测量中得以广泛应用。利用卫星定位技术进行地籍控制测量，没有常规三角网(锁)布设时要求近似等边及精度估算偏低时应加测对角线或增设起始边等烦琐要求，只要使用的卫星定位信号接收机精度与等级控制精度匹配，控制点位的选取符合 GNSS 点位选取要求，那么所布设的 GNSS 控制网精度就完全能够满足地籍测量规程要求。

在一些大城市中，一般已经建立城市控制网，并且已经在此控制网的基础上做了大量的测绘工作。但是，随着经济建设的迅速发展，已有控制网的控制范围和精度已不能满足要求，为此，迫切需要利用卫星定位技术来加强和改造已有的控制网作为地籍控制网。

对于边长小于 8～10 km 的二、三、四等基本控制网宜采用 GNSS 静态定位的方法。使用卫星定位技术布测地籍控制网时，应与已有的控制点进行联测，联测的控制点最少不能少于两个。

1. GNSS 地籍控制网方案设计

GNSS 控制网技术设计的主要依据是卫星定位测量规范（规程）和技术设计书（测量任务书）。卫星定位测量规范（规程）是国家质量技术监督局或行业部门制定的技术标准。目前，GNSS 控制网技术设计依据的规范（规程）有：2009 年国家质量技术监督局发布的国家标准《全球定位系统（GPS）测量规范》（GB/T 18314—2009），2010 年国家住房和城乡建设部发布的《卫星定位城市测量技术规范》（CJJ/T 73—2010），以及各部委根据本部门卫星定位测量工作的实际情况制定的其他测量规程或细则。

1）GNSS 控制网的精度指标

GNSS 控制网的精度设计主要取决于网的用途，其精度标准一般用 GNSS 控制网边长的固定误差 a 和比例误差 b 来表示。各级 GNSS 测量中相邻点间基线长度的确定依据公式为

$$\sigma=\sqrt{a^2+(b\times d\times 10^{-6})^2} \tag{4-1}$$

式中：σ 为标准差，单位为 mm；a 为固定误差，单位为 mm；b 为比例误差系数；d 为相邻点间的距离，单位为 km。

2）GNSS 控制网的密度设计

根据《全球定位系统（GPS）测量规范》测量规范中各级控制网中相邻点间的平均距离规定如表 4-5 所示。相邻点间的最小距离可为平均距离的 1/3 至 1/2；最大距离可为平均距离的 2～3 倍。在实际应用中也可根据不同的对象和用途，对点的分布做出具体规定。

3）GNSS 控制网连接方式的选择

GNSS 控制网的同步图形有三种基本连接方式：点连式、边连式和混合式。以三台接收机组成的三角形同步环为例，连接方式如图 4-2 所示。

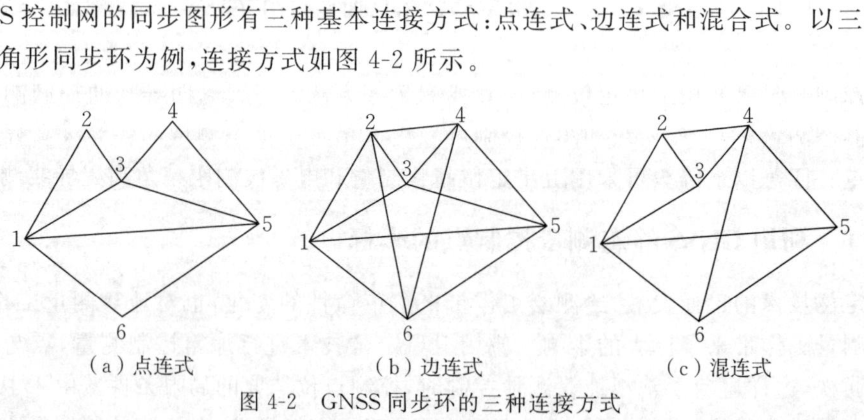

（a）点连式 （b）边连式 （c）混连式

图 4-2 GNSS 同步环的三种连接方式

点连式是最简单的连接方式，所构成的图形几何强度比较弱，只有少量的非同步图形闭合条件，甚至没有。

边连式是指两个相邻同步图形之间有两个公共点，所构成的图形有较多的非同步图形闭合条件，并且有大量的重复观测边。所以边连式布设的网几何强度高，有较高的可靠性指标，但相应工作量也增大。

混连式是指将点连式和边连式有机地结合起来，既能保证网的几何强度，提高可靠性指标，又能适当减少工作量，降低成本，是常用的布网方法。

根据卫星定位测量用途的不同，GNSS 控制网的独立观测边应该构成一定的几何图形，基本形式包括：三角形网、环形网及星形网，如图 4-3 所示。

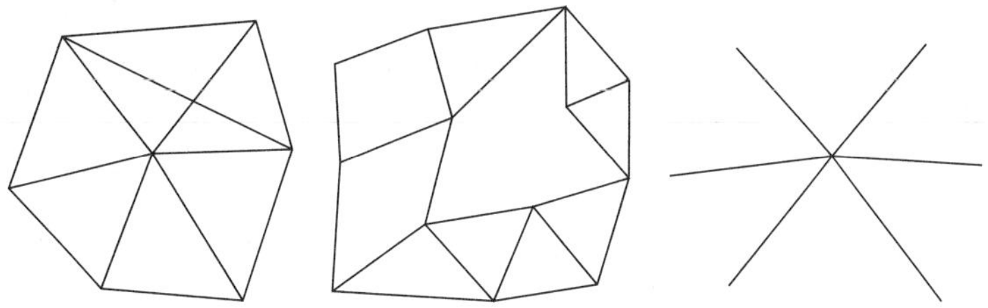

（a）三角形网　（b）环形网　（c）星形网

图 4-3　GNSS 控制网的基本形式

三角形网几何结构强，具有良好的自检能力，能够有效地发现观测成果中的粗差，可靠性强，而且平差后网中基线向量精度分布均匀。但观测工作量大，特别是接收机数量较少时，观测时间将非常长。

环形网由含有多条独立基线边的闭合环组成。图形结构不如三角形网，网的自检能力和可靠性与闭合环中基线边的数目有关。网中非直接观测基线边精度较直接观测边低，相邻点间的基线精度分布不均匀。

星形网的直接观测边不构成闭合图形，检验和发现粗差的能力较差。观测中通常只用两台接收机，作业简单，因此广泛应用于工程放样、土地勘界等工程中。

2. GNSS 控制网精度标准及其分类

各类 GNSS 控制网的精度设计主要取决于网的用途。用于城市或工程的 GNSS 控制网的精度标准，可根据相邻点的距离和精度，参照《全球定位系统(GPS)测量规范》中的二、三、四等控制网的主要技术规定。

3. 卫星定位测量的外业实施过程

卫星定位测量的外业实施过程主要包括准备工作、数据采集和成果整理三个阶段。

1)外业准备工作

外业准备阶段的主要工作是技术设计和选点埋石。技术设计应首先根据有关规程说明、测区范围、测量任务的目的及精度要求、测区已有测量资料的状况，以及测区所采用的参考坐标系统，考虑卫星定位技术的特点，在实地踏勘的基础上，优化设计 GNSS 控制网设计方案。该技术设计应包括点数、各点间连接方法、设站次数、观测时段等，还需要根据作业日期的卫星状态图表，制订作业进程安排计划。

2)外业数据采集

卫星定位测量外业数据采集是指用卫星定位信号接收机获取卫星信号，其主要工作包括天线设置、接收机操作和测站记录等。天线的对中、整平应符合相关规程要求，并应精确地量测天线高。安置好仪器后开机搜索卫星，并输入点名、天线高、观测时段、截止高度角、历元间隔等，进入“3D”状态并使位置精度衰减因子(position dilution of precision，PDOP)小于限值后方可开始观测。同步观测的几台接收机全部准备完毕之后统一开始观测。

3)外业成果整理

外业成果整理包括GNSS基线向量解算、计算同步环闭合差、计算异步环闭合差、检查重复基线校差，检查其是否满足规定的限差，如果超限，分析原因并重新解算。对于观测质量不符合要求的基线，应进行重测或补测。

4. GNSS控制网平差

初步处理的GNSS基线向量经过各项质量检验符合要求后，以所有独立基线组成GNSS空间向量网，并在WGS-84地球椭球上进行三维无约束平差。无约束平差中，基线向量的改正数绝对值应该符合现行行业标准。

在无约束平差确定的有效观测值的基础上，在国家坐标系统或城市独立坐标系统下进行三维约束平差或二维无约束平差，在约束平差中，基线向量的改正数与无约束平差中同名基线相应改正数的校差应符合现行行业标准。

在具体工作过程中，通常影响平差结果的是基线向量观测质量和约束平差时已知点数据的可靠性。对于基线向量观测质量，可以用基线向量质量指标去衡量，如信噪比值(ratio)、基线向量的相对中误差等；对于约束平差中已知点数据的可靠性问题，可以把已知点作为待求点、检查点，在已知点之间互相推算或在控制网中加入高精度测距仪边长等方法来衡量GNSS控制网的精度。

目前GNSS控制网平差软件主要有两类。一种是接收机研制商随同硬件赠送给用户的。如徕卡(Lecia)的SKI软件、天宝(Trimble)的TGO软件、阿什泰克(Ashtech)的Solutions软件、南方的GPS PRO软件、中海达的HD软件等。另一种是由国内单位自主研发的，如武汉大学测绘学院研发的PowerADJ软件、同济大学研发的TGPPS软件等。

4.3.2 利用GNSS-RTK技术测量图根控制点的坐标

GNSS-RTK(以下简称“RTK”)技术是建立在GNSS基础上、基于载波相位观测值的实时动态定位技术，它能实时提供测站点在指定坐标系中的三维定位结果，并达到厘米级精度，优势明显。常规的GNSS静态、快速静态测量，因数据处理滞后，无法实时解算出定位结果，必须事后进行解算才能获得厘米级的精度，因此，相较而言，RTK技术的独特优势给图根控制测量带来了极大方便。目前RTK技术分为常规RTK和网络RTK。

1. 常规RTK测量

RTK测量是基于载波相位观测值的实时动态定位技术，能够实时地提供测站点在指定坐标系中的三维定位结果，并达到厘米级精度。单基准站RTK测量是指在观测时将一台接收机安装在已知点(称为“基准站”)上，对卫星进行观测并将一些必要的数据如基准站的坐标、高程、坐标转换参数、水准面拟合参数、预设精度指标等输入控制手簿。将采集的载波相位观测量调制到基准站电台的载波上，再通过基准站电台发射出去。另一台接收机置于流动站，流动站在对卫星进行观测并采集载波相位观测量的同时，也通过流动站电台接收由基准站电台发射的信号，经解调得到基准站的载波相位观测量。流动站的接收机再利用光学传递函数(optical transfer function，OTF)技术(运动中求解整周模糊度)由基准站的载波相位观测量和流动站的载波相位观测量来求解整周模糊度，最后求出厘米级精度流动站的位置，并随时将实测精度与预设精度指标比较，一旦实测精度达到预设精度时，实施记录，本次测量结束。作业模式如图 4-4 所示。

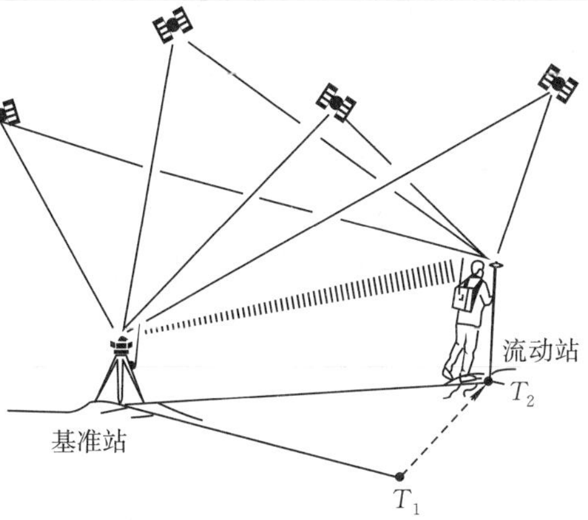

图 4-4　常规 RTK 测量作业模式

RTK 测量不受天气和时间影响，不需通视，采点速度快，作用范围广，多台接收机可以同步工作，也无误差积累，测量精度大大提高，而且能够在现场发现不合格的测绘成果，大大提高了作业效率。与传统地籍测量方法对比，RTK 测量用于地籍测量具有非常突出的优势，其实测精度能达到厘米级，完全满足地籍图根控制测量规范规定的精度要求，而且误差分布均匀，能够应用于地籍图根控制测量。

地籍测量中利用常规 RTK 测量进行图根控制测量应注意以下问题：

(1)图根控制测量前要对已知点进行检核。控制点布设时应避开高压线、高大建筑物、大面积水域，实在无法回避的地方应采取增加观测时间、增加观测次数来提高精度。

(2)基准站和流动站的距离有一定的限制。要求达到厘米级精度时，基准站和流动站距离不能超过 15 km；要求达到亚厘米级精度时，距离不能超过 10 km。

(3)基准站和流动站必须有 4 个以上公共卫星，当信号受阻、卫星失锁时应重新进行初始化。

2. 网络 RTK(CORS)测量

常规 RTK 测量系统尽管可以提供厘米级的定位精度，但它的基准站电台覆盖范围通常只有几千米，并且信号难以绕过高大建筑物等遮挡物。而且，RTK 测量是随着流动站与基准站间距离的增加，系统误差(多路径效应、电离层影响、对流层影响等)随之增加，尤其是在电离层活跃高峰期，一般流动站到基准站的距离大于 10 km(经验值)时，需要重新设置基准站。

连续运行基准站(continuously operating reference station，CORS)系统由多个连续运行基准站组成，是将卫星定位技术、数字通信技术、计算机技术和网络技术融为一体的系统。网络 RTK 测量是 CORS 系统建设的主要目的。在一个较大的范围之内建设若干永久 GNSS 基准站共同组成基准站网络。各个基准站事先设定好采样率，在数据通信系统的辅助下，将观测数据实时传递给控制中心，数据中心对数据进行初步整理，然后对全部数据进行核算，测算出系统误差改正项，得到本地区之内的误差改正模型，用户在接收机的辅助下，就能够获得精度十分高的定位数据。网络 RTK 测量系统作业模式如图 4-5 所示。

网络 RTK 测量在外业测量中的优势：

(1)外业测量范围很广。目前我国建成的CORS系统大多是省(市)级行政单位投资建设的,在该行政范围内均能提供定位服务。

(2)效率大幅度提高。不需要架设基准站,每小组只需要一套流动站即可进行外业测量,大大节省了人力、物力和时间。

(3)抗干扰性提高,初始化速度快。相对常规RTK流动站与基准站间的电台通信易受干扰,网络RTK技术使用覆盖范围广的GPRS或CDMA信号进行通信,方便快捷。

(4)精度高。CORS信号覆盖范围内,精度可控制在3 cm内,在相同网络下精度较均匀。

(5)稳定可靠。CORS系统采用了多个基准站的联合数据建立误差模型,大大提高了整网可靠性。

使用CORS技术进行地籍图根控制测量,精度完全符合要求。在实际的地籍测量中,CORS技术因其操作简单、精确度高、效率高等特点成为常用的技术手段,其应用范围也将不断拓展。但是CORS技术在建筑物集中区域由于接收卫星信号不便等原因,其测量也存在着一定的困难。因此在使用CORS技术时要实事求是,根据实际情况做出调整,最大限度地发挥CORS技术在地籍测量中的作用。

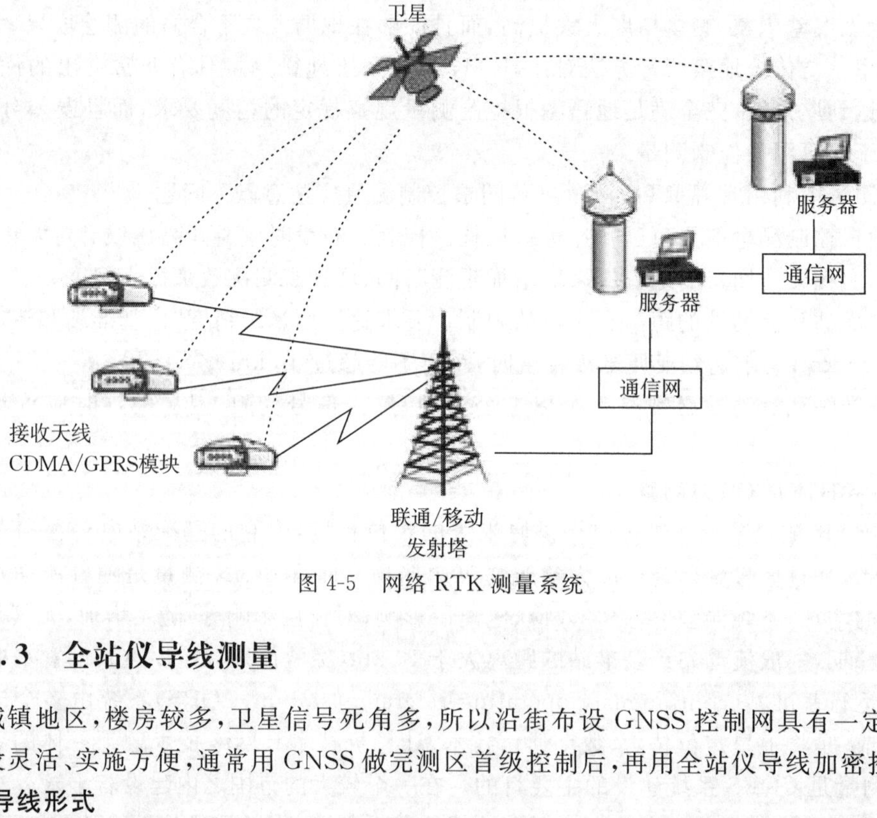

图4-5 网络RTK测量系统

4.3.3 全站仪导线测量

在城镇地区,楼房较多,卫星信号死角多,所以沿街布设GNSS控制网具有一定难度,而导线布设灵活、实施方便,通常用GNSS做完测区首级控制后,再用全站仪导线加密控制点。

1. 导线形式

导线分为单一导线和导线网等多种形式,如图4-6(a)所示为附合导线,图4-6(b)所示为闭合导线,图4-6(c)所示为结点导线,图4-6(d)所示为导线网。

2. 导线控制网的布设

目前各大中城市大部分都建设了城市控制网,基本能满足建立地籍控制网的需要。可直接在城市控制网的基础上进行一、二、三级及图根地籍控制测量，一些较小的城镇可能没有控制网，这就需要从附近的国家控制点引测控制网到测区，通常使用卫星定位技术。城镇地籍控制测量应以光电测距导线布设，其布设规格和技术指标如表 4-4 所示。

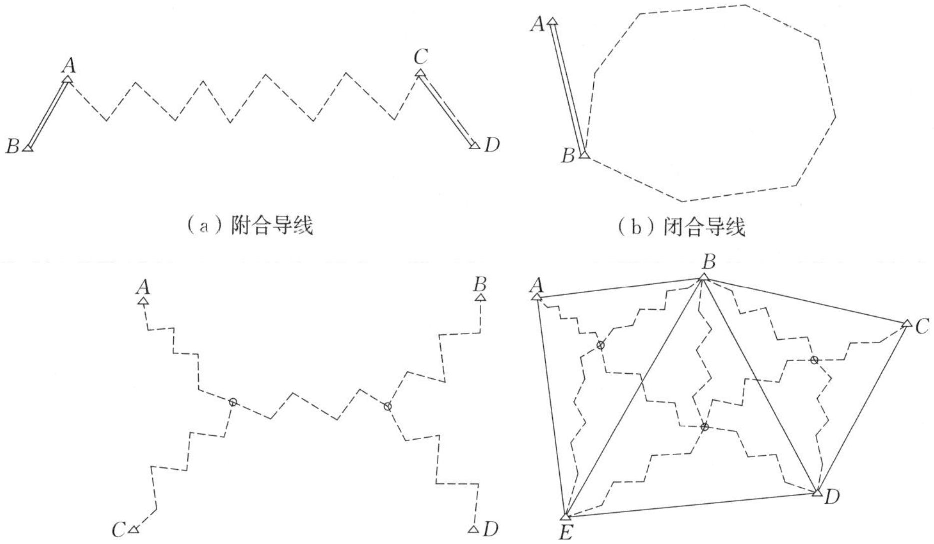

（a）附合导线　（b）闭合导线　（c）结点导线　（d）导线网

图 4-6　导线及导线网示意

3. 图根控制网的布设

城镇地籍测绘中控制网的布设，重点是保证界址点坐标的精度。目前一、二级导线的平均边长都在 100 m 以上，这样的控制点密度对于复杂隐蔽的居民地是不够的，需要用支导线形式加密点，工作量大而且效率低，精度也难以保证。因此，经济而又可靠的方法是布网时增加控制点的密度。可在二级导线以下，根据实际需要布设适合的图根导线进行加密。图根导线的测量方法有闭合导线、附合导线、导线网等。

图根导线的边长已充分考虑复杂居民点的实际情况，目的是在控制点上能够直接测到界址点，对于特别隐蔽的地方，界址点离开控制点的距离也会约束在较短的范围内。

4. 全站仪导线测量步骤

全站仪导线控制测量包括选点、标石埋设、观测记录和平差计算等主要步骤。全站仪导线的观测元素主要是水平角、斜距、竖直角，同时还应观测温度、气压等元素。

1)技术设计

根据测区范围、地形状况、已知国家控制点数量及分布，确定全站仪导线的等级和规模，拟定布网方案。

2)选点埋石

首先，依据测区已有小比例尺地形图，在图上选点并预编号；然后，实地探勘选点，确定最终编号，并现场做好点之记。一、二级导线尽量布设成直伸状，点位分布力求均匀，相邻边长之比不宜超过 1∶3。在城镇及郊区一般需埋设标石，在城镇街道上一般用钢钉打入水泥地。

3)绘制网图

根据外业选点情况，绘制测区范围内的控制点网图，并在图上标注外业需要观测的角度。

标注的方法一般从一条已知边开始按顺时针方向标注。

4)观测记录

按照表4-4的要求，用全站仪观测导线上所有的转折角和边。有些全站仪可使用电子记录器，在记录器中装有控制网观测记录及限差检核和测站平差、边长改化、数据管理与通信等程序。自动记录方式可以提高作业效率，减少人为错误。

5)控制网平差

控制网外业观测结束后即可进行平差计算。主要包括：

(1)数据整理，即将控制网外业观测数据整理成控制网内业平差软件所要求的格式和内容。若是人工记录的，则应列出每测站所观测的各个方向值、水平距离，编辑成文本文件并保存。若是自动记录的，则有配套软件从每站原始观测数据中提取和计算出以上各项数据，并保存。图根导线按照城市测量规范规定进行平差计算。

(2)边长改化，是指将全站仪测得的控制网中各边斜距值归算到已知的坐标系统中。边长改化的步骤是：测距仪加常数和乘常数改正→气象改正→倾斜改正→归算到椭球面的改正→投影到高斯面的改正。布设图根导线时，一般不做地表边长高斯投影改正。

(3)坐标计算。目前的导线平差软件除了具有控制网概算、平差、精度评定及成果输出等功能外，还提供一些实用功能，如坐标变换及换带计算等。

(4)因受地形限制图根导线无法附合时，可布设图根支导线，每条支导线总边数不超过两条，总长度不超过起算边的两倍。支导线边长往返观测，转折角观测一测回。

4.3.4 已有控制成果的利用

在控制测量前应充分收集测区已有控制成果和资料，并按技术规范的规定和要求进行比较和分析。凡符合规范要求的已有控制点成果，均应充分利用；当测区已有控制点的坐标和本次测量所采用的坐标系统不一致时，则应联测已有控制点，并进行坐标转换，使原有控制资料充分发挥作用，具体要求如下：

(1)凡符合《城市测量规范》(CJJ/T 8—2011)要求的二、三、四等城市控制网点和一、二级城市控制网点都可利用。

(2)对已布设二、三、四等城市控制网而未布设一、二级控制网的地区，可以其为基础，加密一级或二级地籍控制网。对已布设一级城市控制网的地区，可以其为基础，加密二级地籍控制网。

(3)对隐蔽复杂地区，当布设的三级地籍控制仍不够用时，可在需要处加辅助控制点，方法有角度交会法、距离交会法、支导线法等，但精度不高，建议尽量少用。

(4)在利用已有控制成果时，应对所利用的成果有目的地进行分析和检查。在检查与使用过程中，如发现有过大误差时，则应进行分析，对有问题的点(存在粗差、点位移动等)，可避而不用。

§4.4 高程控制测量

测量控制点高程的工作称为高程控制测量。对地籍测量来说，通常只对测区建立平面控制，仅在山区和丘陵地区建立高程控制，同时大部分地籍细部点不需要高程，仅在道路、桥梁、河流、空地等地方需要测量一定数量的高程点。但随着地籍测绘成果应用领域的不断扩大，为满足多用途地籍的需要，在地籍测量中高程控制测量也是必要的。

高程控制测量主要采用三、四等水准测量和三角高程测量在测区内建立高程控制网。

4.4.1　三、四等水准测量

1. 水准仪的规格

表 4-12 所列是三、四等水准测量的水准仪规格。

表 4-12　三、四等水准测量仪器的规格

等级	望远镜放大率	符合水准器分划值
三	≥25 倍	30″
四	≥25 倍	40″

2. 视线长度和读数误差的限差规定

视线长度和读数误差的限差规定如表 4-13 所示。

表 4-13　三、四等水准测量视线长度和观测限差

等级	标准视线长度 /m	前后视距差 /m	前后视距差累计 /m	红黑读差 /mm	红黑高差之差 /mm
三	65	3.0	6.0	2.0	3.0
四	80	5.0	10.0	3.0	5.0

在工作中可根据成像的清晰和稳定程度，长度适当放长或缩短。为了减少大气折光的影响，视线高不得小于 0.3 m，在山区不得小于 0.2 m。

3. 三、四等水准测量的方法

1)一个测站上的观测程序(双面水准尺)

后视水准尺黑面，读取视距丝和中丝读数；前视水准尺黑面，读取视距丝和中丝读数；前视水准尺红面，读取中丝读数；后视水准尺红面，读取中丝读数。这样的程序是“后→前→前→后”。

2)记录、计算与检核

三、四等水准测量的记录、计算和检核方法如表 4-14 所示，表内带括号的号码为读数和计算的次序；(1)～(8)为观测读数，其余为计算所得。有关各项限差列于表 4-9。其步骤如下：

后视距离　$(9)=[(1)-(2)]\times 100$

前视距离　$(10)=[(4)-(5)]\times 100$

前后视距差　$(11)=(9)-(10)$

视距差累计　$(12)=$本站$(11)+$前站(12)

红黑面读数检核　$\left.\begin{aligned}(13)&=(6)+k-(7)\\(14)&=(3)+k-(8)\end{aligned}\right\}k=4.687$ 或 $k=4.787$

黑面高差　$(15)=(3)-(6)$

红面高差　$(16)=(8)-(7)$

计算检核　$(17)=(15)-(16)$　　$(17)=(14)-(13)$

平均高差　$(18)=[(15)+(16)]/2$

每页记录的计算总检查

$$\Sigma(3)-\Sigma(6)=\Sigma(15);\Sigma(8)-\Sigma(7)=\Sigma(16)$$

$$\Sigma(9)-\Sigma(10)=\text{本页末站}(12)-\text{前末站}(12)$$

每站的观测限差：红黑面读数检核（黑 $+k-$ 红）对于三等不得超过 2 mm，四等不得超过 3 mm。黑面高差与红面高差之差，对于三等不得超过 3 mm，四等不得超过 5 mm。对于前后视距差的限差参阅表 4-13。

为了确保成果的正确性，水准路线应布设成附合路线或闭合环线，以此可以计算高差闭合差。闭合差是检核成果准确性的重要措施。当闭合差在限差以内，即认为观测精度满足要求，否则，应查明超限的原因，并返工重测。

3）三、四等水准闭合差

无论是闭合水准路线还是附合水准路线或是支水准路线，闭合差的计算方法和调整与普通水准测量相同，只是允许闭合差较小。

$$\text{三等水准}\qquad f_{容}=\pm 12\sqrt{L}\ \text{mm 或} \pm 4\sqrt{n}\ \text{mm}$$

$$\text{四等水准}\qquad f_{容}=\pm 20\sqrt{L}\ \text{mm 或} \pm 4\sqrt{n}\ \text{mm}$$

式中：L 为线路总长，以 km 为单位；n 为测站总数。

表 4-14　三(四)等水准测量记录

测站号	测准点	后下丝 后上丝 后距 d 视距差	前下丝 前上丝 前距 Σd	方向或尺号	标尺读数 黑面	标尺读数 红面	黑＋ $k-$红	平均高差 /m	高程 /m
		(1)	(4)	后	(3)	(8)	(14)		
		(2)	(5)	前	(6)	(7)	(13)	(18)	
		(9)	(10)	后一前	(15)	(16)	(17)		
		(11)	(12)						
1	BM	1.402	1.343	后	1.289	6.073	+3		
		1.173	1.100	前	1.221	6.010	−2	+0.066	83.321
		22.9	24.3	后一前	+0.068	+0.063	+5		
	A	−1.4	−1.4						
2	*A*	1.460	1.450	后	1.260	6.050	−3		
		1.050	1.060	前	1.261	6.049	−1	0.000	
		41.0	39.0	后一前	−0.001	+0.001	−2		
	B	2.0	+0.6						
3	*B*	1.660	1.795	后	1.412	6.200	−1		
		1.160	1.295	前	1.540	6.325	+2	−0.126	
		50.0	50.0	后一前	−0.128	−0.125	−3		
	C	0.0	+0.6						
4	*C*	1.575	1.545	后	1.300	6.088	−1		
		1.030	0.954	前	1.250	6.035	+2	+0.052	
		54.5	59.1	后一前	+0.050	+0.053	−3		
	D	−4.6	−4.0						
计算检核		Σ后视读数			5.261	24.411			
		Σ前视读数			5.272	24.419			
		Σ(后一前)			−0.011	−0.008			

4.4.2　三角高程测量

当地形高低起伏较大而不便于实施水准测量时，可采用三角高程测量的方法测定两点间的高差，从而推算各点的高程。

1. 三角高程测量原理

三角高程测量是根据两点间的水平距离和垂直角，计算两点间的高差。如图 4-7 所示，已知 A 点的高程 H_A，欲测定 B 的高程 H_B。可在 A 点上安置经纬仪，量取仪器高 i（即仪器水平轴至测点的高度），并在 B 点设置观测标志（称为“觇标”）。用望远镜中丝瞄准觇标的顶部 M 点，测出垂直角 α，量取觇标高 v（即觇标顶部 M 至目标点的高度），再根据 A、B 两点间的水平距离 D，则 A、B 两点间的高差 h_{AB} 为

$$h_{AB}=D\tan\alpha+i-v \tag{4-2}$$

那么，B 点的高程 $H_B=H_A+h_{AB}$。

为了消除或减弱地球曲率和大气折光的影响，三角高程测量一般应进行对向观测，也称直、反觇观测。三角高程测量对向观测，所求得的高差校差不应大于 $0.4D$（m），其中 D 为水平距离，取以 km 为单位时的数值。若符合要求，取两次高差的平均值作为最终高差。

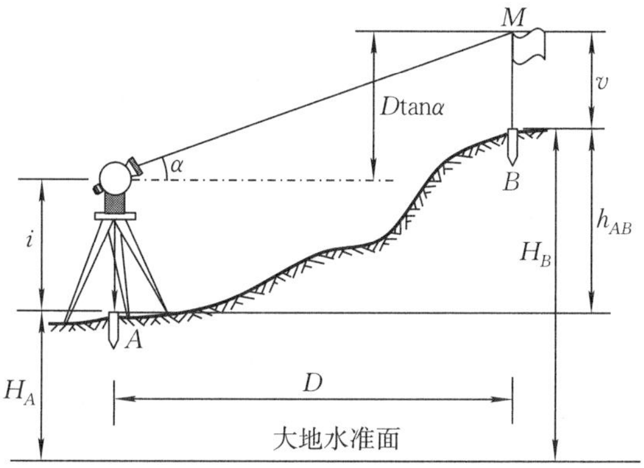

图 4-7　三角高程测量原理

2. 三角高程测量的精度等级

(1) 在三角高程测量中，如果 A、B 两点间的水平距离（或斜距）是用测距仪或全站仪测定的，称为光电测距三角高程。采取一定措施后，其精度可达到四等水准测量的精度要求。

(2) 在三角高程测量中，如果 A、B 两点间的水平距离是用钢尺测定的，称为经纬仪三角高程，其精度一般只能满足图根高程的精度要求。

3. 三角高程控制测量

当用三角高程测量方法测定平面控制点的高程时，应组成闭合或附合的三角高程路线。每条边均要进行对向观测。用对向观测所得高差平均值，计算闭合或附合路线的高差闭合差的容许值为

$$f=\pm 0.05\sqrt{\Sigma D^2} \tag{4-3}$$

式中：D 为各边的水平距离，单位为 km。

当闭合差在允许范围之内，按与边长成正比原则，将闭合差反符号分配到各高差之中。然后用改正后的高差，从起算点推算各点高程。

思考题

1. 地籍控制测量的含义是什么?
2. 地籍控制测量的目的是什么?
3. 地籍控制测量应遵循什么原则?
4. 地籍控制测量相比地形控制测量有何特点?
5. 为什么地籍图根控制点的精度与地籍图比例尺无关?
6. 地籍测量常用的坐标系统有哪些?
7. 选择独立坐标系的方法有哪些?
8. 地籍控制点的密度是如何确定的?
9. GNSS 控制网同步图形有哪些连接方式?
10. 简述 GNSS 测量外业实施过程。

第5章　地籍要素测量

地籍要素测量是地籍测量的核心，是在地籍控制的基础上，测量每宗土地的权属界线、位置、形状及地类界线和宗地内建筑物（或构筑物）的位置及其他地物和地貌要素等基本情况，并计算面积、测绘地籍图、宗地图。地籍要素测量是在权属调查和地籍控制测量工作之后进行的，它是地籍测量工作的重要组成部分，其主要内容包括界址点测定、地籍图测绘和面积量算。

§5.1　界址点的测定

5.1.1　界址点测量方法

准确地测定界址点的位置是绘制地籍图、进行不动产权管理的前提。界址点是指宗地边界线上的特征点。界址线是指由界址点连成的封闭折线。宗地是指界址线包围的地块。界址点是地籍图中最重要的要素。面积量算的精度主要取决于界址点的测量精度。每宗土地的位置、权属界线、形状、面积及相邻各宗地间的关系，是地籍调查的核心问题。这个问题的解决主要是通过准确地测定界址点的位置来实现的。

界址点测量方法包括解析法和图解法。利用解析法测定的界址点称为解析界址点。利用图解法测定的界址点称为图解界址点。

1. 解析法

解析法是指采用全站仪、卫星定位信号接收机、钢尺等测量工具，通过全野外测量技术获取界址点坐标和界址点间距的方法。界址点精度应符合表5-1的要求。

表5-1　解析界址点的精度

级别	界址点相对于邻近控制点的点位误差，相邻界址点间距误差	
	中误差/cm	允许误差/cm
一	±5.0	±10.0
二	±7.5	±15.0
三	±10.0	±20.0

注：①土地使用权明显界址点精度不低于一级，隐蔽界址点精度不低于二级；②土地所有权界址点可选择一、二、三级精度。

解析法主要测量方法有极坐标法、直角坐标法（正交法）、截距法（内外分点法）、距离交会法、角度交会法、卫星定位测量方法等。其中极坐标法是主要方法，在用极坐标法不能完成或不方便时可根据界址点的观测环境选用其他不同的方法。

1）极坐标法

极坐标法是在测站上安置仪器，观测已知方向至界址点方向间的水平角，并量取测站点至界址点间的水平距离，通过计算求得界址点的坐标。利用全站仪测量界址点坐标的方法实际上就是极坐标法，如图5-1所示。

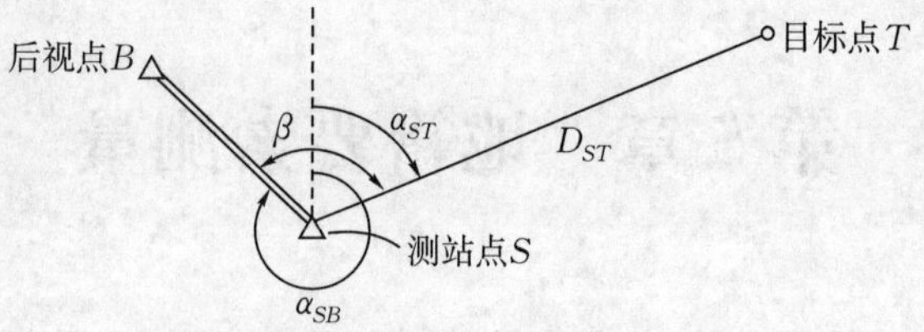

图 5-1 极坐标法

这种方法由于比较灵活，在一个测站上常可同时测量多个界址点。因此，在界址点测量中被广泛地使用。街坊外围全部界址点、街坊内部的界址点，应在图根控制点上设站，尽可能采用极坐标法测定。

利用极坐标法测定界址点时，若用钢尺量距，距离一般不超过 50 m。若用光电测距，距离一般不超过 150 m。极坐标法的最大缺点是没有检核条件，且测角或量距错误不易发现。所以采用这种方法，必须十分细心。

目标点坐标计算公式为

$$\alpha_{SB} = \arctan\left(\frac{E_B - E_S}{N_B - N_S}\right)$$

$$\alpha_{ST} = \alpha_{SB} + \beta$$

$$N_T = N_S + D_{ST}\cos\alpha_{ST}$$

$$E_T = E_S + D_{ST}\sin\alpha_{ST}$$

2)角度交会法

角度交会法适用于测定那些难以到达或难以量距的明显界址点。如隔岸界址点即可用该法测定。如图 5-2 所示，A、B 为已知点，P 为界址点。若测定了角度 φ_1、φ_2，然后在制图软件中使用极轴追踪功能，以 AB 为基准线，分别以 φ_1、φ_2 为夹角绘制两条直线，其交点即为目标点。

使用角度前方交会法时，交会角 APB 应为 30°～150°。另外，该法没有检核条件，作业时应细心，最好仍从第 3 个已知点进行交会，以便校核。

3)距离交会法

距离交会法是从两个已知点分别量出至一个未知地点的距离，从而确定出未知地点的位置的方法。距离交会法广泛用于二级界址点的测定。

如图 5-3 所示，A、B 为已知点，P 为界址点。若丈量了边长 a、b，则在内业作图时用距离交会出 P 点所在位置。使用距离交会法时一定要用钢尺准确量取两段距离。

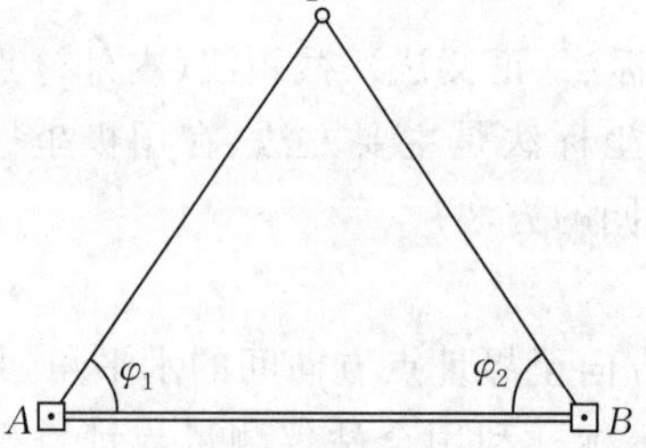

图 5-2 角度前方交会法

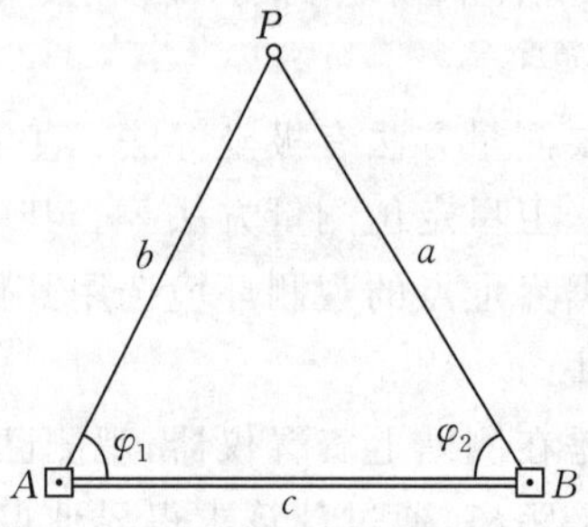

图 5-3 距离前方交会法

4)延长线法

如图5-4所示，A、B、C、D、E是一排整齐排列、宽度一致的房子，房屋A采集了3个点，房屋B采集了右下角一个点，房屋C视线被遮挡。此时，就可以量取房屋C的长度，用延长线法绘制出来。使用延长线法时务必要求基准点的点位非常准确，如本例中的房屋A的3个点点位一定要非常准确。

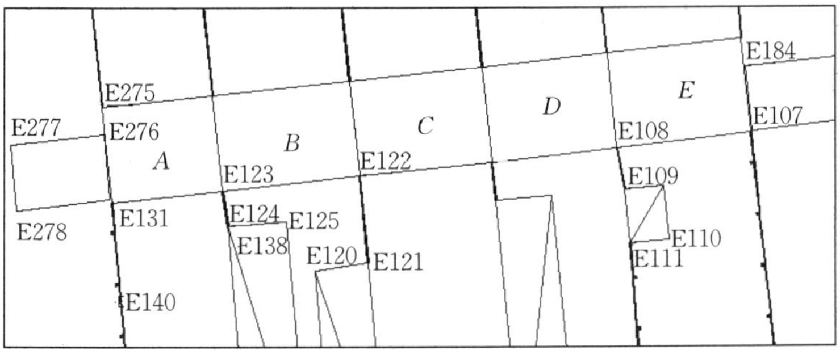

图5-4 延长线法示意

5)截距法

如图5-5所示，左侧的鸡舍只能测得右下角的一个点E405，先量取鸡舍长度c，为了检核，再量取a和b，进行检验，从而得到右上角点。然后向围墙做垂线，即可绘制出来。

6)垂直线法

如图5-6所示，房屋B通视不好，无法观测，此时可从房屋B的右下角点拉紧一根线绳，做房屋A的垂线找到垂足，判断是否垂直可用一把较大的三角尺的直角来检验，找到垂足之后分别用钢尺量取距离a和b，即可得到目标点。

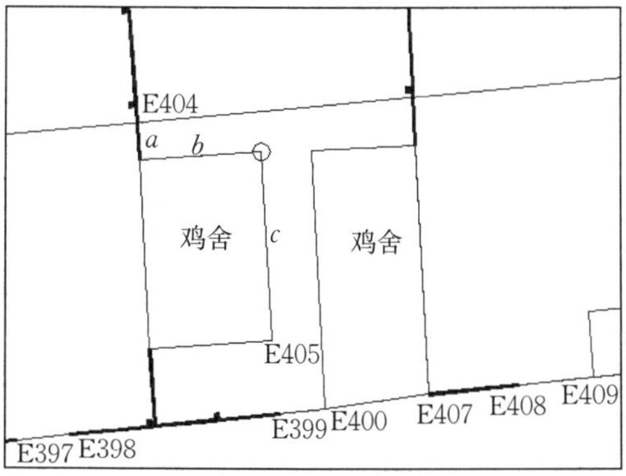

图5-5　截距法示意

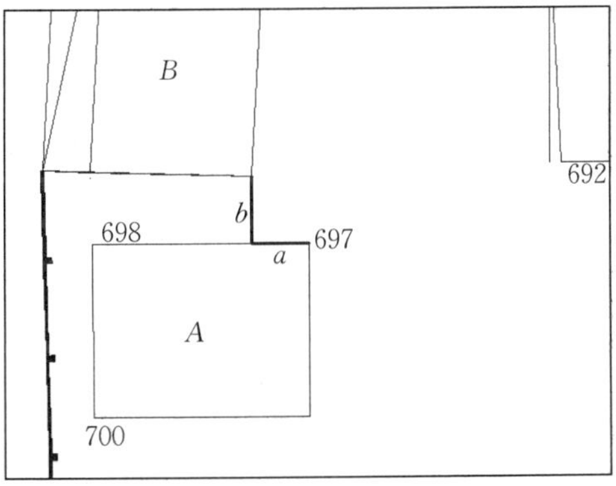

图5-6　垂直线法示意

总之，碎部测量过程中会遇到很多种情况，工作中应按照实际情况综合运用以上几种方法，使用这些方法时尽量多量取几组数据，找到检核条件，从而提高其精度。

2. 图解法

图解法是指采用标示界址、绘制宗地草图、说明界址点位和说明权属界线走向等方式描述实地界址点的位置，由数字摄影测量加密或在正射影像图、土地利用现状图、扫描数字化的地籍图和地形图上获取界址点坐标和界址点间距的方法。图解界址点坐标不能用于放样确定实地界址点的精确位置。界址点精度应符合表5-2的要求。

表 5-2 图解界址点的精度

序号	项目	图上中误差/mm	图上允许误差/mm
1	相邻界址点的间距误差	±0.3	±0.6
2	界址点相对于邻近控制点的点位误差	±0.3	±0.6
3	界址点相对于邻近地物点的间距误差	±0.3	±0.6

5.1.2 主要地物的测量方法

1. 房屋的测定方法

1)房屋的种类

房屋种类众多,南北方差异很大,各软件的分类也不尽一致,主要依据地籍测量规范规定。通常按照层数分为楼房、平房;按照结构分为砼、砖、木、土、石、竹、彩钢、铁皮等;按照功能和使用情况分为一般房屋、简易房屋、棚房、仓库等;按照形状通常分为四点房屋、多点房屋;按照新旧及完善程度分为建筑中房屋、破房等;还有一些特殊房屋,如蒙古包、窑洞等。

2)房屋测量中测点数量的确定

四点房屋可以采用四点、三点、两点加宽度等几种方法。通常情况下城镇楼房、农村主房(即住人房屋)大多为规则矩形,所以可用三点法或两点加宽度法。存放物品的仓房(北方俗称下屋)有些是不规则的,需测四点。多点房屋测量见后文。

3)房屋测量中房檐的处理方法

地籍图上要求反映房屋的墙基础外侧的轮廓线,即图中实线所示的矩形。如图 5-7 所示,房屋的房檐有两种情况,图 5-7(a)为四周房檐等宽,图 5-7(b)为南北侧和东西侧房檐不等宽。还有极其个别情况四周房檐宽度均不相等,就需要仔细量取。

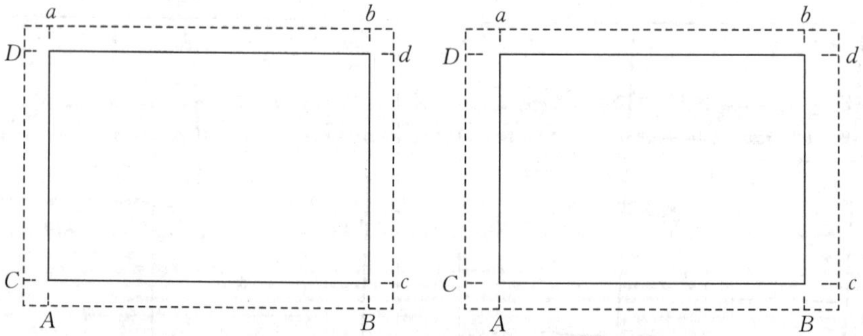

(a)四周房檐等宽 (b)南北侧与东西侧房檐不等宽

图 5-7 房檐处理示意

用全站仪采集数据时如果测点距离较近,通视良好,则直接将棱镜立于房檐底下的墙角处,内业成图时直接绘制房屋即可。但如果全站仪测站距离棱镜较远而看不见墙角时,棱镜必须升高,将打开的棱镜杆紧贴房檐,并使棱镜杆平行于墙体,如图 5-7 中的 A、B、a、b 或 C、D、c、d 处采点,然后用卷尺量出房檐宽度(即墙体到棱镜杆中心的距离),做内业时用点偏移(捕捉定线输入距离)或线偏移来处理。

用 RTK 测量房屋时,RTK 天线头不可放在房檐底下,因此也要用类似的方法做偏移处理。RTK 测量平房区,偶尔遇见楼房时,楼房底下无信号,则在外业使用偏移法测量。如图 5-8 所示,矩形 $ABCD$ 表示楼房,首先用钢尺在楼房侧墙(如 CA)的延长线上量取某一整数距离(如 8 m),测量该点(如 a、b 两点)坐标,内业偏移处理得到 A、B 两点,再量取楼房宽度即可。此时务必要求精确找到延长线,可用拉紧的线绳紧贴墙体找到延长线方向,再用尺量取整数距离。

房檐宽度的量取,更准确的方法是:如图 5-7 所示,外业采集 A、a 两点,再量取房屋宽度 $S_{墙}$,在图上量取 A、a 两点距离 $S_{檐}$,则房檐宽度 $d=(S_{檐}-S_{墙})/2$,内业作图时再做偏移处理。但这样做的前提是确认两侧房檐等宽。

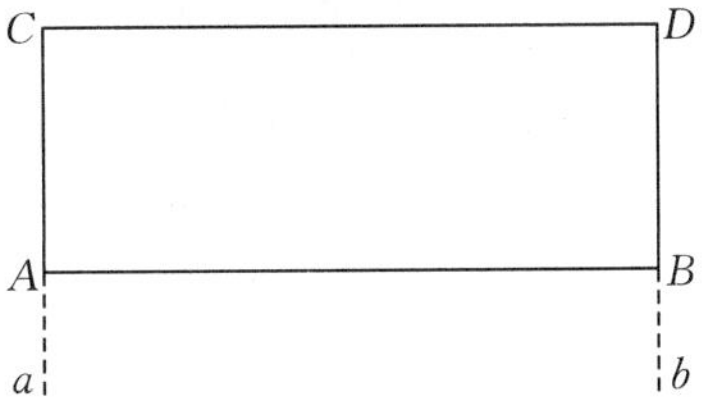

图 5-8　楼房檐偏移测量示意

房檐改正是地籍测量中一项琐碎的工作,内业处理时工作量较大。实际测量时如果能攀爬至房顶(我国北方平房较多,起脊房较少),则可用卷尺量取房角处两侧的房檐宽度,在房顶用卷尺反量交会得到墙基础交点,然后立棱镜或 RTK 天线,这样可减少内业工作量,但外业须仔细量房檐宽并交会找到墙基础交点,比较耗时。

房檐的改正可用 AutoCAD 软件中的偏移命令处理,也可以用专业软件提供的房檐改正功能修改,如 CASS 软件中,选择【地物编辑】→【房檐改正】,然后输入房檐宽度,点取各边逐边改正。

4)多点房屋测量方法

如图 5-9 所示,多点房屋测量时应根据实际情况测到足够数量的点配合量宽解决,并不是所有点都需要测量。

CASS 软件的多点房屋绘制命令中提供了如下功能,“曲线 Q/ 边长交会 B/ 跟踪 T/ 区间跟踪 N/ 垂直距离 Z/ 平行线 X/ 两边距离 L/ 隔一点 J/ 微导线 A/ 延伸 E/ 插点 I/ 回退 U/ 换向 H〈指定点〉”,使用这些功能可有效减轻野外工作强度。如图中的 C 点处,如果堆有杂物无法靠近立尺,则可以测 B 点和 D 点,用“隔一点 J”功能得到 C 点。

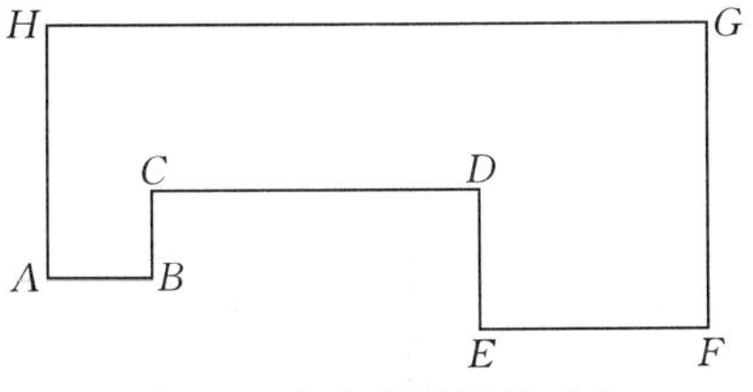

图 5-9　多点房屋测量示意

5)房屋测量注意事项

(1)升高棱镜测量时棱镜确保直立,否则误差很大,房屋测绘结果为不规则四边形。

(2)通视良好时常用三点法,通视不好时常用两点加宽度法。

(3)房屋应注记结构、层数;同一栋房屋层数不同时应加点分开。

(4)房屋测量中应该利用好各边之间的平行和垂直关系。

(5)在通视不佳的地方可以使用距离交会法、截距法、延长线法等。

2. 围墙的测定方法

围墙是地籍测量中的重要要素。如图 5-10 所示,每一户居民的前后院墙(如 A705—A702,A748—A741),均归自己所有,因此应测墙外。而相邻两户居民的中间墙(如 A709—

A741)需要分内、中、外三种情况。如果地籍调查已经确定墙体归属,并喷漆做了标志,则按照调查结果在墙体的左、中、右采点。一般成排的居民住宅中间墙归属原则为“管西不管东”,即“西院墙归自家,东侧院墙归邻居”。如图 5-11 所示,A、B、C 为相邻的三家,虚线表示墙中心线,实线表示墙体边缘线,黑色圆点表示采点位置。其中墙 12 和墙 34 分别归属 A、C 两家,而中间墙 aa' 为共用墙,bb' 归属 C 家。所以采点时,1、2、3、4 应分别放在墙体外角处,而共用墙 aa' 则在中线上采点,bb' 须在左侧采点。

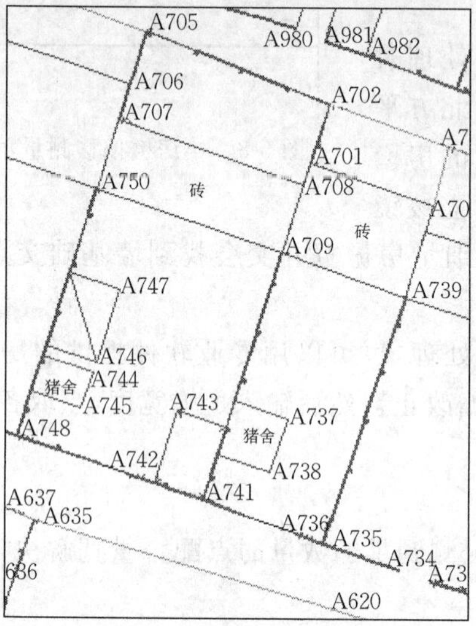

图 5-10　墙体测量示意

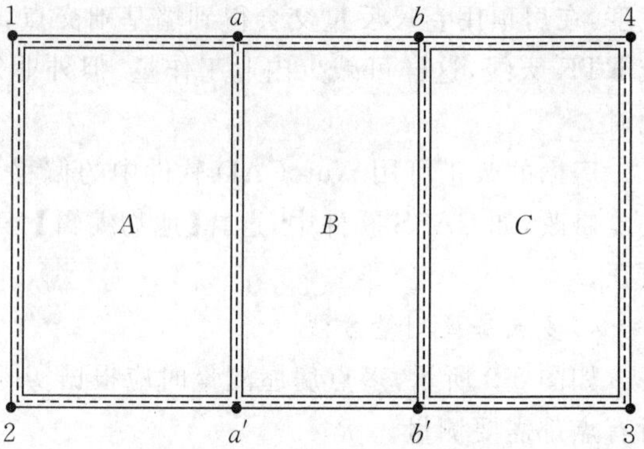

图 5-11　墙体归属采点示意

当房屋与围墙相连接时,应判断清楚连接关系。如图 5-12(a)中左侧的简易房 A 贴着围墙时,绘制地籍图时不应将围墙打断,如图 5-12(b)左侧所示;反之如图 5-12(a)中右侧的简易房屋 B 和围墙相接时,绘制地籍图时将围墙连到房角上。

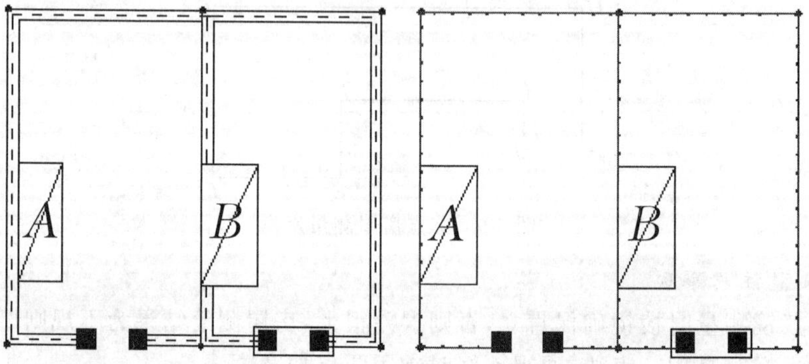

(a) 实地连接关系　　　　(b) 地籍图上表示方法

图 5-12　房屋和围墙连接关系示意

3. 大门的测定方法

地籍测量中也要测定大门,门墩测量是否按比例要看技术要求和门墩本身的大小。通常测量大门时在围墙和门墩的连接处采点,如图 5-13 所示的黑点处。如果在门墩的基础上修有较大门盖(如图 5-13 中右侧的粗线矩形),则测量时应注意找好采点位置。通常要求司镜员爬上门盖找到墙体和门墩的连接位置,如图 5-13 中右侧所示的黑点处,但这需要司镜员和草图员共同瞄线来确定，并且不易测量得非常准确，这样导致的结果是门墩和墙体连线不在同一条直线上，则界址线就出现了错误，如图5-14所示，左图正确，右图错误。因此可以在观测一个门墩的基础上量取门宽 S_2，或者直接量取门到某测墙角的距离 S_1 和门宽 S_2，如图5-14左图所示，这样可以避免门盖偏移带来的误差。

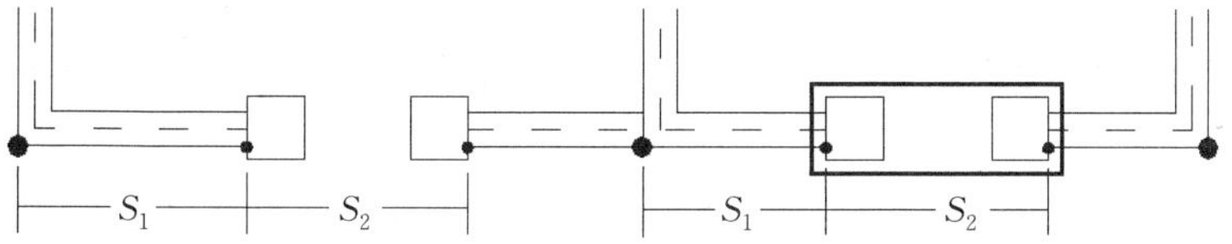

图5-13　大门门墩测量示意

图5-14　大门门墩测量错误示意

还有一种大门为一门廊，两侧为两座房屋连成一个整体，测量时先测出四周的四个点位，再量取门廊宽度及门廊到某一侧房屋的宽度，即可在内业时绘制出来。

§5.2　地籍要素测量基本过程

5.2.1　地籍要素测量数据采集方法

1. 全站仪草图法数据采集方法

1)绘制草图

草图是地籍测量的第一手资料，供内业绘图和日后图形数据维护使用，务必认真绘制并妥善保存。草图绘制必须统一、整齐、合理编号，以便快速查找。对草图有如下常见要求：

(1)纸张大小。A4或B5白纸，配以同等大小硬质本夹或垫板，便于携带和绘图。

(2)画图用笔。黑色水性笔或签字笔。笔尖粗细为0.3～0.5 mm，因圆珠笔易褪色，最好不用。

(3)画图前准备工作。写清小组、日期、绘图者、指北号，如“第五组/2009-06-02/张军/↑N”

(4)图面布局。不宜过疏或过密，通常每页1～2排宗地，每排5～8宗。

(5)草图管理。每两日或三日收集一次并妥善保存。

草图员应注意以下事项：

(1)在影像图上判断好当天所测位置，预估当天所测数量和范围，事先在草图上定好每页草图上画几排宗地，然后合理地安排每宗地的绘制大小。

(2)草图员应站在测区的制高点上(墙上或房顶)，看清楚欲测绘的各宗地的大致形状和排列方式后，再画图，这样可以合理安排宗地及地物大小，使图形清晰美观，比例协调。

(3)草图员必须在外业分清楚界址线的类型，这样便于数据后处理及入库工作。常见的界址线有围墙(砖墙、石墙、土墙)、栅栏(铁栅栏、木栅栏)、篱笆、铁丝网等类型。

(4)为了使草图美观清晰、注记尽量简洁，如围墙、栅栏、篱笆等分别用字母 Q、Z、L 等表示。对于不是围墙、栅栏、篱笆等线状地物的界址线，一般需特殊标明。

2)在测站点上安置仪器

(1)安置仪器。在测站点上安置仪器,包括对中和整平。对中误差控制在 3 mm 之内。

(2)建立或选择工作文件。工作文件是存储当前测量数据的文件,文件名要简洁、易懂、便于区分不同时间或地点的数据,一般可用测量时的日期作为工作文件的文件名。

(3)测站设置。如果仪器中有测站点坐标,可从文件中选择测站点点号来设置测站。如果仪器中没有测站点坐标,则需手工输入测站点坐标来设置测站。在设置测站时一般不需要输入编码和仪器高。

(4)后视定向。从仪器中调入或手工输入后视点坐标,也可直接输入后视方位角,然后照准后视点,按确认键进行定向。

(5)定向检查。定向检查是碎部点采集之前的重要工作,特别是对于初学者。在定向工作完成之后,直接测量后视点上的棱镜,将测出来的坐标和已知坐标比较,通常 X、Y 坐标差均应该在 1 cm 之内。RTK 加密的图根控制点应更加注意检查后视点坐标。通常要求每一测站开始观测和结束观测时都应做定向检查,确保数据无误。定向检查点存储在坐标文件中时,通常点名应与碎部点点名区分开,以便绘图方便或数据有误时查找原因并进行改正。如测站点和后视点分别编号为 CZ1、CZ2、HS1、HS2 等,定向检查点可命名为 DXJ1、DXJ2 等。

不同仪器在一测站上观测时对定向要求不同。如索佳(SOKKIA SET530R)全站仪,退出数据采集界面或关机更换电池,只要仪器未动,就不必重新定向。但有些仪器在退出数据采集界面后需要重新定向,否则会产生定向错误,使数据发生旋转。全站仪中还有一项设置是关于测距时间的,如果这项设置数据较小(如 3 分钟),这种情况下在外业观测过程中若有 3 分钟仪器未动,则会自动退出,容易引起错误,通常不要将此值设置过小。

3)碎部测量

碎部测量一般需要三人,立镜者、记录者和仪器操作者。安置完仪器后就可进行碎部测量。首先,立镜者将棱镜安置在待测点上,仪器操作者瞄准棱镜后开始测量;然后,仪器操作者在仪器中输入测点点号并保存;同时,记录者在草图待测点上标注相同点号完成待测点的测量工作。

值得注意的是,后视定向和碎部测量应该在同一个盘位进行,通常使用盘左。如果出现定向用盘左、观测用盘右的情况,则数据会产生旋转。这种错误在观测中更换观测员时或在习惯使用左手的人中容易发生。

2. 全站仪编码法数据采集方法

编码法测图是由带简编码格式的坐标数据文件自动绘图。外业数据采集时直接给坐标数据编码,内业由计算机自动成图,自动化程度高,只需要立镜者和观测者两人就可完成测量工作,下面以 CASS 软件为例说明。

1)CASS 软件野外操作码的定义规则

(1)野外操作码有 1~3 位。第一位是英文字母,大小写等价;后面是范围为 0~99 的数字,无意义的 0 可以省略。例如,A 与 A00 等价、F1 与 F01 等价。具体各地物对应的操作码如表 5-3、表 5-4 所示,描述点与点之间连接关系的符号含义如表 5-5 所示。

表 5-3　线、面状地物符号代码

符号类别	符号代码
坎类(曲)	K(U)+数(0—陡坎,1—加固陡坎,2—斜坡,3—加固斜坡,4—垄,5—陡崖,6—干沟)
线类(曲)	X(Q)+数(0—实线,1—内部道路,2—小路,3—大车路,4—建筑公路,5—地类界,6—乡、镇界,7—县、县级市界,8—地区.地级市界,9—省界线)
垣栅类	W+数(0、1—宽为 0.5 m 的围墙,2—栅栏,3—铁丝网,4—篱笆,5—活树篱笆,6—不依比例围墙、不拟合,7—不依比例围墙、拟合)
铁路类	T+数[0—标准铁路(大比例尺),1—标(小),2—窄轨铁路(大),3—窄(小),4—轻轨铁路(大),5—轻(小),6—缆车道(大),7—缆车道(小),8—架空索道,9—过河电缆]
电力线类	D+数(0—电线塔,1—高压线,2—低压线,3—通信线)
房屋类	F+数(0—坚固房,1—普通房,2—一般房屋,3—建筑中房,4—破坏房,5—棚房,6—简单房)
管线类	G+数[0—架空(大),1—架空(小),2—地面上的,3—地下的,4—有管堤的]
植被土质	拟合边界 B(或不拟合边界 H)+数(0—旱地,1—水稻,2—菜地,3—天然草地,4—有林地,5—行树,6—狭长灌木林,7—盐碱地,8—沙地,9—花圃)
圆形物	Y+数(0—半径,1—直径两端点,2—圆周三点)
平行体	P+[X(0～9),Q(0～9),K(0～6),U(0～6)…]
控制点	C+数(0—图根点,1—埋石图根点,2—导线点,3—小三角点,4—三角点,5—土堆上的三角点,6—土堆上的小三角点,7—天文点,8—水准点,9—界址点)

例如:K0 表示直折线型的陡坎,U0 表示曲线型的陡坎,W1 表示土围墙,T0 表示标准铁路(大比例尺),Y012.5 表示以该点为圆心、半径为 12.5 m 的圆。

表 5-4　点状地物符号代码

符号类别	编码及符号名称				
水系设施	A00 水文站	A01 停泊场	A02 航行灯塔	A03 航行灯桩	A04 航行灯船
	A05 左航行浮标	A06 右航行浮标	A07 系船浮筒	A08 急流	A09 过江管线标
	A10 信号标	A11 露出的沉船	A12 淹没的沉船	A13 泉	A14 水井
土质	A15 石堆				
居民地	A16 学校	A17 肥气池	A18 卫生所	A19 地上窑洞	A20 电视发射塔
	A21 地下窑洞	A22 窑	A23 蒙古包		
管线设施	A24 上水检修井	A25 下水雨水检修井	A26 圆形污水箅子	A27 下水暗井	A28 煤气天然气检修井
	A29 热力检修井	A30 电信入孔	A31 电信手孔	A32 电力检修井	A33 工业、石油检修井
	A34 液体气体储存设备	A35 不明用途检修井	A36 消火栓	A37 阀门	A38 水龙头
	A39 长形污水箅子				
电力设施	A40 变电室	A41 无线电杆、塔	A42 电杆		

续表

符号类别	编码及符号名称				
军事设施	A43 旧碉堡	A44 雷达站			
道路设施	A45 里程碑	A46 坡度表	A47 路标	A48 汽车站	A49 臂板信号机
独立树	A50 阔叶独立树	A51 针叶独立树	A52 果树独立树	A53 椰子独立树	
工矿设施	A54 烟囱	A55 露天设备	A56 地磅	A57 起重机	A58 探井
	A59 钻孔	A60 石油、天然气井	A61 盐井	A62 废弃的小矿井	A63 废弃的平硐洞口
	A64 废弃的竖井井口	A65 开采的小矿井	A66 开采的平硐洞口	A67 开采的竖井井口	
公共设施	A68 加油站	A69 气象站	A70 路灯	A71 照射灯	A72 喷水池
	A73 垃圾台	A74 旗杆	A75 亭	A76 岗亭、岗楼	A77 钟楼、鼓楼、城楼
	A78 水塔	A79 水塔烟囱	A80 环保监测点	A81 粮仓	A82 风车
	A83 水磨房、水车	A84 避雷针	A85 抽水机站	A86 地下建筑物天窗	
宗教设施	A87 纪念像碑	A88 碑、柱、墩	A89 塑像	A90 庙宇	A91 土地庙
	A92 教堂	A93 清真寺	A94 敖包、经堆	A95 宝塔、经塔	A96 假石山
	A97 塔形建筑物	A98 独立坟	A99 坟地		

表 5-5 描述连接关系符号的含义

符号	含义
＋	本点与上一点相连，连线依测点顺序进行
－	本点与下一点相连，连线依测点顺序相反方向进行
n＋	本点与上 *n* 点相连，连线依测点顺序进行
n－	本点与下 *n* 点相连，连线依测点顺序相反方向进行
p	本点与上一点所在地物平行
*n*p	本点与上 *n* 点所在地物平行
＋A＄	断点标识符，本点与上点连
－A＄	断点标识符，本点与下点连

“＋”“－”符号的意义：“＋”“－”表示连线方向，如图 5-15 所示。

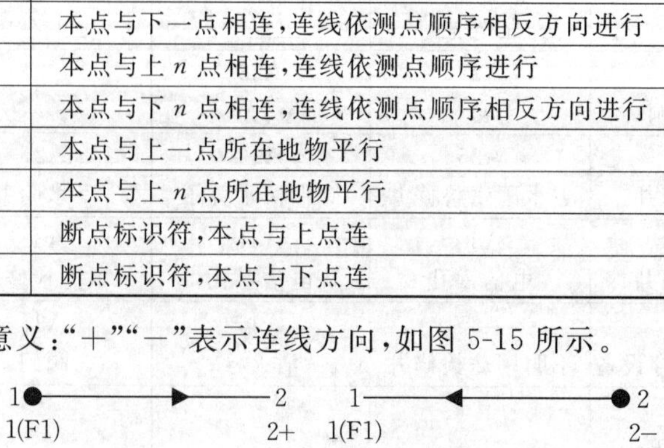

图 5-15 “＋”“－”符号的意义

(2)野外操作码后面可跟参数,如野外操作码不到 3 位,与参数间应有连接符“－”;如有 3 位,后面可紧跟参数。参数有下面几种:控制点的点名;房屋的层数;陡坎的坎高等。

(3)野外操作码第一个字母不能是“p”,该字母只代表平行信息。

(4)Y0、Y1、Y2 三个野外操作码固定表示圆,以便与老版本兼容。

(5)可旋转独立地物要测 2 个点以便确定旋转角。

(6)野外操作码如以“U”“Q”“B”开头,将被认为是拟合的,所以如果某地物有的拟合,有的不拟合,就需要两种野外操作码。

(7)房屋类和填充类地物将自动被认为是闭合的。

(8)房屋类和符号定义文件第 14 类别地物如只测 3 个点,系统会自动给出第 4 个点。

(9)对于查不到 CASS 编码的地物及没有测够点数的地物,如只测一个点,自动绘图时不做处理,如测两点以上按线性地物处理。

CASS 系统预先定义了一个 JCODE. DEF 文件,用户可以编辑 JCODE. DEF 文件以满足自己的需要,但要注意不能重复。

2)操作码的具体构成规则

(1)对于地物的第一点,操作码＝地物代码。如图 5-16 中的 1、5 两点(点号表示测点顺序,括号中为该测点的编码,下同)。

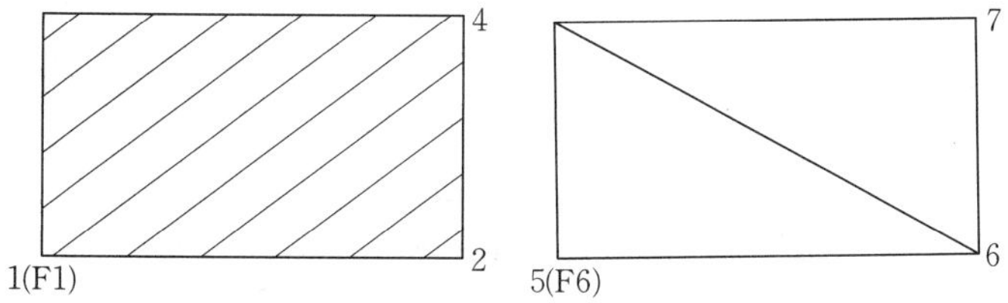

图 5-16　地物起点的操作

(2)连续观测某一地物时,操作码为“＋”或“－”。其中“＋”表示连线依测点顺序进行;“－”表示连线依测点顺序相反的方向进行,如图 5-17 所示。在 CASS 软件中,连线顺序将决定类似于坎类的齿牙线的画向,齿牙线及其他类似标记总是画向连线方向的左边,因而改变连线方向就可改变其画向。

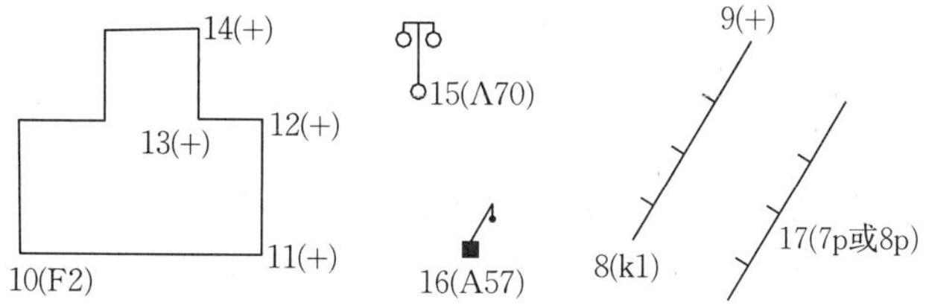

图 5-17　连续观测点的操作码

(3)交叉观测不同地物时,操作码为“n＋”或“n－”。其中“＋”“－”的含义同上文,n 表示该点应与以上 n 个点前面的点相连(n＝当前点号－连接点号－1,即跳点数),还可用“＋A＄”或“－A＄”标识断点,A＄是任意助记字符,当一对 A＄断点出现后,可重复使用 A＄字符,如图 5-18 所示。

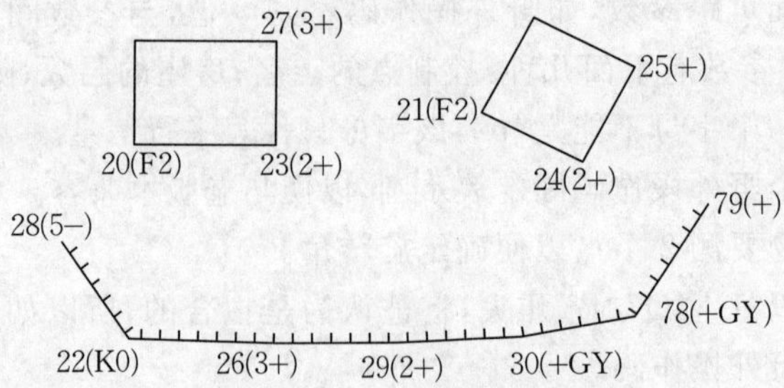

图 5-18 交叉观测点的操作码

(4)观测平行体时，操作码为“p”或“np”。其中，“p”的含义为通过该点所画的符号应与上点所在地物的符号平行且同类，“np”的含义为通过该点所画的符号应与以上跳过 n 个点后的点所在的符号画平行体，对于带齿牙线的坎类符号，将会自动识别是堤还是沟。若上点或跳过 n 个点后的点所在的符号不为坎类或线类，系统将会自动搜索已测过的坎类或线类符号的点。因而，用于绘平行体的点，可在平行体的一“边”未测完时测对面点，也可在测完后接着测对面的点，还可在加测其他地物点之后，测平行体的对面点，如图 5-19 所示。

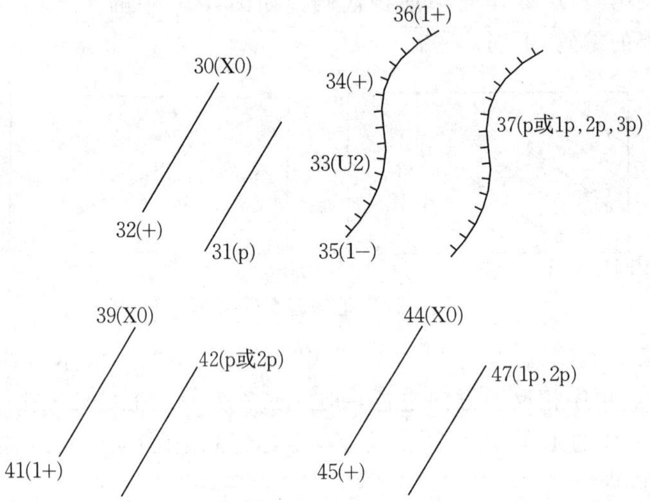

图 5-19 平行体观测点的操作码

3. RTK 数据采集方法

1)安置仪器

常规 RTK 设备分为基准站和流动站两部分。基准站包括三脚架、主机、转换器(放大器)、电源(蓄电池)、天线、连接电缆。流动站包括碳素对中杆、主机、手簿。手簿与主机之间使用蓝牙传输。目前很多 RTK 设备向一体化发展，使用内置电源，不再使用沉重的大电瓶。同时，数据链发送天线也逐渐使用内置电台。有些 RTK 设备同时具备特高频(UHF)电台传输和商业无线通信网络传输(如 GPRS)两种功能，在测区较小时使用电台传输，测区较大时使用商业无线通信网络传输。

RTK 基准站的设置可以分为基准站架设在已知点和未知点两种情况。常用的方法是将基准站架设在一个地势较高、视野开阔的未知点上，使用流动站在测区内的两个或两个以上的已知点上进行点校正，并求解转换参数。

基准站和流动站安置完毕之后，打开主机电源，建立工程或文件，选择坐标系，输入中央子午线经度和 x、y 坐标加常数。通常建立一个工程，以后每天工作时新建文件即可。

若采用网络 RTK(CORS)技术则只需流动站设备，而无须设置基准站。建立文件并输入 CORS 账号即可进行数据采集。

2)求解参数

卫星定位信号接收机输出的数据是全球导航卫星系统使用的经纬度坐标，需要转化到施工测量坐标，这就需要软件进行坐标转换参数的计算和设置。四参数是同一个椭球内不同坐标系之间进行转换的参数，指的是在投影设置下选定的椭球内 GNSS 坐标系和施工测量坐标系之间的转换参数。四参数的4个基本项分别是：X 平移、Y 平移、旋转角和比例。需要特别注意的是，参与计算的控制点原则上至少要用两个或两个以上的点，控制点等级的高低和分布直接决定了四参数的控制范围。经验上四参数理想的控制范围一般都在5～7 km 以内。

南方测绘灵锐系列 RTK 软件提供的四参数的计算方式有如下几种：

(1)利用“控制点坐标库”求解参数，人工输入两控制点的 GNSS 经纬度坐标和已知坐标，从而解算四参数。

(2)利用“校正向导”求解参数，使用两点校正功能，在两个已知点上分别做校正，软件会自动记录下求得的转换参数。

(3)直接导入参数文件“*.cot”，在南方静态 GNSS 数据处理软件中，将测区静态控制时得到的参数文件复制到手簿中相应的工程文件夹中。具体步骤为：【成果】→【网平差成果输出】→【工程之星 COT】。

(4)直接输入参数，在手簿中建完工程之后，直接将解算得到的四参数输入到工程之星软件的设置四参数菜单下。

3)检验校正

点校正是 RTK 测量中的一项重要工作，每天测量工作开始之前都要进行点校正。如果工程文件中已经输入了转换参数，则每次工作之前找到一个控制点，输入已知坐标，进行单点校正，然后找到邻近的另一个控制点，测量其坐标，然后和已知坐标对比，即可验证。点校正时一定要精确对中整平仪器。碎部测量过程中如果出现基准站位置有变化等提示，通常都是基准站位置变化或电源断开等原因造成的，此时需要重新进行点校正。

4)碎部测量

RTK 碎部点采集的过程同全站仪类似，在各碎部点上采点，存入仪器内存中，同时按照存储的点号绘制草图。采点时一定要在固定解(FIXD)状态下采点，PDOP 值也有要求。数据采集时，RTK 跟踪杆气泡尽量保持水平，否则天线几何相位中心偏离碎部点距离过大，会降低精度。

5.2.2　数据传输方法

1. 全站仪数据传输方法

全站仪数据传输通常有两种方法，即全站仪专用传输软件传输和专业成图软件传输。

全站仪专用传输软件大部分可以免费下载使用，但通常情况下都使用专业成图软件的数据传输功能。下面以 CASS 软件为例说明具体操作步骤如下：

(1)用传输电缆连接全站仪和计算机(正确选择接口)，打开全站仪，设置通信参数。

(2)进入全站仪数据传输界面,选择需要传输的数据文件。

(3)在 CASS 软件中选择【数据】→【读取全站仪数据】,打开如图 5-20 所示的数据传输界面。

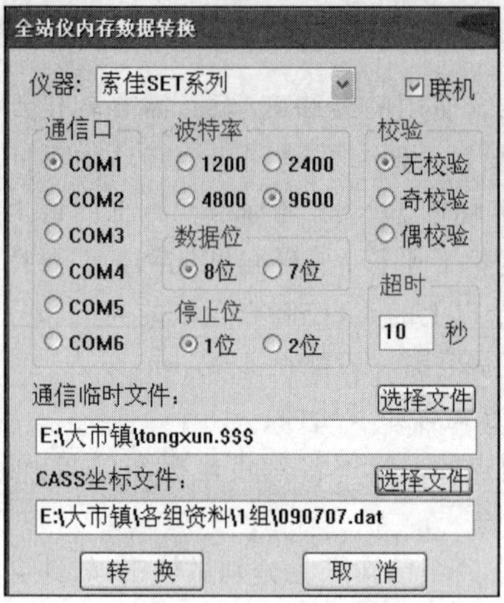

图 5-20 全站仪数据传输界面示意

(4)在计算机上设置通信参数,要求与全站仪中的各项参数完全对应。主要包括如下参数:仪器类型、通信口、波特率(传输速率)、数据位、停止位、奇偶性检验。

(5)确定数据文件的存储位置,并给数据文件命名。

(6)计算机上按回车,全站仪上按回车,数据就被传输到指定的路径下面。

全站仪和计算机的数据传输速率有“1 200 bps、2 400 bps、4 800 bps、9 600 bps”等几种,大部分仪器选择 9 600 bps(比特每秒),有些仪器可能不同,如南方 NTS350 全站仪选择 4 800 bps。

全站仪数据传输中如果提示“无法创建通信口”则可能由如下原因造成:

(1)传输线不畅通,需用仪表检测。

(2)传输线未连接好,检查仪器端和计算机端是否插好。

(3)传输线的端口配制不正确,如 COM 口的选择。

(4)计算机上的 RTK 传输软件 ActiveSync 中的“允许连接到以下其中一个端口(N)”选项被打开,应将其前面的复选框关闭。

全站仪数据传输中如果提示“数据文件格式不正确”则多数是因为仪器中的几项参数,如仪器类型、通信口、波特率、数据位、停止位、奇偶性检验和计算机中的参数设置不匹配造成的。如果排除了以上原因,则可尝试重新启动传输软件、全站仪、计算机来解决。

2. RTK 数据传输方法

RTK 数据传输使用专门的传输软件,大部分 RTK 设备使用的是 Microsoft 公司的移动设备同步连接软件 ActiveSync,此软件可以在网上免费下载。有些 RTK 对该软件的版本有要求,如易测 E650RTK 就要求用 4.0 以上版本。下面以南方测绘灵锐 S82 仪器为例说明,具体操作步骤如下:

(1)在计算机上正确安装本软件的压缩包。

(2)用传输电缆线连接 RTK 手簿和计算机,打开如图 5-21 所示的传输软件。

(3)在 RTK 手簿里将外业观测的 RTK 文件转换为 CASS 软件适用的数据格式。

(4)在连接设置里选择第 3 个复选框,通常选择连接到 COM1 口,如图 5-22 所示。

(5)在 RTK 手簿桌面上选择连接计算机,软件就会打开 RTK 手簿的内存。

(6)在 RTK 的内存中,选择数据文件存储路径,将已转换完的文件(如 090630.dat)拷贝到指定位置保存。

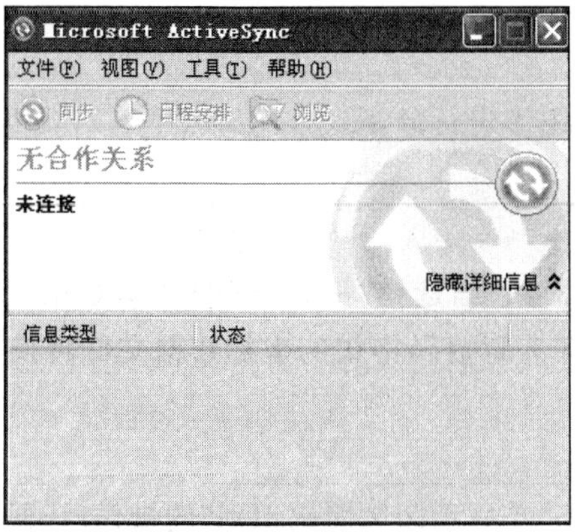

图 5-21　RTK 数据传输界面示意

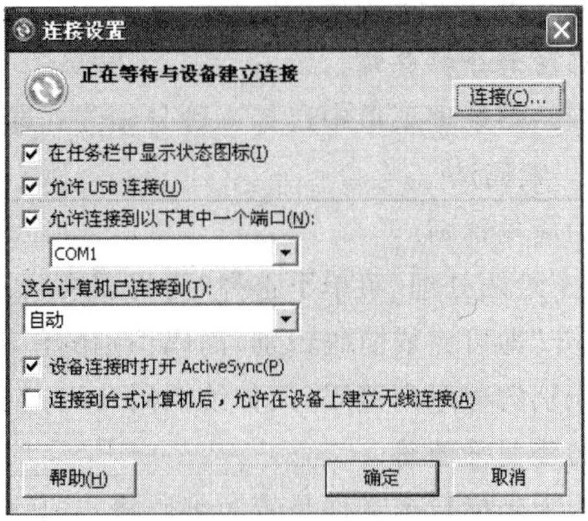

图 5-22　RTK 连接设置示意

5.2.3　数据预处理方法

1. 全站仪数据格式转换

全站仪的数据格式有多种，在用不同传输软件下载数据时，可以在软件中选择自己需要的格式，如果个别全站仪和软件的数据文件格式无法对应，则可以使用其他软件完成处理。如 *X* 与 *Y* 坐标的对调问题，可是使用 ACCESS、EXCEL 等软件方便地完成。需要注意的是，使用 EXCEL 打开 dat 格式的数据文件时，要使用“逗号分割”等功能，使数据文件的字段对应电子表格中的列，处理完毕保存时，应在保存类型中选择 CSV(逗号分割)(＊.csv)格式。

2. RTK 数据格式转换

RTK 记录的原始数据文件中有许多字段信息在绘图中是无用的，因此只需按照绘图软件需要的数据文件格式将其处理成需要的固定格式。不同绘图软件的数据文件格式有所差异，如南方 CASS 数据文件的格式如图 5-23 所示，具体内容为：“Pn，Pcode，*E*，*N*，*H*”，对应为“点号，代码，东坐标，北坐标，高程”。

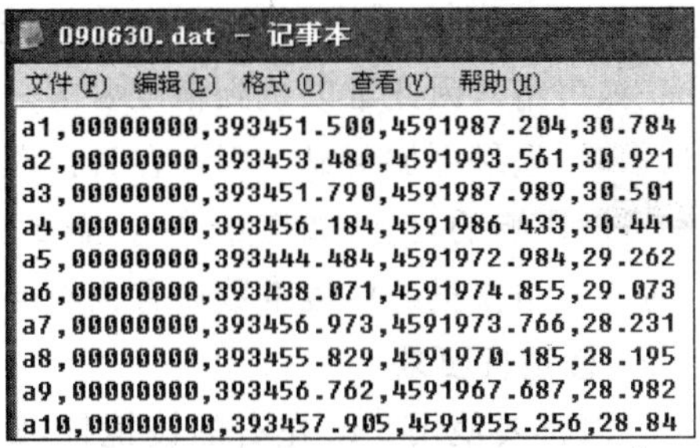
090630.dat - 记事本
文件(F) 编辑(E) 格式(O) 查看(V) 帮助(H)

```
a1,00000000,393451.500,4591987.204,30.784
a2,00000000,393453.480,4591993.561,30.921
a3,00000000,393451.790,4591987.989,30.501
a4,00000000,393456.184,4591986.433,30.441
a5,00000000,393444.484,4591972.984,29.262
a6,00000000,393438.071,4591974.855,29.073
a7,00000000,393456.973,4591973.766,28.231
a8,00000000,393455.829,4591970.185,28.195
a9,00000000,393456.762,4591967.687,28.982
a10,00000000,393457.905,4591955.256,28.84
```

图 5-23　CASS 数据文件格式示意

需注意制图软件坐标系和测量坐标系的关系，测量中常用“*X*、*Y*、*Z*”或“*N*、*E*、*H*”，但在 AutoCAD 软件中应该将纵横坐标对调。

RTK 软件提供的数据文件格式有很多种，可以根据软件需要选择某种格式。

5.2.4　平面图的绘制

1. 草图法

1)野外测点点号

打开 CASS 软件，点击“绘图处理”菜单，在下拉列表中选择“野外测点点号”，输入绘图比例尺，回车后弹出对话框，选择“坐标数据文件”后点击“打开”，这时所有的野外测量点的位置、点号就会展到屏幕上。

2)绘制平面图

按照草图所标注的点号，在屏幕右侧菜单中选择相应的地物符号按顺序绘制各地物。绘图时注意屏幕下边的提示信息。

3)图形分幅整饰

在绘图处理菜单中选择一种分幅方式即可对图形进行分幅。

2. 编码法

1)简码识别

在"绘图处理"菜单下选择"简码识别"后弹出对话框,选择"带简编码的坐标数据文件",点击"打开"即可完成简码识别,简码识别的作用是将带简编码格式的坐标数据文件转换成计算机能识别的程序内部码(又称绘图码)。

2)绘制平面图

因为坐标数据文件是带简编码格式的,在完成"定显示区""简码识别"的操作后,便可以通过"绘平面图"这步操作自动将平面图绘制出来。

§5.3 地籍要素测量的细节问题

地籍要素测量是一种具体的、琐碎的测量工作,完成这种工作必须有高度的责任心。其中有许多的细节问题需要注意。

5.3.1 全站仪测图中对棱镜及棱镜杆的要求

1. 棱镜要求

一般使用直径为 2 cm 左右的小棱镜。大棱镜厚度和直径都在 8～10 cm,无法紧贴观测目标(如房角),因此难以达到精度要求。但是大棱镜观测时易于照准,回光速度快,特别是目标较远时,效果更加明显。因此在目标距离较远时,可使用大棱镜测量,但前提是不受棱镜厚度和宽度影响的目标(如道路等)。需要注意的是,大小棱镜不可随意切换,因为棱镜大小不同时,对应全站仪里的棱镜常数设置也不同,所以切换时容易忘记导致测距错误。

2. 棱镜杆要求

一般都要使用 5 m 左右的棱镜杆,2 m 左右的小杆只在少数通视非常良好的地方适用。地籍测量通常都在城镇或民宅密集的村庄进行,因此树木、电杆、围墙、房屋众多,通视条件通常都不会很好。

3. 棱镜使用注意事项

不同仪器和棱镜在组合使用时应特别注意棱镜常数,特别是大小棱镜互换时应注意输入正确的棱镜常数。

4. 棱镜常数的测定方法

在平坦地面上用钢尺量取一段距离(如 10 m),在两端分别安置全站仪和棱镜并测距,检查其距离,从而确定棱镜常数。

5.3.2 控制点的加密方法

地籍测量不同于地形测量,对平面精度要求很高,因此控制点加密时应保证其精度。通常使用的方法是全站仪加密和 RTK 加密。

1. 全站仪加密控制点

在一些房屋密集且较高、树木繁茂的城镇，常用全站仪导线加密图根控制点。通常都是在首级 GNSS 网或导线网的基础上布设导线，布设成附合导线或闭合导线，如果是支导线，因无检核条件，所以通常要求最多支两站。通常支站时为保证精度采用一站多支，如图 5-24(a)所示，图 5-24(b)为多站一支，因测点和定向误差积累很快，故不使用。加密控制点时，也应把小棱镜从杆上取下，在小棱镜底部拧入一个带尖底的小支座，将尖部对准已经选好的图根点（如水泥钉钉帽），然后使小棱镜上的气泡整平，再精确瞄准棱镜中心，观测并记录坐标。

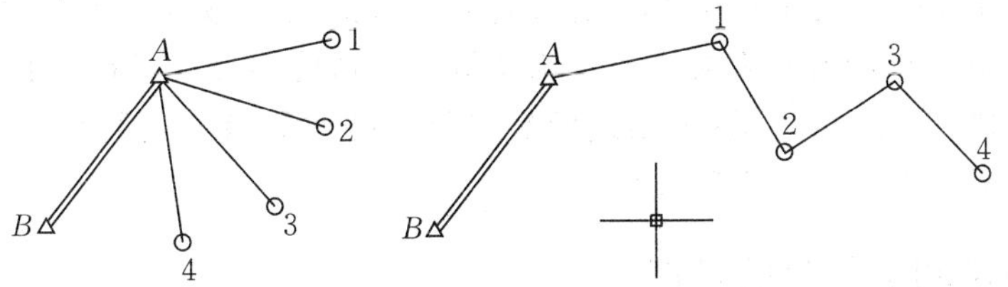

(a) 一站多支　　　　(b) 多站一支

图 5-24　全站仪加密图根点支导线示意

2. RTK 加密控制点

地籍测量通常要求界址点相对于临近控制点的点位中误差上限为±5 cm，因此要求图根控制点精度在 1～2 cm，所以使用 RTK 加密图根控制点时务必要对中整平圆气泡，通常 RTK 跟踪杆长度在 2 m 左右，人工手扶难以达到精度要求，所以应借助手持式三脚支架（带气泡、铝合金材质）来对中整平，然后测出坐标。

RTK 加密控制点时一定要注意，仪器对中整平在控制点上，等数据稳定之后再采集，避免快速采点，导致图根控制点精度降低。

5.3.3　数据文件的建立与管理

(1)用全站仪和 RTK 设备采集碎部点时，通常每工作一天就以当天日期命名建立数据文件，如 090628 表示 2009 年 6 月 28 日的数据文件。上、下午观测的数据通常放在一个文件中，也可以分开保存，分别命名为 090628-1 和 090628-2。有些全站仪有默认的数据文件名，如 JOB1、JOB2 等，也可以直接使用。

(2)通常情况下全站仪每天观测的数据个数在 300 个左右，因此最好每天建一个以日期命名的文件，连续几天的数据不要存入一个文件中，否则不仅传输数据量大、耗时，而且若每天的数据有重复，还需要分离每天数据，以免重复展点。

(3)为了便于数据查找、传输、保存等，在一项工程开始之前，先了解全站仪的内存使用情况。如果存储了大量的旧文件，在确保这些文件无用的前提下可以删除这些文件，或者初始化内存。注意在工程进行过程中一般不要做初始化内存的工作，以免丢失有用的数据文件。

5.3.4　碎部测量过程中点号的命名

(1)在一个测区有多个小组（假定五组）同时工作时，则通常分为 A、B、C、D、E 五个组，一组点号由 A1 开始自动累积增加，二组点号由 B1 开始自动累积增加，以此类推。这样可以防止各组点号重复，给数据维护和后处理带来不便。

(2)每天新建一个文件，但点名需要接前一天的点号，否则本组内部点号也会大量重复，不利于数据维护和后处理。通常当点号达到 1 000 以上时，点号位数过大，展点后容易堆积到一起，难以辨别，不易绘图，此时需要重新从 1 号开始编号。

(3)当房屋密集、点很多时，展完点后会出现点号堆积在一起的可能，导致绘图时非常难以分清点号，这时有如下几种解决办法：①如在 AutoCAD 软件中将其他图层关闭，打开展点号图层，选中所有点号，在工具栏中选择对象特性按钮，或输入 properties 命令，再选择文字，并修改字高。②用专业成图软件展点时，预先设计好点号的大小，如在 CASS 软件中，在【文件】菜单中选择【CASS 参数配置】，在展点号字高中输入合适的字号。③在专业成图软件中用命令修改，如在 CASS 软件中，选择【地物编辑】→【批量缩放】→【文字】，再输入展点号所在的图层名(如 zdh)，然后输入缩放系数或字号。

5.3.5 地籍测量资料的管理

为了确保外业采集数据及内业绘制图形在计算机中的安全保存，通常要求对复杂的数据资料做统一规范管理，以防止丢失或混淆。特别是多小组同时作业时，文件较多，容易混淆，所以应建立层次清晰的文件夹。

通常将数据资料存储在指定路径下，如"D:\北镇县间阳镇地籍测量"，在此目录下保存"首级 GNSS 控制网""加密 GNSS 控制网""外业观测数据""各组图""合成总图""测区影像图"等文件夹，将各种数据按照组别层次清晰地保存起来。

每天将外业观测数据整理好后按小组存入文件夹，将每天的数据对照草图绘成地籍图后保存起来，通常当天数据必须当天完成，以免遗忘混淆。将每天完成的所有数据资料在另一个硬盘上进行备份，再在移动硬盘上备份，以免计算机出现故障造成数据资料损失。

5.3.6 如何转换错误图形和数据

全站仪测图过程中经常出现某些点有错误的情况(如 RTK 加密的控制点有误，或者是观测过程中盘左盘右变换等原因)，需要批量转换数据或图形，转换方法为：

(1)用软件提供的转换功能，如 CASS 软件中的【地物编辑】→【坐标转换】，打开如图 5-25 所示的坐标转换界面。

(2)在出现错误的图上找到两个公共点，图解出其错误坐标，并测量出其正确坐标。

(3)在公共点坐标输入区中，分别输入两点转换前的错误坐标和转换后的正确坐标，并添加到上方的区域内。或者用鼠标拾取两点的坐标并添加。

(4)计算转换参数，选择转换图形，再选择需要转换的图形，确认完成图形转换。

通常情况下，如果未绘制图形即发现数据有误，则可批量转换数据。首先将错误数据从文件中剪切并保存为一个文件，其次用上述方法批量完成转换，然后展出正确的点，最后绘制图形。如果图已经绘制完毕，则转换错误图形即可。

图 5-26 上图为转换前的错误图形，下图为转换后的正确图形。这种方法还常用于图根控制点数量不足时，先用假定坐标测图，然后再用旋转平移的方法进行纠正。

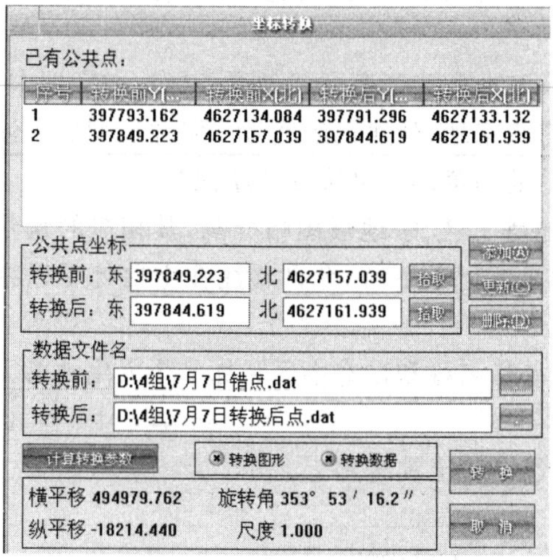

图 5-25　错误图形或数据转换

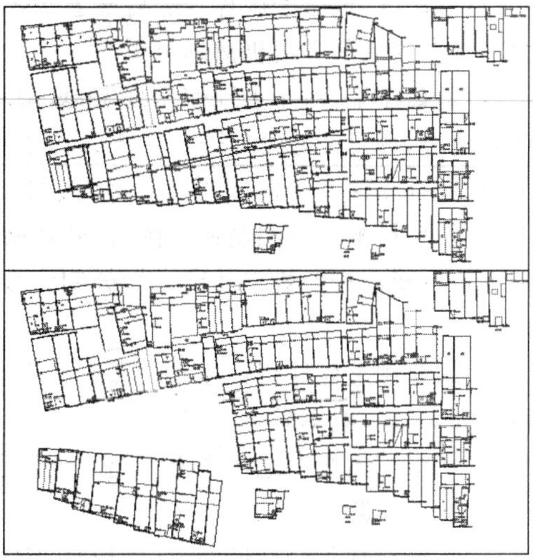

图 5-26　错误图形转换对比

§5.4　不动产权籍图的测绘

5.4.1　地籍图的内容

地籍图是专题图，它首先要反映地籍要素及与地籍有密切关系的地物，其次在图面载荷允许的条件下，适当反映其他内容。地籍要素要反映得充分、明显，其他要素摘要表示，一般可略去细部、次要的部分。由于我国幅员广阔，各地的地形、地物、宗地的大小、界址线与界标物的关系，以及社会经济条件等差别很大，在统一的规定下，各地应从本地具体条件出发，对地籍图内容做出补充规定。地籍图的内容主要包括行政区划要素、地籍要素、地形要素、数学要素（含图廓要素）。

1. 行政区划要素

（1）行政区划要素主要指行政区界线和行政区名称。

（2）不同等级的行政区界线相重合时应遵循高级覆盖低级的原则，只表示高级行政区界线，行政区界线在转角处不得间断，应在转角处绘出点或线。行政级别从高到低依次为省级界线、市级界线、县级界线和乡级界线。

（3）当按照标准分幅编制地籍图时，除在乡（镇、街道办事处）的驻地注记名称外，还应在内外图廓线之间、行政区界线与内图廓线的交汇处的两边注记乡（镇、街道办事处）的名称。

（4）地籍图上不注记行政区代码和邮政编码。

2. 地籍要素

（1）地籍要素包括地籍区界线、地籍子区界线、土地权属界址线、界址点、图斑界线、地籍区号、地籍子区号、宗地号（含土地权属类型代码和宗地顺序号）、地类代码、土地权利人名称、坐落地址等。

（2）界址线与行政区界线重合时，只表示行政区界线，同时在行政区界线上标注土地权属界址点，行政区界线在转角处不得间断，应在转角处绘出点或线。

(3)地籍区、地籍子区界线叠置于省级界线、市级界线、县级界线、乡级界线和土地权属界线之下。叠置后其界线仍清晰可见。

(4)地籍图上，对于土地使用权宗地，宗地号及其地类代码用分式的形式标注在宗地内，分子注宗地号，分母注地类代码。对于集体土地所有权宗地，只注记宗地号。宗地面积太小注记不下时，允许移注在空白处并以指示线标明。宗地的坐落地址可选择性注记。

(5)按照标准分幅编制地籍图时，若地籍区、地籍子区、宗地被图幅分割，其相应的编号应分别在各图幅内按照规定注记。如分割的面积太小注记不下时，允许移注在空白处并以指示线标明。

(6)地籍图上应注记集体土地所有权人名称、单位名称和住宅小区名称。个人用地的土地使用权人名称一般不需要注记。

(7)可根据需要在地籍图上绘出土地级别界线，注记土地级别。

3. 地形要素

(1)界址线依附的地形要素(如地物、地貌)应表示，不可省略。

(2)1∶5 000、1∶10 000、1∶50 000 比例尺地籍图上主要地形要素包括居民地、道路、水系、地理名称等，注记表示方法按照《国家基本比例尺地图图式 第 2 部分:1∶5 000 1∶10 000 地形图图式》(GB/T 20257.2—2017)和《国家基本比例尺地图图式 第 3 部分:1∶25 000 1∶50 000 1∶100 000 地形图图式》(GB/T 20257.3—2017)执行。

(3)1∶500、1∶1 000、1∶2 000 比例尺地籍图上主要地形要素包括建筑物、道路、水系、地理名称等。注记表示方法按照《国家基本比例尺地图图式 第 1 部分:1∶500 1∶1 000 1∶2 000 地形图图式》(GB/T 20257.1—2017)执行。

建筑物:在地籍图上要绘出固定建筑物的占地状况。非永久性建筑物，如棚、简易房可舍去;附属建筑物，如不落地的阳台、雨篷及台阶等可舍去，但大单位大面积的台阶、有柱的雨篷应表示;建筑物的细部，如墙外砖柱等或较小的装饰性细部可舍去。

道路:在地籍图上要绘出道路的道牙石线。道路的附属物、里程碑和指路牌等可舍去。桥梁、大的涵洞及隧道要在地籍图上绘出。

水系:河流、湖泊、水塘等水域必须测量并在地籍图上绘出其边界。

土壤植被:在地籍图上，大面积绿化土地、街心花园、城乡接合部的农田、园地、河滩等，可以用土壤及植被符号表示。道路内小绿地、单位内绿地、零星植被在地籍图上可以不表示。

注记:在地籍图上，除地籍要素注记外，还可以选择性注记一些地名、有特色的地物名称等。

其他:电力线、通信线、架空管线可以不在地籍图上表示，但高压线的塔位及与土地他项权利有关的管线应在地籍图上表示。

(4)可根据需要表示地貌，如等高线、高程注记、悬崖、斜坡、独立山头等。在平坦地区，地籍图上一般不表示地貌。在山区或丘陵地区，为了用图方便起见，宜表示出大面积的斜坡、陡坎、路堑、路堤、台阶路等。在地籍图上应注记控制点的高程，散点高程可以选择性地注记。

4. 数学要素

数学要素包括内外图廓线、内图廓点坐标、坐标格网线、控制点、比例尺、坐标系统等。

图廓要素包括分幅索引、密级、图名、图号、制作单位、测图时间、测图方法、图式版本、测量员、制图员、检查员等信息。

5.4.2　地籍图的测绘方法

1. 全野外数字测图

(1)全野外数字测图方法用于测绘 1∶500、1∶1 000、1∶2 000 比例尺的地籍图。

(2)全野外数字测图的测量工具主要包括全站仪、钢尺和卫星定位信号接收机等。这些工具应检定合格并在有效期内方能用于作业。

(3)解析界址点测量方法见§5.1。

(4)明显地形要素主要采用极坐标法测量,符合 RTK(含 CORS)系统观测条件的也可采用 RTK(含 CORS)定位方法。

(5)其他方法观测困难或不能施测的地形要素可采用角度交会法、距离交会法、直角坐标法和截距法施测。

(6)如果有相同比例尺的工作底图,则在底图上详细标注地形要素测量点的编号、属性和点与点之间的连接方式。

(7)如果没有工作底图,则应现场绘制地形要素观测草图,观测草图宜选择适当的纸张并作为测量原始资料保留。

(8)根据工作底图、土地权属调查成果和现场观测草图,在计算机上采用数字测量软件系统导入外业测量数据,按照本节规定的内容和表示方法等进行编辑处理生成地籍图。地籍图的数据内容、数据质量、数据分层、要素代码等应符合数据库建设的要求。

用 CASS 地形地籍成图软件绘制地籍图,主要有五个步骤:①生成平面图;②生成权属信息数据文件;③绘权属地籍图;④图形编辑;⑤宗地属性处理。

2. 数字摄影测量成图

(1)数字摄影测量方法可用于所有比例尺地籍图的测绘。如果要求界址点精度符合表 5-2 的规定,则界址点坐标应采用解析法施测。

(2)外业调绘地形要素。

(3)将解析法测量的界址点坐标文件导入数字摄影测量系统,解析界址点与数字摄影测量的地物点实地为同一位置时,应以解析界址点坐标代替地物点坐标。根据工作底图、土地权属调查成果和地形要素调绘成果,对地籍图的内容和表示方法等进行编辑处理生成地籍图。地籍图的数据内容、数据质量、数据分层、要素代码等应符合数据库建设的要求。

(4)正射影像制作、野外调绘、像片控制及数字摄影测量的绘图技术要求应根据测图比例尺,按照地形图航空摄影测量内业相关规范(GB/T 7930—2008、GB/T 12340—2008、GB/T 13990—2012)、地形图航空摄影测量外业相关规范(GB/T 7931—2008、GB/T 12341—2008、GB/T 13977—2012)和地形图航空摄影测量数字化测图相关规范(GB/T 15967—2008)等标准执行。

3. 编绘法成图

(1)选择和制作工作底图。

(2)以工作底图为基础,可采用全野外数字测量方法修补测地形要素,也可采用数字摄影测量方法修补测地形要素。

(3)对需要满足表 5-2 规定的界址点应采用解析法测量其坐标。

(4)在工作底图上根据宗地草图的丈量数据、解析界址点坐标和修补测的地形要素,按照地籍图规定的内容和表示方法进行编辑处理生成地籍图。地籍图的数据内容、数据质量、数据分层、要素代码应符合数据库建设的要求。

(5)以数字正射影像为基础,依据土地权属调查成果编绘地籍图。

5.4.3 基本地籍图的精度指标

地籍图的基本精度应符合表5-6的规定。

表5-6 地籍图平面位置精度

序号	项目	图上中误差/mm	图上允许误差/mm	备注
1	相邻界址点的间距误差	±0.3	±0.6	荒漠、高原、山地、森林及隐蔽地区等可放宽至1.5倍
2	界址点相对于邻近控制点的点位误差	±0.3	±0.6	
3	界址点相对于邻近地物点的间距误差	±0.3	±0.6	
4	邻近地物点的间距误差	±0.4	±0.8	
5	地物点相对于邻近控制点的点位误差	±0.5	±1.0	

5.4.4 地籍图的分幅编号

(1)1∶50 000的地籍图,以1∶100万国际标准分幅为基础,采用24×24的行列分幅编号。图幅大小为经差15′、纬差10′。

(2)1∶10 000的地籍图,以1∶100万国际标准分幅为基础,采用96×96的行列分幅编号。图幅大小为经差3′45″、纬差2′30″。

(3)1∶5 000的地籍图,以1∶100万国际标准分幅为基础,采用192×192的行列分幅编号。图幅大小为经差1′52.5″、纬差1′15″。

(4)1∶500、1∶1 000、1∶2 000的地籍图可采用正方形分幅(50 cm×50 cm)或矩形分幅(40 cm×50 cm)。

图幅编号按照图廓西南角坐标千米数编号,X坐标在前,Y坐标在后,中间用短横线连接。

5.4.5 宗地图的绘制

宗地图是描述一宗地位置、界址点线和与相邻宗地关系等要素的地籍图,是土地证书和宗地档案的附图。它以地籍图为基础,利用地籍数据编绘而成。宗地图的大小和比例尺应根据宗地的大小和形状来确定,其内容主要包括:

(1)宗地代码、所在图幅号、土地权利人、宗地面积。

(2)地类号、房屋的幢号。其中幢号用(1)、(2)、(3)……表示并标注在房屋轮廓线内的左下角。

(3)本宗地界址点、界址点号、界址线、界址边长、门牌号码,其中门牌号码标注在宗地的大门处。

(4)用加粗黑线表示建筑物区分所有权专有部分所在房屋的轮廓线。如果宗地内的建筑物,不存在区分所有权专有部分,则不表示。

(5)宗地内的地类界线、建筑物、构筑物及宗地外紧靠界址点线的定着物、邻宗地的宗地号及相邻宗地间的界址分隔线。

(6)相邻宗地权利人名称、道路、街巷名称。

(7)指北方向、比例尺、界址点测量方法、制图者、制图日期、审核者、审核日期、不动产登记机构等。

宗地图如图 5-27 所示。

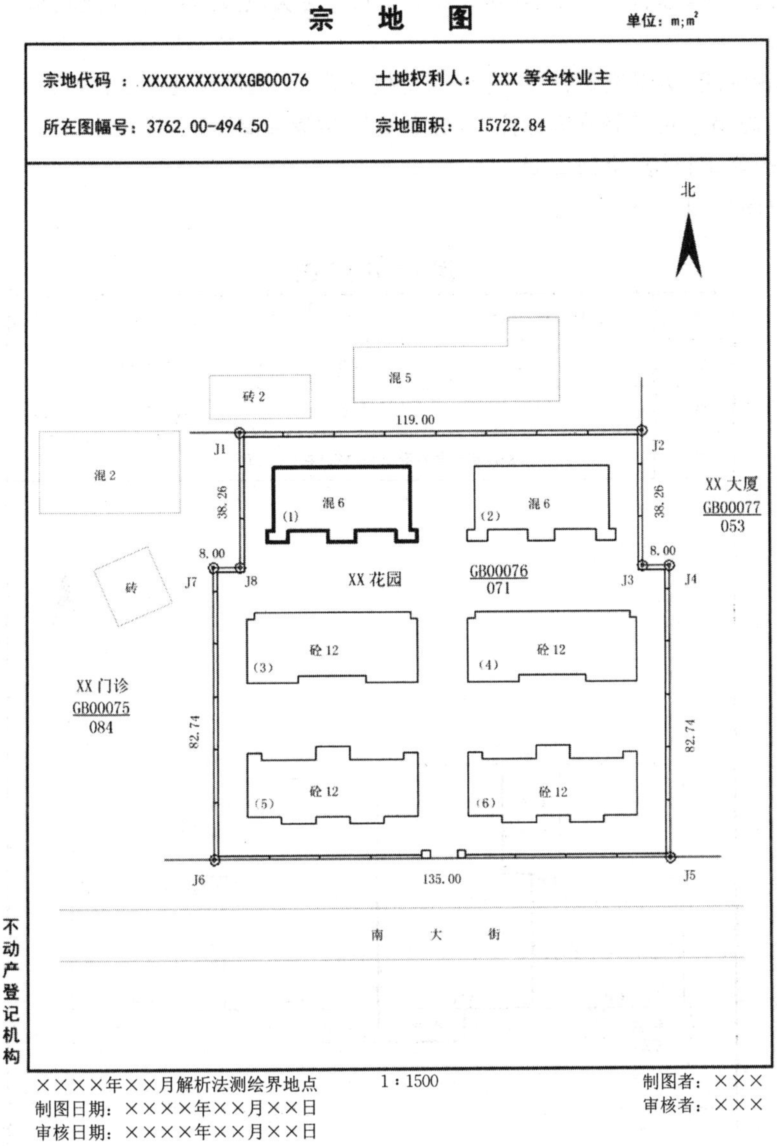

图 5-27　宗地图样图

5.4.6　房产分户图编制要求

1. 绘制要求

房产分户图是以一户产权人为单位，表示房屋权属范围的细部图，以明确异产毗连房屋的权利界线，用于作为房屋产权证的附图。房产分户图以地籍图、宗地图(分宗房产图)等为基础编绘而成。可根据房屋的大小设计分户图的比例尺，比例尺分母以整百数为宜。分户图的幅面规格，宜采用 32 开或 16 开两种尺寸。分户图的方位应使房屋的主要边线与轮廓线平行，按房屋的朝向横放或竖放，分户图的方向应尽可能与分幅地籍图一致，如果不一致，需在适当位置加绘指北方向。

2. 主要内容

(1)宗地代码、幢号、户号、坐落、房屋结构、所在层次、总层数、专有建筑面积、分摊建筑面积、建筑面积。

(2)房屋轮廓线、房屋边长、分户专有房屋权属界线、比例尺、指北方向等。

(3)电梯、楼梯等共有部分应标注“电梯共有”“楼梯共有”等字样。

(4)不动产登记机构、绘制日期。

房产分户图如图 5-28 所示。

房产分户图 单位：m;m²

宗地代码	XXXXXXXXXXXXGB00076	结构	混合	专有建筑面积	61.10
幢号	F0001	总层数	06	分摊建筑面积	7.56
户号	0017	所在层次	5	建筑面积	68.66
坐落	XXXX街66号XX花园1期1栋1单元502室				

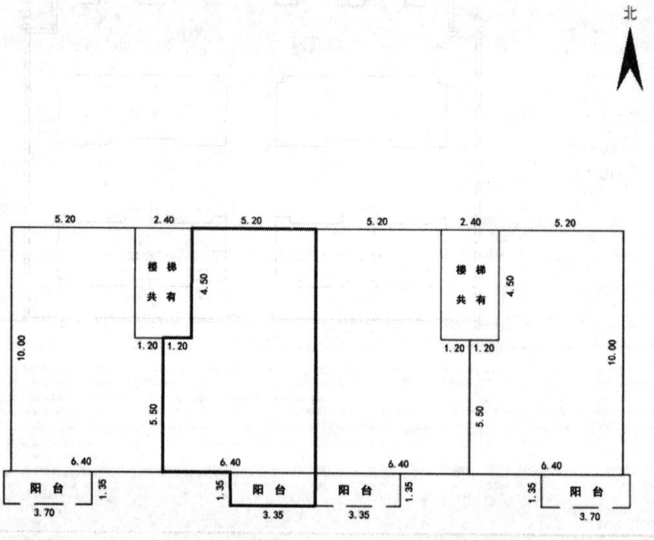

不动产登记机构

绘制日期：XXXX年XX月XX日

1:200

图 5-28 房产分户图样图

§5.5　不动产测量报告的撰写

不动产测量报告主要反映日常不动产测量的技术标准执行情况、技术方法、程序、成果质量和主要问题的处理等情况。不动产测量报告是长期保存的重要技术档案,也是检查验收的重要材料之一。

5.5.1　基本要求

(1)不动产测量报告技术报告由承担生产任务的项目负责人编写。单位的技术负责人或法定代表人对报告的客观性、完整性等进行审核并签字,并对编写质量负责。

(2)内容要真实、完整。文字要简明扼要,公式、数据和图表应准确,名词、术语、符号、代号和计量单位等应与有关法规、标准一致。

(3)报告体例中的一级标题不能省略。根据具体的测量内容,如果二级标题所指的内容没有做,则填写“无”。

(4)报告中的内容可以增加和细化,但不能减少。

5.5.2　主要内容

1. 概述

(1)任务来源。主要阐述委托任务的单位、时间、请求测量的文件等。

(2)不动产简况。主要阐述不动产的位置、权属性质和类型,权属的历史及其沿革,原有调查测量登记等情况。

(3)测量内容。主要阐述本次需要测量的具体工作,如控制点、界址点、面积、放样、地物地貌等。

(4)测量工具。说明本次测量所使用的卫星定位信号接收机、全站仪、钢尺等测量仪器的型号和规格及其检定情况。

2. 测量技术依据

列出本次测量所依据的技术标准,包括国家标准、行业标准、地方标准等。

3. 控制测量

具体指明控制点坐标来源,坐标系统名称等。说明控制检查和控制测量的方法和操作步骤。

4. 界址测量

说明界址检查、界址放样、界址测量的方法和操作步骤。

5. 其他要素测量

说明地物、地貌和其他要素测量的方法和操作步骤。

6. 图件的编制

说明宗地图、宗海图和房产分户图的编制方法和程序。

7. 房屋面积测算

说明房屋面积测算的方法和操作步骤。

8. 质量评价

主要阐述测量成果的质量状况和可用性。

9. 成果目录

按照具体的测量内容提交相应的成果。其中现场照片等影像必须提交。

10. 成果附件

按照成果目录所列内容提供相应具体的成果材料。

§5.6 不动产权籍调查成果审查入库

5.6.1 不动产权籍调查成果

不动产权籍调查成果主要为文字成果、表格成果、图件成果。包括不动产权籍调查授权委托书、权源资料、不动产权籍调查表、界址点坐标成果表、不动产测量报告、宗地图、宗海图、房产分户图等。

5.6.2 不动产权籍调查成果审查

1. 审查机构

不动产权籍调查成果应由不动产登记机构或授权机构审查。凡在前期审批、交易、竣工验收等行政管理中经相关行政职能部门和授权机构确认的且符合登记要求的成果,可继续沿用。

2. 审查内容

(1)调查程序是否规范,即权属调查、测量、成果审查、整理归档等是否按照本方案及相关技术标准实施。

(2)调查成果是否完整,即测绘资料、权属资料、图件和表格资料等是否齐全。

(3)调查成果是否有效,包含调查机构是否具有相应资质、从事调查工作的人员是否具有相应资格、调查成果是否经过自检等。

(4)调查成果格式是否符合规定要求。

(5)调查成果是否正确保持宗地、宗海及其房屋、林木等定着物之间的内在联系。

(6)宗地图、宗海图和分户房产图中的空间要素与相邻的界址、地物、地貌是否存在空间位置矛盾。

3. 审查的方法

主要采用室内外复核的方法审查不动产权籍调查成果。

(1)应充分利用已有数据库、信息系统、办文系统、电子政务系统审查调查成果。

(2)应将调查机构提供的宗地图、宗海图和房产分户图的电子数据导入已有的权籍空间数据库,查看其与相邻的界址、地物、地貌是否存在空间位置矛盾。

(3)对权籍空间要素,如果室内无法判定其是否正确时,可到实地查看。

(4)对调查成果存在的问题,应责成调查机构修改完善,直至成果合格为止。

5.6.3 成果入库和地(海)籍图更新

成果通过审查后,审查部门或单位应将审查后的成果提交给不动产权籍调查数据库和成果管理机构，在完成不动产登记后，更新相关数据库和不动产登记数据库。

思考题

1. 地籍控制测量的含义是什么？
2. 地籍控制测量的目的是什么？
3. 地籍控制测量应遵循什么原则？
4. 地籍控制测量相比地形控制测量有何特点？
5. 为什么地籍图根控制点的精度与地籍图比例尺无关？
6. 地籍测量常用的坐标系统有哪些？
7. 选择独立坐标系的方法有哪些？
8. 地籍控制点的密度是如何确定的？
9. GNSS 控制网同步图形有哪些连接方式？
10. 简述 GNSS-RTK 测量外业实施过程。
11. 地籍图包含哪些要素？
12. 地籍要素测量主要内容有哪些？
13. 地籍要素测量的方法有哪些？
14. 地籍测量中对界址点的精度要求有哪些？
15. 简述全站仪数据采集的基本过程。
16. 简述 GNSS-RTK 数据采集的基本过程。
17. 简述全站仪及 GNSS-RTK 数据传输的基本步骤。
18. 界址点测量有哪些常用方法？
19. 用 CASS 软件绘制地籍图的基本步骤？
20. 宗地属性处理主要包括哪些内容？

第6章　全国土地调查

《土地调查条例》规定，国家根据国民经济和社会发展需要，每10年进行一次全国土地调查；根据土地管理工作的需要，每年进行土地变更调查。全国土地调查以全面查清土地资源和利用状况为宗旨，以提供真实准确的土地基础数据为首要目标，为国土资源日常管理和经济发展服务。全国土地调查以县为基本调查单位，按照统一的技术标准，开展土地利用现状调查、权属调查和专项用地调查与评价，建设各级土地利用数据库，并以此为基础，自下而上逐级汇总全国的土地利用状况。

§6.1　全国土地调查概述

6.1.1　调查的程序

全国土地调查主要分为准备阶段、权属调查阶段、外业阶段、内业阶段及成果检查验收和核查阶段等。

1. 准备阶段

准备阶段工作包括方案制定、人员培训、资料收集、仪器设备准备等。调查准备工作做得越细、越周到、越充分，调查的质量和效率就越高；反之未准备充分就开展调查，一是效率低，二是可能增加不必要的返工和重复工作。

2. 权属调查阶段

权属调查阶段的主要内容是按宗地开展集体土地所有权和国有土地使用权调查，将权属界线调绘或标绘在调查底图上或数据库中的土地利用现状图上，处理和调处土地权属争议，签订《土地权属界线协议书》或《土地权属界线争议原由书》。

3. 外业阶段

外业阶段的主要工作是在确定的行政区域界线、土地权属界线范围内，根据实地地物的影像特征，经实地核实确认，将地类、界线、权属及必要的注记等调绘、标绘、标注在调查底图上或土地调查记录表(附录D)上。对于影像上未反映的，采用测绘技术方法，将新增地物补测到调查底图上或使用卫星定位信号接收仪器采集新增地物主要界址点坐标，并输入数据库，直接补测在土地利用现状图上。

4. 内业阶段

内业阶段主要有三方面的工作：一是整理外业调查成果，形成原始调查图件和资料；二是依据原始调查图件和资料，建设土地调查数据库，汇总输出土地利用图件和土地统计表；三是编写调查报告，总结经验，提出合理利用土地资源的建议等。

5. 成果检查验收和核查阶段

调查成果的检查验收是保证调查数据真实、可靠的主要手段之一。县级调查成果在经过自检、省级国土资源管理部门组织的预检和验收基础上，由全国土地调查办公室组织全面核查。

6.1.2　调查的基本原则

1. 实事求是原则

全国土地调查坚持实事求是的调查原则，要防止和排除来自行政、技术等各方面的干扰，做到数据、图件、实地三者一致。国家将采用遥感技术，加大核查力度，保障调查数据的真实性和可靠性。

2. 统一要求原则

调查中必须全面、严格执行调查规程规定的调查内容、技术要求、调查方法、精度指标、成果内容，保证全国调查成果的统一性、规范性。

3. 数字化调查原则

整个调查借助现代信息技术，从调查底图制作、实地调查、数据库建设到调查最终成果形成等，全面实现数字化。实现国家、省、市、县四级调查成果的互联互通和快速更新。满足管理对调查成果查询、汇总、统计、分析的需要。

4. 继承性原则

对以往调查形成的成果，如确权登记发证资料、《土地权属界线协议书》等，经核实无误的可继承使用，既提高调查工作效率，又保持成果延续性。

5. 充分利用已有调查成果原则

全国土地调查应充分利用以往调查成果，如土地利用数据库、土地利用现状图、土地变更调查成果等，发挥它们在地类、界线、属性等调查中的辅助作用，提高调查的准确性和效率。

6.1.3　土地调查内容

全国土地调查内容包括土地权属调查、农村土地利用现状调查、城镇村内部土地利用现状调查和专项用地调查。

1. 土地权属调查

结合全国农村集体资产清产核资工作，将城镇国有建设用地范围外已完成的集体土地所有权确权登记和国有土地使用权的登记成果落实在土地调查成果中，对发生变化的开展补充调查。

(1)依据农村集体土休所有权确权登记成果和其他相关登记成果，以及合法有效的土地权属调查成果，将城镇国有建设用地以外的集体土地所有权和国有土地使用权界线落实在土地调查成果中。

(2)在权属界线上图过程中，因成图精度等客观因素造成部分权属界线与数字正射影像图相对位置产生位移的，根据《土地权属界线协议书》等调查成果中有关界址的描述，将权属界线转绘至调查工作底图上，并提请登记部门审核确认后上图。有异议的按原权属界线位置上图。

(3)土地权属状况或界址发生变化的，按照《地籍调查规程》等相关技术要求开展补充调查后上图。

2. 农村土地利用现状调查

开展地类调查，以调查底图为基础，调查每块土地利用类型、位置、范围及相关属性信息，覆盖完整调查单位。

1)地类调查

地类调查包括图斑地类认定、图斑调查方法、线状地物调查和调查标注。

2)调查接边

省级和地市级负责组织其辖区范围内相关地市和县级调查单位的调查接边工作,全国土地调查领导小组办公室负责组织各省开展接边工作。

依据影像辅助实地调查,对不同行政区界线两侧公路、铁路和河流等重要地物进行接边,确保重要地物的贯通性;对影像反映明显地物界线进行接边,保证同名地物的一致性;对地类、权属等属性信息进行接边,保证水库、河流、湖泊、交通等重要地物调查信息的一致性。

当行政界线两侧明显地物接边误差小于图上 0.6 mm、不明显地物接边误差小于图上 2.0 mm 时,双方各改一半接边;否则双方应实地核实接边。

3)田坎调查

田坎调查应按系数扣除方法调查,有更高精度要求的地区可按图斑调查,但采用的调查方式不能打破县级行政辖区。二次调查测算的田坎系数,如无特殊变化可继续沿用,也可由省(区、市)统一组织重新测算。

4)图斑举证

对需要举证的图斑,实地拍摄包含定位坐标和拍摄方位角等信息的举证照片,加密报送至统一举证平台。

5)面积计算

图斑面积、图斑地类面积及田坎面积均需计算。

3. 城镇村内部土地利用现状调查

依据全国土地调查及年度变更调查确定的城市、建制镇、村庄范围和边界,并结合影像及土地利用的实际情况划定城市、建制镇和村庄的调查范围和界线。

城镇村内部土地利用现状调查范围的面积和界线为控制城市、建制镇和村庄范围的依据。

4. 专项用地调查

专项用地调查包括耕地细化调查、批准未建设的建设用地调查、耕地等别调查评价。

§6.2 准备工作

6.2.1 组织准备

1. 制定方案

各地根据本地区实际情况,编制本地区土地调查方案,主要内容包括调查区基本概况、目标任务、技术路线与工作流程、调查准备工作、内业数据处理、外业实地调查、内业整理建库、成果质量控制、调查主要成果、计划进度安排、组织实施等。

2. 人员培训

在开展土地调查前,应对参加调查的人员进行技术培训,规范调查程序,统一调查方法和要求等。

3. 开展试点

各地应先开展调查试点工作。在试点基础上，全面开展调查工作。

6.2.2 资料准备

1. 基础调查资料

(1)界线资料，包括国界线、陆地(含海岛)与海洋的分界线、行政区域界线等资料。

(2) 遥感资料，如近期航空、航天遥感图件和数据等资料。

(3)基础地理信息资料，包括收集整理的地形图、数字高程模型(digital elevation model，DEM)、地名等基础地理资料。

2. 权属调查资料

(1)农村集体土地所有权确权登记成果。

(2)城镇国有建设用地以外的国有土地使用权登记成果。

(3)《土地权属界线协议书》《土地权属界线争议原由书》等调查成果。

(4)其他相关权属资料。

3. 地类调查资料

地类调查资料包括原土地调查数据库、已有土地利用图、调查手簿、田坎系数测算原始资料等地类调查相关图件、表格、文本和数据库等。

4. 土地管理有关资料

土地管理有关资料包括基本农田、土地利用规划、建设用地审批、土地整治、土地执法等图件、数据和文字报告资料。

6.2.3 仪器、工具和设备准备

开展土地调查工作前，需准备的仪器、工具和设备包括定位测量设备、皮尺、计算机、平板电脑、移动通信设备、手持激光测距仪、全站仪、软件系统，以及交通工具等。

6.2.4 工作底图的准备

农村土地利用现状调查底图不低于 1∶5 000 比例尺，经济发达地区和大中城市城乡接合部，可根据需要采用 1∶2 000 或更大比例尺底图。城镇内部土地利用现状调查采用 1∶2 000 比例尺底图，用于村庄内部土地利用现状调查的底图可放宽到 1∶5 000 比例尺。

为满足地类调查的准确性和现势性，土地调查在最新数字正射影像图(DOM)基础上套合土地调查数据库，逐图斑开展全地类内业人工判读，通过对比分析，提取数据库地类与遥感影像地物特征不一致的图斑，预判土地利用类型，制作调查底图。

1. DOM 精度指标

1)平面位置精度

DOM 地物点相对于实地同名点的点位中误差，不得大于表 6-1 的规定。特殊地区可放宽 0.5 倍。规定两倍中误差为其限差。

表 6-1 DOM 平面位置精度

DOM 比例尺	平地、丘陵地/m	山地、高山地/m
1∶500	0.30	0.40
1∶1 000	0.60	0.80
1∶2 000	1.20	1.60
1∶5 000	2.50	3.75
1∶10 000	5.00	7.50

2)镶嵌限差

利用航空影像制作 DOM 时,像片或影像之间镶嵌限差如表 6-2 所示。

表 6-2 像片或影像镶嵌限差

DOM 比例尺	平地、丘陵地/m	山地、高山地/m
1∶500	0.10	0.15
1∶1 000	0.20	0.30
1∶2 000	0.40	0.60
1∶5 000	1.00	1.50
1∶10 000	2.00	3.00

利用卫星影像制作 DOM 时,景与景之间的镶嵌限差如表 6-3 所示。

表 6-3 景与景镶嵌限差

DOM 比例尺	平地、丘陵地/m	山地、高山地/m
1∶2 000	1.00	1.60
1∶5 000	2.50	4.00
1∶10 000	5.00	8.00

利用不同分辨率影像(包括航空影像和卫星影像)制作 DOM 时,二者之间的镶嵌限差如表 6-3 所示。

2. 遥感资料选择

光学数据单景云雪量一般不应超过 10%(特殊情况不应超过 20%),且云雪不能覆盖重点监测区域;成像侧视角一般小于 15°,最大不得超过 25°,山区不超过 20°;监测区不出现明显噪声和缺行;灰度范围总体呈正态分布,无灰度值突变现象;相邻景影像间的重叠范围不得少于整景的 2%。

1)航空遥感资料选择

基于数码相机航空摄影时,DOM 比例尺与数码相机像素地面分辨率的对应关系,如表 6-4 所示。

表 6-4 不同比例尺 DOM 与数码相机像素地面分辨率对应关系

DOM 比例尺	数码相机像素地面分辨率/m
1∶500	优于 0.05
1∶1 000	优于 0.1
1∶2 000	优于 0.2
1∶5 000	优于 0.4
1∶10 000	优于 0.8

2)航天遥感资料选择

采用航天遥感数据制作时，DOM 比例尺与原始数据空间分辨率的对应关系，如表 6-5 所示。

表 6-5　不同比例尺 DOM 与航天遥感数据空间分辨率对应关系

DOM 比例尺	数据空间分辨率/m
1∶2 000	≤0.5
1∶5 000	≤1
1∶10 000	≤2.5

3. DOM 制作

1)航空 DOM 制作

依据国家航空摄影测量及正射影像图制作相关标准，制作航空 DOM。

2)航天 DOM 制作

(1)平面控制。控制点采用卫星定位信号接收机等仪器实测，或从大于 DOM 比例尺的现有 DOM、地形图上采集。

(2)高程控制。采用近期相应比例尺 DEM 为高程控制。DEM 应满足《基础地理信息数字产品 1∶10 000、1∶50 000 数字高程模型》中的有关规定。不同比例尺 DOM 与 DEM 比例尺对应关系如表 6-6 所示。

表 6-6　不同比例尺 DOM 与 DEM 比例尺对应关系

DOM 比例尺	DEM 比例尺
1∶2 000	1∶10 000
1∶5 000	1∶10 000
1∶10 000	1∶10 000 或 1∶50 000

(3)图像处理。根据数据获取情况，以单景影像、条带影像或区域影像为单元，采用物理模型或有理函数模型进行几何纠正。重采样方法采用双线性内插或三次卷积，重采样像素大小根据原始影像分辨率，按 0.5 m 的倍数就近采样。

影像要求纹理清晰、色调均匀，无重影和模糊等现象，地物层次丰富、边界明显。融合多光谱影像模拟自然真彩色，真实反映当时地类光谱特征。

重叠区影像纹理应一致。当影像时相相同或相近时，要求整体光谱特征一致；对于时相差距较大的影像，允许存在光谱差异，但镶嵌或接边处应过渡自然，同一地块光谱特征一致。

3)DOM 制作单元

DOM 以县级辖区为制作单元，按照外扩不少于 50 个像素、沿最小外接矩形裁切。根据县级辖区内影像间镶嵌和接边情况，通过镶嵌线、接边线及外围县级行政界线组成的若干矢量闭合面，并在每个闭合面内记录所使用影像的基本属性信息，以此制作 DOM 影像信息文件。

§6.3　土地权属调查

6.3.1　土地权属调查内容

土地权属调查主要包括集体土地所有权和国有土地使用权的调查，具体包括以下几个方面。

(1)查清农村集体土地所有权状况。包括对乡(镇)、村或村民小组集体土地所有权的土地权属界线、土地权利归属等的确认(简称"确权"),并与相邻权属单位(如村或村民小组)签订《土地权属界线协议书》。

(2)查清国有农、林、牧、渔场(含部队、劳改农场及使用的土地)国有土地使用权状况。包括对国有农、林、牧、渔场(含部队、劳改农场)的国有土地使用权的确权,并与相邻权属单位签订《土地权属界线协议书》。

(3)查清公路、铁路、河流国有土地使用权状况。包括对公路、铁路、河流国有土地使用权的确权划界。

权属调查原则上以各行政村为基本单位,对集体土地确权登记到村民小组的,也可按照村民小组的权属界线转绘到土地调查底图上。

6.3.2 土地权属的确认

土地权属的确认,是指对集体土地所有权、国有土地使用权土地的位置、界址(包括界址点、界址线、界标)、权属性质、权利主体及其身份等的认定。土地权属调查,必须由自然资源管理部门组织开展,充分利用以往确权资料和调查成果。确权的方法和程序与城镇土地权属调查基本相同。

1. 国有土地所有权确权

根据《确定土地所有权和使用权的若干规定》(1995 年 3 月 11 日由国家土地管理局发布)等有关规定,在农村土地调查中,下列主要用地类型的土地确定为国有土地:

(1)城市市区范围内的土地。城市市区,一般是指城市建成区,即已进行城市配套建设,具备城市功能,基本连片并由市政部门管理的区域。

(2)国家依法没收、征收、征用的土地。

(3)依法不属于集体所有的林地、草地、山岭、荒地、水面、滩涂及其他土地,即国家未确定为集体所有的林地、草地、山岭、荒地、水面、滩涂及其他土地。

(4)被开发利用的国有土地。开发利用者依法只享有土地使用权。

(5)铁路线路、车站、货场用地及其他铁路用地。

(6)县级以上(含县级)公路线路用地。

(7)国家已办理征地手续的电力、通信设施用地。

(8)军事用地。

(9)河道内土地,除已分配给农民,国家未征用,且迄今仍归农民集体使用的以外的土地。

(10)县级以上(含县级)水利部门直接管理的水库、渠道等水利工程用地。

(11)根据国家征用土地需要,农民集体全部或部分转为非农业人口,其未征用的土地,归国家所有。

(12)因国家建设需要、自然灾害等原因,进行移民安置并调剂土地后,迁移农民原有的土地。

(13)寺庙、教堂等宗教用地。

(14)土地所有权有争议的,不能依法证明属于农民集体所有的争议土地。

(15)其他情况依据《确定土地所有权和使用权的若干规定》和地方制定的法律法规确权。

2. 集体土地所有权确权

根据有关法律规定，在农村土地调查中，下列类型土地确定为集体土地：

(1)土地改革时，分给农民并颁发土地所有证的土地。

(2)根据《农村人民公社工作条例修正草案》(简称《六十条》)，确定为集体所有的土地。

(3)村的合并、分割、开发、征地、建设等各种原因进行的土地调整，致使集体土地所有权发生变更的，按变更后的现状确定集体土地所有权。

(4)乡镇或村在集体土地上修建并管理的道路、水库、渠道、水利设施、乡镇企业、公共设施、公益事业等用地。

(5)能够出示文件、协议、法院裁决书等依法证明属于集体所有的其他类型的土地。

土地所有权的确定是复杂的，以上只是土地所有权的主要类型。在实际调查中，对于出现的其他类型的土地所有权确权问题，应根据历史的和现实的有关法律、法规、政策、文件等处理。

3. 国有土地使用权确认

《中华人民共和国土地管理法》《中华人民共和国城市房地产管理法》《中华人民共和国城镇国有土地使用权出让和转让暂行条例》《确定土地所有权和使用权的若干规定》等法律法规，对城市规划区内的国有土地和其他国有土地使用权的出让、转让、出租、抵押和划拨等都有明确的规定。对土地使用权出让的含义、出让人、受让人，土地使用权的出让方式、年限、批准权限，转让的含义、条件、转让年限，出租的条件、出租后的权利、义务、归属，抵押的含义、登记，以及划拨土地使用权的权利、义务等都做了详细的规定。这些国家的法律法规及地方制定的有关法律法规和能够出示证明具有国有土地使用权的法律文件等，都是国有土地使用权确认的依据。

6.3.3 土地权属界线表示方法

1. 界址点的选取、表示和点位说明

1)界址点的选取

土地权属界线由曲线和折线组成。在权属界线上，界线的转折点及与其他地物的交叉点是起到控制界线位置和走向的关键点位，这些关键点位就称为界址点(也称“拐点”)。界址点一般都依附于明显地物，因此需先将明显地物的位置调绘准确，然后再选取界址点。界址点的选取原则：一是实地点位明显，便于找寻；二是便于用文字描述其位置。

2)界址点的表示

界址点选定后，其点位在调查工作底图相应位置用直径为 0.1 mm 的点表示，并用半径为 0.8 mm 的圆圈圈定标注。界址点编号用 J_n 表示，n 为 1、2、3……，界址点编号可以空号但不能重号。界址点密度要兼顾能够控制权属界线的位置和走向及图面清晰易读，界址点间距一般以大于图上 10 mm 为宜。界址点过密时，应适当取舍，保持图面清晰；界址点过疏时，应适当增加界址点，以控制界线位置和走向。对于特殊情况，界址点间距也可小于 10 mm。

3)界址点点位说明

对每个选定的界址点的具体位置都要用文字进行描述说明，描述界址点位置时一定要依据界址点在实地的位置进行准确描述，如图 6-1 所示界址点位置，应描述成 J_3 号界址点位于 1 号路与 2 号路交叉处的 1 号路的北侧、2 号路的中央处。对于不便用文字描述其具体位置的界址点，可实测其解析坐标或图解坐标表示其位置；对于能够用文字描述其具体位置的界址点，也可辅助其坐标用于说明界址点位置。

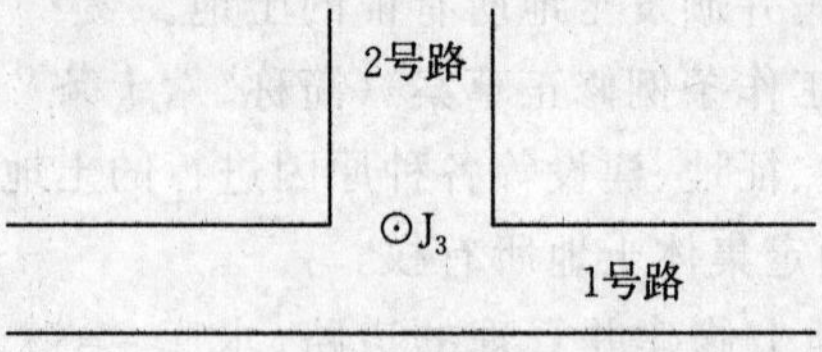

图 6-1　界址点位置

2. 界址线表示和说明

1)界址线的表示

线状地物与土地权属界址线重合时，线状地物调绘在准确位置上，其他界线只标绘高一级界线。行政区域界线或土地权属界线符号，视下列不同情况标绘。

(1)以双线依比例尺线状地物中心为界的，权属界线符号标绘在其中心线上，如图 6-2 所示。

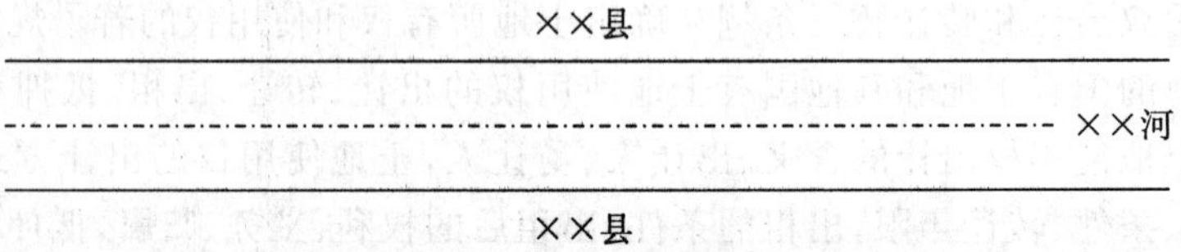

图 6-2　权属界线位于双线线状地物中心

(2)以双线依比例尺线状地物一侧为界的，权属界线符号离该侧边界 0.2 mm 标绘，如图 6-3 所示。

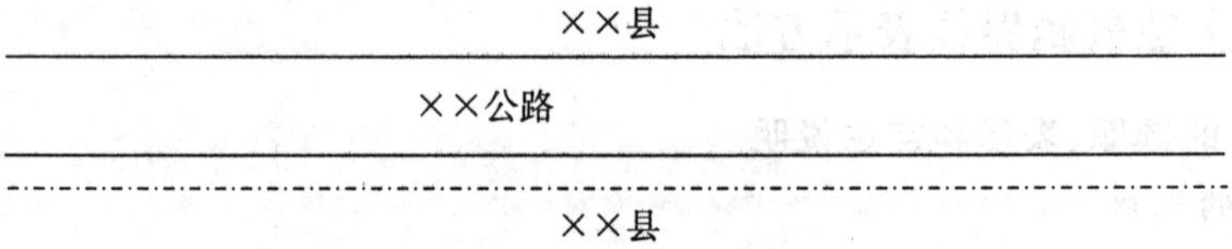

图 6-3　权属界线位于双线线状地物一侧

(3)以单线线状地物中心为界的，权属界线符号离线状地物 0.2 mm，交错标绘在其两侧，如图 6-4 所示。

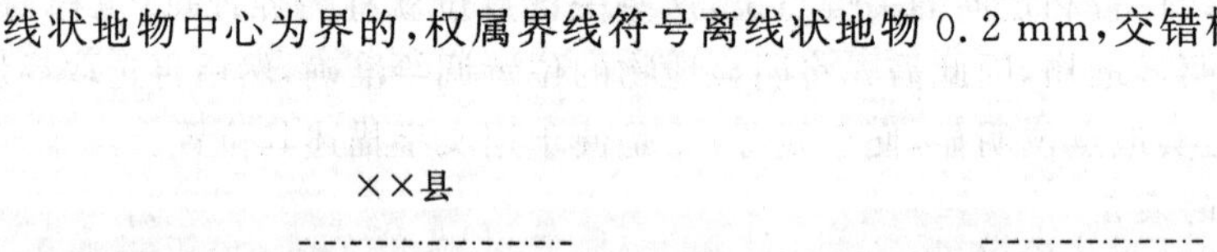

图 6-4　权属界线位于单线线状地物中心

(4)以单线线状地物一侧为界的，权属界线符号离线状地物 0.2 mm 标绘在该侧，如图 6-5 所示。

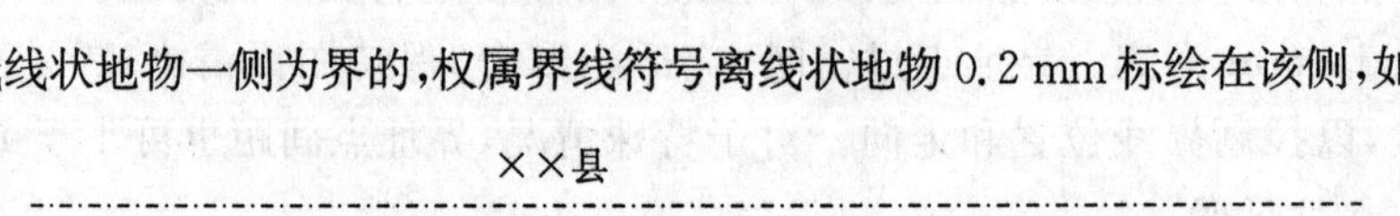

图 6-5　权属界线位于单线线状地物一侧

2)界址线的说明

对每条界址线的具体位置都要用文字进行描述说明，如 $J_1 \sim J_2$，由 J_1 沿××公路中央走向至 J_2。

3. **界址点、界址线精度要求**

与影像对比，标绘的明显位置的界址点移位不得大于图上 0.1 mm；不明显位置移位不得大于图上 0.3 mm；标绘的明显界址线移位不得大于图上 0.2 mm，不明显界址线移位不得大于图上 0.8 mm。

6.3.4　土地权属争议的处理

土地权属争议，是指土地所有权或使用权归属的争议，一般由权属界线不清、土地权属紊乱、政策和体制变更，以及其他历史遗留问题所造成。土地权属争议范围很广，在农村土地调查中，土地权属争议主要有以下几种：

(1)国有土地所有者与集体土地所有者之间的争议，如国有荒山、荒地、滩涂与村集体土地的争议。

(2)集体土地所有者之间的争议，如村民集体之间、村民小组之间的土地所有权的争议。

(3)国有土地使用者之间的争议。

(4)国有土地使用者与集体土地所有者之间的争议，如国有农、林、牧、渔场用地，军事用地，机场用地与村集体土地的争议。

根据《土地权属争议调查处理办法》(2003 年 1 月 3 日国土资源部第 17 号令公布，自 2003 年 3 月 1 日起施行)，在农村土地调查中，土地权属争议按下列原则处理。

1. **协商解决**

因权属界线不清、权属不明引起的土地所有权或使用权争议，各方当事人应依据现行的法律法规、规章和有关规范性文件等，本着尊重历史、面对现实、从实际出发、互谅互让、团结友善、有利于社会稳定、有利于国土资源管理的原则，经友好协商解决争议，划定土地权属界线，明确土地权利归属，签订《土地权属界线协议书》。

2. **行政处理**

根据《中华人民共和国土地管理法》有关规定，土地所有权和使用权争议，由当事人协商解决；协商不成的，由人民政府处理。单位之间的争议，由县级以上人民政府处理；个人之间、个人与单位之间的争议，由乡级人民政府或者乡级以上人民政府处理。如当事人对有关人民政府的处理决定不服的，可以自接到处理决定通知之日起 30 日内，向人民法院起诉。在土地所有权和使用权争议解决前，任何一方不得改变土地利用现状。

3. **搁置争议**

对土地权属争议情况复杂、不能及时解决的，为了不影响整个调查工作的总体安排，对有争议的土地权属界线，可保留搁置争议。但为了保证土地面积量算的不重不漏，须协商或由上一级国土资源管理部门暂时划定一条工作界线代替权属界线，并签订《土地权属界线争议原由书》。权属界线只作为面积量算的依据，不作为今后确权、划定土地权属界线的依据。

6.3.5　《土地权属界线协议书》

《土地权属界线协议书》是相邻土地权属单位确权的表示形式，是登记发证的重要依据。

《土地权属界线协议书》主要包括三部分内容：

(1)文字与签单。此部分主要有签订单位(签章)、法定代表人或负责人(签章)、指界人(签章)、调查人员(签章)，以及签定日期、土地权属界线所涉及图幅号等内容。

(2)土地权属界线附图。此部分包括土地权利人及相关权利人的名称及其印章；宗地代码，界址点及其编号、界址线等；重要的地理名称和地理表示，如道路名称、山峰名称、山顶点的高程等；邻近界线的地类符号；地形示意线和地理特征线，如山脊线、山谷线等；界址线穿越或依附的沟、渠、路、河流、村庄等地物的符号和名称；其他能够突出界址点线的要素。

(3)界址说明。此部分包括界址点位置说明和界址线走向说明。界址点位置说明是利用工作底图，结合土地权属界线附图，主要说明所依附标的物的类型及其位置(内、中、外)，以及与周围明显地物地貌的关系；界址线走向说明是以两个相邻界址点为一节，叙述界线所依附标的物的状况及其与周围宗地和地物地貌的关系。

协议书一式三份，界线双方和县(市、区)国土资源局各存一份。

§6.4 地类调查概述

6.4.1 地类调查的基本方法和精度要求

1. 调绘法

地类调查一般采用调绘法。调绘包括四个主要方面的内容：一是影像上地类界线与实地一致时，将地类界线直接调绘到调查底图上；二是影像不清晰或实地地物与影像不一致时，采用实地测量方法，将地物补测到调查底图上；三是有设计图、竣工图等有关资料时，可将新增地物的地类界线直接补测在土地利用现状图上，但必须实地核实确认；四是将地物的坐落、权属性质、权属单位、图斑编号、地类编码、耕地类型、线状地物宽度等属性标注在调查底图或《土地调查记录表》上。常用的调绘方法有综合调绘法和全野外调绘法。

(1)综合调绘法是地类调查的主要方法，是内业解译(判读、判译、预判、判绘)和外业核实、补充调查相结合的调绘方法。首先，在室内直接对影像进行解译，也可直接利用已有土地利用数据库与调查底图(DOM)套合解译，依据影像对界线进行调整。将认为能够确认的地类和界线、不能够确认的地类和界线、无法解译的影像等，用不同的线划、颜色、符号、注记等形式(根据自己的习惯自行设定)都标绘在调查底图上。然后，到实地将内业标绘的地类、界线等内容逐一进行核实、修正或补充调查。将内业解译正确的予以肯定，不正确的予以修正，新增加的地物予以补测，并用规定的线划、符号在调查底图上标绘出来，将地物属性标注在调查底图或填写在《土地调查记录手簿》上。最后，获得能够反映调查区域内土地利用状况的原始调查图件和资料，以此作为内业数据库建设的依据。综合调绘法可以将大量外业调绘工作转入室内完成，减轻外业调绘的劳动强度，提高调绘的工作效率。

(2)全野外调绘法，是持调查底图直接到实地，将影像所反映的地类信息与实地状况一一对照、识别，然后将各种地类的位置、界线用规定的线划、符号在调查底图上标绘出来，最后将地物属性标注在调查底图或填写在《土地调查记录手簿》上，最终获得能够反映调查区域内的土地利用状况的原始调查图件和资料，作为内业数据库建设的依据。这种调绘方法主要作业都是在外业实地进行，因此称为全野外调绘法。

以上两种调绘方法各有优缺点，前者内外业结合，充分发挥内业优势，精度高，又可节省时间，且工作强度较低，在影像现势性强、分辨率高、调查人员具有影像解译能力和一定调查经验的情况下适用；后者调绘工作一次性全部完成，精度高，但用时较长，且工作强度较大，适用于影像分辨率较低、影像现势性不强、调查人员影像解译能力较差和调查经验不足的情况。在具体实际调查中，视情况两种调绘方法可单独使用也可结合使用。

2. 实地调绘基本程序

土地调查中，无论采取综合调绘法还是全野外调绘法，外业实地调查是土地调查不可忽视的重要阶段。外业调查方法、程序、步骤因人而异，不尽相同，但选择合理的方法、程序、步骤，对保证调查质量、提高调查效率和减轻劳动强度，将发挥重要作用。下面介绍外业调查的基本程序和要求。

1)设计调绘路线

在外业实地核实、调查前，在室内首先要设计好调绘路线。调绘路线以既要少走路又不至于漏掉要调绘的地物为原则，并做到走到、看到、问到、画到(四到)。这里“走到”是关键，只有“走到”才能看到、看清、看准地物的形状特征、地类、范围界线、与其他地物的关系等，才能依据影像将地类界线标绘在影像的准确位置(画到)。对于影像不清晰的地方、实地发生的变化、地理名称、双方飞入地、权属性质、隐蔽地区地类(如林地中有无道路、山沟深处有无耕地)等都要向向导或当地群众一一询问清楚，既不漏掉该调查的内容又提高了调查精度和效率。

根据这些调查要求，平坦地区通视良好，调绘路线一般沿居民点外围和主要道路调绘。居民点分布零乱的可采用“放射花形”或“梅花瓣形”为调绘路线，如图6-6所示，不走重复路线。

丘陵山区可沿连接居民点的道路调绘或沿山沟调绘，同时对两侧山坡上的地类也进行了调绘，从山沟进入走到山脊，从山脊再下到另一条山沟。当山坡调绘内容较多时，一般沿半山腰等高线调绘，以便兼顾“看到”山脊和山沟的地物。

城市、建制镇、村庄、采矿用地、风景名胜及特殊用地无须进入，只需沿其外围走并调绘其外围界线。

河流、铁路、公路等线状地物可沿着线状地物边走边调绘。

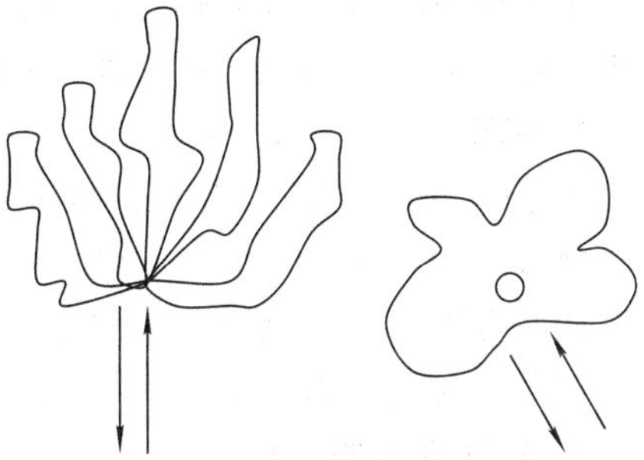

图6-6 调绘路线

2)确定站立点

按计划路线到达调查区后，应首先确定站立点，站立点一般选择在易判读的明显地物点上，地势要高，视野要广，尽量扩大调绘范围。确定站立点后，找出一两个实地、影像能对应起来的明显地物点进行定向，使调查底图方向和实地方向一致。

3)核实、调查

站立点确定后，要抓住地物的特点采用“远看近判”的方法对其进行逐一核实、调查。当解译的界线、线状地物、地类名称等与实地一致时，则在图上进行标注确认；当不一致时，依据实地现状对解译的界线、线状地物、地类名称等进行修正。对未解译的，将视野范围内需调绘的界线、线状地物、地类名称等内容标绘在调查底图准确位置上。同时，将调查内容的属性标注在调查底图上或填写在《土地调查记录手簿》上。

每完成一站立点的调绘工作都要认真检查，没有问题时再进入到下一站立点工作，否则要进行修改、补充、完善，甚至返工。

4)边走边调绘

根据调查底图比例尺，建立实地地物与影像之间的大小、距离的比例关系，在到达下一站立点途中，可边走、边看、边问、边想、边判、边记、边画，在到达下一站立点后，再进行核实。这里要注意的是，两个站立点之间所标绘的各种界线、线状地物、地类名称、权属性质等调绘内容须衔接、不能产生漏洞。

5)询问

在调查过程中应尽量找一个熟悉当地情况的村干部作为向导，多向他询问，这样可以发现隐蔽处的地物，准确判定地类，了解地理名称及地物的权属性质，少走冤枉路，这也是提高工作效率、保证调查质量的重要方法。

以上调查的方法、程序、步骤不是机械地分开，而是有机地结合，视情况灵活掌握，交叉进行，以及根据自己的习惯、经验综合应用。

3. 界线调绘精度

当影像反映的界线与实地一致时，标绘的界线应严格与影像反映的该界线一致(重合)，移位不得大于图上 0.3 mm；当影像反映的界线与实地不一致、影像不清晰、不同地类分界线不明显时，其界线必须在实地依据实地情况或综合判读标绘，判读标绘的界线相对于实地确定的界线移位不得大于图上 1.0 mm。

6.4.2 影像解译

土地调查中，无论是采用综合调绘法还是全野外调绘法，掌握不同影像信息所反映的实地具体地类(地物)，对提高调查质量和调查效率是十分重要的，也是调查人员应具备的基本技能。

1. 解译

解译(也称“判读”)，是指运用解译标志和实践经验，在室内对影像进行识别，从而获取实地信息的过程。从事影像解译的人员要具备三个条件：一是要具备遥感影像知识；二是要具有一定的实践经验；三是要对不同地区的土地利用特点有一定的了解。调查中对影像是否预先进行解译及解译详细程度，应根据具体情况确定。

2. 解译标志的建立

根据影像特征的差异可以识别和区分不同的地物，这些典型的影像特征称为影像解译标志。解译标志的建立是解译的前提。解译标志分为直接解译标志和间接解译标志。在影像上可直接看到的影像特征称为直接解译标志，包括影像的几何形状、大小、色彩、色调、阴影、反差、位置和相互关系等。在直接解译基础上，需要经过分析、判别才能识别、推断其性质的影像特征称为间接解译标志，如解译水系，根据其位置、形状、大小等可推断是河流还是沟渠等。

1)影像的色调与色彩特征

由于地面物体呈现出各种不同的自然颜色，反映在影像上就会有不同的色调与色彩。一般情况下，真彩色影像的颜色大致与地物颜色相同或相似，黑白影像一般是地物颜色的深浅与影像的深浅一致。由影像的色调、色彩所构成的地物的影像特征，是解译常用而又重要的解译标志。

2)影像的形状特征

影像的形状是指地物在调查底图上表现出来的外部形态、结构和轮廓。一般来说，地物顶部形状与其在调查底图上的影像是相同或是相似的，从地物的外形就可识别其影像。人工地物通常呈现出较规则的几何形状；自然地物多呈不规则形状。借助地物的形状特征就可解译出不同的地类。地物的形状特征与影像比例尺、影像分辨率密切相关。比例尺越大、分辨率越高，地物细节显示越清楚，反之则模糊，甚至显示不出来。

3）影像的大小特征

调查底图上的影像除去形状特征外，还有大小（尺寸）之分。在同一调查底图上，根据地物影像的形状及其大小，可以较准确地识别出不同的地类，如厂房和住宅，其影像色调、形状没有明显区别，这时主要从大小来区分，面积较大的为厂房，面积较小的为住宅；农村道路与公路，一般较大的是公路，较小的是农村道路。

依据影像的大小识别地物，除在影像上识别地类外，还要依据调查底图比例尺，掌握地物大小与影像大小的比例关系。掌握实地地物与影像大小比例关系有助于识别地物。

4）阴影特征

阴影主要反映在航片上。突出地面的物体都绘有阴影，阴影色调一般为黑色，且方向都是一致的。阴影又分为本影和落影，如图6-7所示。

本影，指物体未被阳光直射的部分在航片上的影像，即物体本身的阴影。如人字屋顶的背阴坡。本影有助于获得物体的立体感。山体的阳坡明亮、阴坡较暗，其明暗分界线为山脊线或山谷线。

落影，指地物投落在地面的影子在航片上的影像，即物体投落的阴影。落影可以识别地物侧面的轮廓（形状）。

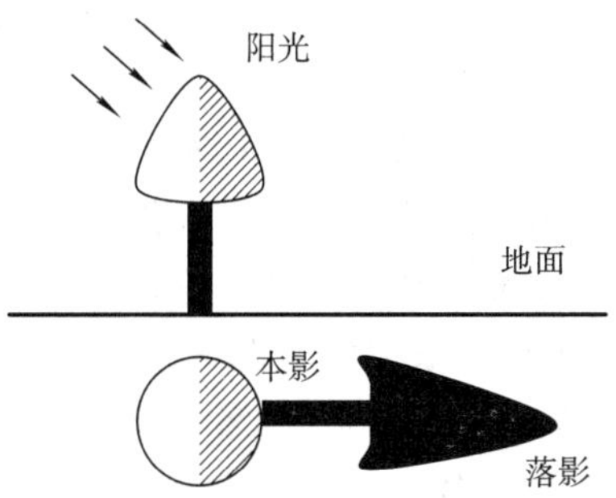

图6-7 本影与落影

由此可见，阴影对突出地面物体的解译很有帮助。但是由于阴影的存在也产生了对解译不利的因素，如高大建筑物的落影有时会遮盖小的地物，因此，在解译阴影的地物时，一是要仔细分析解译，二是要到实地确认，以保证调绘的准确和精度。

5）相互位置关系特征

地面物体之间是相互联系的，其反映在影像上也就会存在着一定的相互关系，这种关系也是解译地类的一个重要标志。根据实地物体之间的相关关系，通过对影像分析判别，解译那些影像不清晰的地物。如根据有农村居民点必有道路通达的关系，可解译出影像不清晰的小路；根据单个的厂房面积大、宅基地面积小的关系，可解译出哪些是工矿企业、哪些是农村居民点等。

在对影像具体解译时，不能仅凭一种影像特征去解译，要综合考虑，对影像特征加以分析，才能准确确定影像所代表的地类。

3. 主要地类解译标志

1）耕地

平坦的农田有明显的几何形状、面积较大，有道路与居民点相连。色调随土壤、湿度、农作物种类及生长季节不同而变化。一般湿度大的色调较暗，干燥的较浅；生长着农作物的较暗，成熟的较浅；农田灌溉时较暗，不灌溉时较浅。沟谷中的农田呈不规则状，大部分呈窄而长的条状。梯田呈阶梯状。水田一般田块分割小且整齐，地面平整，周围筑有田埂，影像色调一般较均匀，呈深灰色，比旱地深。水田在平原地区形状多为格网状，在山区形状不规则。

水田与水浇地、旱地一般较易区别，水浇地与旱地一般不易区别，但山区耕地大部分为旱地。

2)园地

园地中种植的果树在影像上一般呈颗粒状、排列整齐、色调较深,较易判别,这也是与林地的重要区别。

3)林地

森林在影像上一般为界线轮廓较明显、色调呈暗色、主要分布在山上的颗粒状图案,较容易判别。

4)草地

草地在影像上一般呈均匀的灰色或深灰色,纹理光滑细腻,形状不规则。在牧区草地较易判别,但人工牧草地与天然牧草地不易判别。

5)居民地

居民地在影像上呈由若干小的矩形(屋顶形状)紧密相连在一起的成片图形。由于阴影的存在,居民地更易判别。居民地色调一般呈灰或灰白色。

城市居民地一般面积大、街道比较规则,常有林荫大道、公园、广场等;城镇居民地一般分布在公路、铁路沿线,房屋多而密集;农村居民地一般与农田联系在一起,有道路相连。

6)道路

道路指铁路、公路、农村道路。道路在影像上呈细而长的条状。色调由白到黑,随路面的湿度和光滑程度不同而变化。一般湿度小、光滑的道路,色调浅,反之深暗。

铁路一般是呈浅灰色或灰色的线状图形,转弯处圆滑或为弧形,且一般与其他道路直角相交;公路一般为白色或浅灰色的带状,山区公路常有迂回曲折的形状,公路两侧一般有树和道沟,呈较暗的线条;土路一般呈浅灰色的线条,边缘不太清晰;小路呈曲折的细线条状,浅灰色。

7)水域

水的色调是由白到黑,色调的深浅与水的深浅、浑浊程度、光照条件等有关,水深则色调暗,水浅则色调浅;水越浑浊则色调越暗,反之越浅;光照越强则色调越浅,反之越暗。河流在影像上一般较宽并呈弯曲带状,色调由白到黑;小溪呈弯曲不规则的细线条,色调较暗,常被岸上树木、灌木掩盖;湖泊和坑塘的水面色调呈均匀的浅黑色或灰色,且面积大小相差甚大;沟渠为色调呈暗色的线状影像,灌渠的一端总与水源相连,排水渠的一端总与河流相通。

§6.5 地类图斑调查

6.5.1 地类图斑的概念

单一地类地块,以及被行政界线、土地权属界线或线状地物分割的单一地类地块称为图斑。城镇村内部同一地类的相邻宗地合并为一个图斑,为城乡一体化管理及更新需要保持原有耕地不合并。

6.5.2 地类图斑的划分

1. 图斑划分的原则

全国土地调查由于调查比例尺较小,不能直接使用城乡统一的《土地利用现状分类》标准,而将建设用地划分为城市用地、建制镇用地、村庄用地、采矿用地、风景名胜及特殊用地,以及铁路、公路等用地。根据这一规定，全国土地调查图斑划分原则如下：

(1)城市用地、建制镇用地、村庄用地、采矿用地、风景名胜及特殊用地外围闭合界线形成的地块。

(2)按图斑表示的线状地物形成的地块。

(3)被行政区域界线、土地权属界线、单线线状地物、地类界线分割形成的地块。

(4)划分不同耕地坡度分级界线(主要是田坎)分割形成的不同坡度级耕地地块。

(5)划分耕地中梯田、坡耕地的界线分割形成的梯田地块、坡耕地地块。

当各种界线重合时，依行政区域界线、土地权属界线、地类界线的高低顺序，只表示高一级界线。

行政区域界线、土地权属界线作为符号使用时不视为图斑界线；作为非符号使用时视为图斑界线。

2. 建设用地图斑的划分

1)城市

根据建设部门定义，以非农业和非农业人口聚集为主要特征的居民点称为城市，包括按国家行政建制设立的市。土地调查中城市用地是指城市建成区或附属于城市的建设用地。

(1)城市建成区图斑划分原则。

城市建成区，指市政府所在地的基础设施和地面建筑物(构筑物)已经配套建成的地区，并具备城市功能(政治功能、交通功能、经济功能、文化功能等)，建筑连接基本成片并由市政部门直接管理的区域。包括市辖区建成区。

城市建成区划定，目前还没有一个很严格的划分标准。根据对城市的定义，划分城市建成区用地范围有以下原则：一是以近期的遥感影像为依据，以建成区中心向外，建筑物基本连成一片的，其边缘界线为城市用地图斑；二是可参照市政部门直接管理的区域，其边缘界线为城市用地图斑；三是城市基础设施(公共交通、桥梁、停车场等交通设施；自来水、雨水污水排放和处理等水资源与给排水设施；煤气、热力、电力等能源设施；邮政、通信等通信设施；工业及民用垃圾运输和处理等环境设施；消防、救护、公共安全等防灾设施)比较完备区域边缘界线为城市用地图斑。城市建成区内的农村居民点(城中村)视为城市建成区。

建成区内的耕地、园地等农用地及水域(江、河、湖泊)不视为城市建成区。

(2)其他城市建设用地图斑划分原则。

其他城市建设用地，是指与城市建成区不相连，且附属于城市的建设用地。如近郊区已基本具备城市功能，基础设施和地面建筑物(构筑物)已经配套建成的区域、卫星城、大学城、开发区、住宅社区、休闲度假场所、工业用地、仓储用地等的建设用地也视为城市建成区。其外围界线为城市用地图斑。

2)建制镇

镇是经国家批准设镇建制的行政地域。镇是建制镇的简称。我国的镇是包括县人民政府所在地的建制镇(不含县城关镇)和县以下的建制镇。建制镇是城市的范畴。具体讲，城镇指规模小于城市、以从事非农业生产活动为主有一定规模的居民点，既是人们生活居住的地点，又是从事生产和其他活动的场所。设有一级政府组织。

建制镇用地与城市用地类似，建制镇用地调查分为两部分：一部分为镇政府所在地建成区；另一部分为附属于建制镇的其他建制镇建设用地。

(1)建制镇建成区图斑划分原则。

镇政府所在地建成区外围界线为建制镇建成区图斑。不包括穿过建制镇的河流、公路、铁路用地及农用地。

建制镇建成区内的农村居民点视为建制镇建成区。

(2)其他建制镇建设用地图斑划分原则。

其他建制镇建设用地,指与建制镇建成区不相连,且附属于建制镇的建设用地界线为建制镇用地图斑。如工业用地、住宅小区、仓储用地等的建设用地。

3)村庄

村庄是指城市和建制镇用地以外的乡、村非农建设用地,包括连片的农村居民点,以及附属于农村居民点且不与其相连的其他非农建设用地,如住宅用地、工业用地、仓储用地等建设用地皆为村庄用地图斑。

(1)农村居民点内外及所属的为其服务的学校、村办企业、供销社等用地视为村庄用地。

(2)农村居民点内的国有土地,如信用社等非农建设用地视为村庄用地。

(3)与农村居民点边缘相连的零星树木、晾晒场、猪圈、堆草用地等视为村庄用地。

(4)村庄用地范围以外的农业建设用地不视为村庄用地。

4)采矿用地

采矿用地是指用于采矿(如露天煤矿)、采石、采砂(沙)场、盐田、砖瓦窑等地面生产用地及尾矿堆放地(如露天煤矿剥离土堆放地)。不包括采矿的地下部分及用于加工、办公、生活、交通等的建设用地。实际采矿用地(不是设计范围)范围界线为采矿用地图斑。

5)风景名胜及特殊用地

该地类图斑指城镇村庄用地以外,包括名胜古迹、旅游景点、革命遗址、自然保护区、地质公园等风景名胜区域及其管理机构、住宿餐饮、休闲娱乐设施用地等;军事设施、涉外、宗教、监教、殡葬等的建设(建筑物、构筑物)用地。该区域建设用地以外的地类按《土地利用现状分类》标准划分。

6)其他图斑

其他建设用地图斑,指上述建设用地以外的铁路、公路等的建设用地。

6.5.3 图斑最小上图面积标准

1. 图斑最小上图面积标准

图斑最小上图面积:建设用地和设施农用地实地面积 200 m^2;农用地(不含设施农用地)实地面积 400 m^2;其他地类实地面积 600 m^2,荒漠地区可适当减低精度,但不得低于 1 500 m^2。对于有更高管理需求的地区,建设用地可适当提高调查精度。

对于大于上图标准的图斑都要上图表示,对于小于上图标准的图斑可综合到相邻地类图斑中。

2. 零星地类和破碎耕地的调查

1)零星地物调查

零星地物是指耕地中小于最小上图图斑面积的非耕地或非耕地中小于最小上图图斑面积的耕地。零星地物可不调查。对零星地物较多地区,可根据本地区实际情况自行制定具体调查方法,开展调查。

2)破碎耕地调查

对于这种类型的耕地，每一小块耕地都不够上图标准，耕地虽然地块小、质量差，但若不调查，当地就没有耕地或耕地减少很多；但若每一小块都调查，工作量非常大，也不便于操作。对于破碎耕地，若需要调查时，必须到野外实地调查。具体可采取两种方式处理。

方式一：在实地目估，当认为耕地比例大于60%时(多一半为耕地时)，将混在一起的耕地和裸岩石砾作为一个图斑调查和表示，地类确认为耕地，裸岩石砾用系数扣除。

方式二：在实地目估，当认为裸岩石砾比例大于60%时(多一半为裸岩石砾时)，将混在一起的耕地和裸岩石砾作为一个图斑调查和表示，地类确认为裸岩石砾，耕地用系数扣除。

6.5.4　梯田、坡耕地调绘

对坡度大于2°的耕地，不但要将耕地的位置、范围、权属性质等调绘在调查底图上，还要将耕地划分为梯田和坡耕地两种类型。由于梯田、坡耕地中的田坎数量、表现形式、规律等差异很大，因此，采用田坎系数扣除田坎面积时，需要对梯田、坡耕地分别测算田坎系数和扣除，以保证测算田坎系数和扣除田坎面积的准确。为此，调查时需要明确耕地的梯田、坡耕地类型，对梯田、坡耕地单独划分图斑。

1. 梯田类型

梯田指在坡地上沿等高线由人工修筑的比较规整的台阶式农田。梯田边缘一般用土或石料垒成地坎。梯田可拦蓄雨水、防止水土流失，对农田的高产、稳产有很大作用。

2. 坡耕地类型

坡耕地指坡地上基本没有或有少量(与梯田比)田坎(自然形成或人工修建)的农田。坡耕地易水土流失，对农业生产有一定影响。

对梯田、坡耕地混在一起的，当两者都大于最小上图标准时，须分别调绘，划分图斑；当其中之一小于最小上图标准时，可综合到另一类型中。

6.5.5　图斑调绘的精度

图斑的明显界线与DOM上同名地物移位不得大于图上0.3 mm，不明显界线不得大于图上1.0 mm。

6.5.6　图斑编码及标注

1. 图斑编码

为了读图、用图的方便，对数据库输出的土地利用图，统一以行政村为单位，从上到下、从左到右对每一个图斑都要标注一个不重复的编码。图斑属性一般包括图斑的坐落、权属单位、权属性质、地类编号、顺序编号、图斑面积等。当图斑为耕地时，还包括基本农田、耕地坡度分级、梯田、坡耕地、田坎系数等。编码采用ab/cd形式：a为图斑顺序编号(不能重复)；b在图斑是基本农田时注J、否则为空；c为图斑地类编号(二级分类)；d为耕地坡度分级代号(用Ⅰ、Ⅱ、Ⅲ、Ⅳ、Ⅴ代表5个坡度级)。当图斑较小时，编码用引线引出，标注在图斑外。

2. 图斑标注

(1)耕地种植属性标注。耕种—GZ、未耕种—WG、休耕—XG、园木—YM、林木—LM、绿化草地—LH、牧草—MC、坑塘—KT。

(2)园地细化标注。对林业部门调查的林区内的园地,按园地调查,如果原土地调查数据库是林地,则标注林区园地—LQYD。

(3)草地标注。对灌木覆盖度大于等于30%小于40%的草地图斑,以及草覆盖度大于等于5%小于10%的草地图斑分别标注,灌丛草地—GCCD,稀疏草地—XSCD。

(4)工业仓储用地细化标注。火电工业用地—HDGY、钢铁工业用地—GTGY、煤矿工业用地—MKGY、水泥工业用地—SNGY、玻璃工业用地—BLGY、电解铝工业用地—DLGY。

(5)城镇村及工矿用地标注。城市—201、建制镇—202,或村庄用地—203。城镇村庄外部的采矿用地、盐田、空闲地和特殊用地应按实地利用现状调查标注,盐田及采矿用地—204,或特殊用地—205;城镇村庄内部的采矿用地、盐田、空闲地和特殊用地根据其坐落标注,城市—201、建制镇—202,或村庄用地—203。对城市、建制镇和村庄范围内的独立工业仓储用地分别标注为"201A""202A"和"203A"。

§6.6 线状地物调查

6.6.1 线状地物调查及要求

线状地物是地类调查的重要内容,是图斑划分的重要依据。线状地物包括河流、铁路、公路、管道用地、农村道路、林带、沟渠和田坎等。线状地物调查包括地类、界线和权属三个方面。

对已登记发证的线状地物如铁路、公路、管道用地等,须严格按登记资料确定线状地物的范围界线、地类、权属性质;未登记发证的,首先应对其进行确权,按确权后的线状地物范围界线、地类、权属性质进行调查。

线状地物宽度大于等于图上2 mm的,按图斑调查。线状地物宽度小于图上2 mm的,调绘中心线,用单线符号表示,称为单线线状地物(以下未作特殊说明的线状地物均指单线线状地物)。单线线状地物除调查其地类外,还须实地量测宽度,用于线状地物面积计算。宽度量测方法和要求为,在实地线状地物宽度均匀处(一般不要在路口)量测宽度,精确到0.1 m,并在调查底图对应实地位置打点标记量测点及其宽度值。当线状地物宽度变化大于20%,形成不同宽度的线状地物时,须分别量测线状地物宽度,并在实地变化对应调查底图位置垂直线状地物绘一短实线,分隔宽度不同的线状地物;线状地物与土地权属界线、地类界线重合时,线状地物调绘在准确位置上,其他界线只标绘最高级界线。

6.6.2 线状地物宽度范围的确定

为了确定线状地物的面积,要在实地量取线状地物的宽度,长度可在图上量取。为了保证线状地物面积的准确性和精度,要掌握线状地物宽度范围的确定方法和要求是十分必要的。下面介绍经常遇到的部分线状地物宽度的确定方法和要求。

1. 河流

河流主要由水面、河滩、河堤构成。能用图斑表示的用各地类图斑分别表示,面积由图斑来计算。不能用图斑表示时,调绘中线位置,实地量测宽度,其宽度范围如图6-8所示。

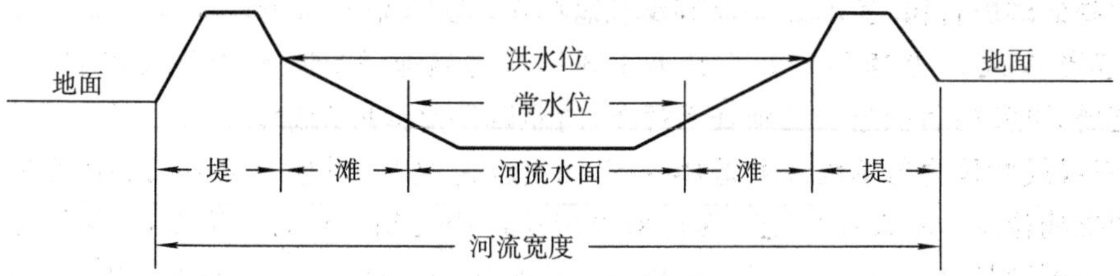

图 6-8　河流的横断面

2. 铁路(公路、农村道路)

铁路、公路、农村道路类型相似,其用地范围包括路基、道沟、紧邻的成行护路树木等。其宽度量测范围如图 6-9 所示。

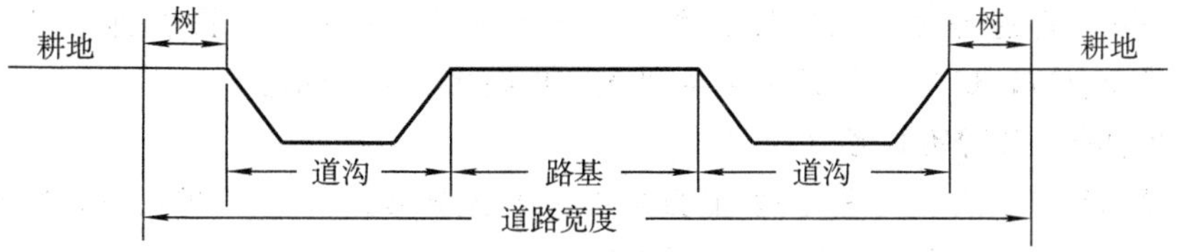

图 6-9　道路的横断面

3. 沟渠

沟渠用地包括渠槽、堤。无论是否有水,均量测其上沿宽度,当有堤时量测到堤外侧坡脚处,如图 6-10 所示。

6.6.3　线状地物之间关系的处理

为了使图面清晰、表示合理及面积量算的方便等,应合理处理线状地物之间的关系。线状地物之间关系处理主要为不同线状地物并行时宽度范围的确定和要求。

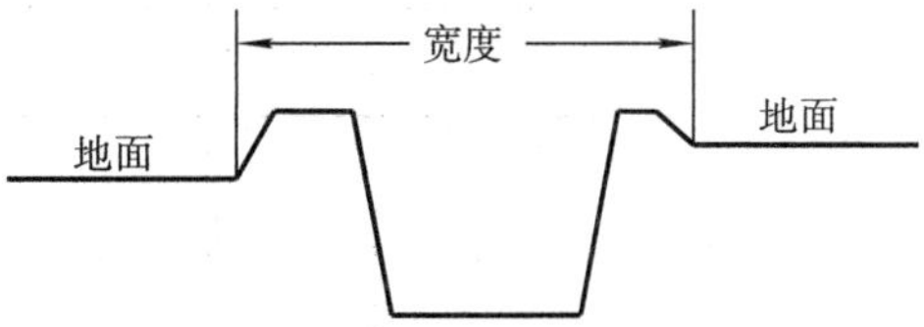

图 6-10　沟渠宽度量测示意

1. 不同线状地物并行时的处理

现以河流、道路、沟渠并行时为例,说明线状地物并行时的主要处理方法和要求。图 6-11 为河流、道路、沟渠并行时的横断面。处理的基本原则是一般不进行取舍,而是根据不同情况采取不同的处理方式。

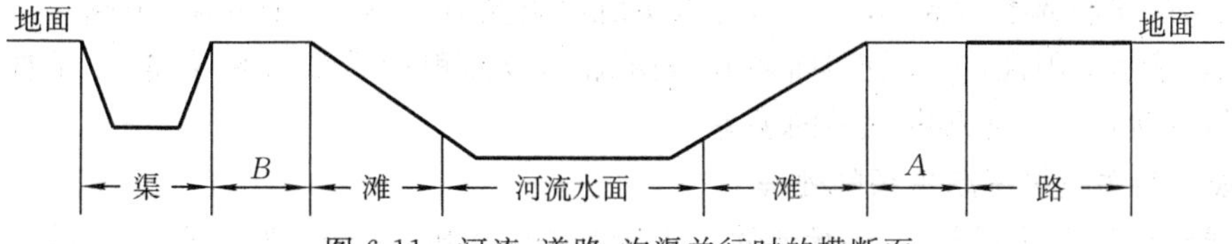

图 6-11　河流、道路、沟渠并行时的横断面

(1)河流、道路、沟渠均为双线依比例尺线状地物时,均要调绘在工作底图准确位置上。线状地物之间的 A 或 B 处的各种地类视影像分辨地类清晰程度的处理原则是:① 按实地现状进行调绘;② 当 A 或 B 不存在,即并行线状地物基本连为一体时,路或渠的一条边线(一般为人工修建的)可代替滩的一条边线;③ 可按主要地类进行综合,如主要为生长的杂草,掺杂一些耕地(小于最小上图标准的)等其他零星地类,则可综合为“其他草地”地类;④A 或 B 处为紧

邻线状地物的防护行树，各 1/2 综合到线状地物中，大于两行，且行距大于 4 m 时按林带或林地调查；⑤当 A 或 B 处地类为大于最小上图标准的耕地、园地，且为狭长形状时，图上难以表示清楚的，可实测面积记录在调查手簿上，内业面积量算时扣除。

(2)双线线状地物与单线线状地物并行，如河流为双线、渠为单线时，双线线状地物调绘在工作底图准确位置。单线线状地物视与双线线状地物的相对位置关系不同，采取不同的处理方法。处理原则是，按准确位置调绘或离双线线状地物边界 0.2 mm 标绘，以双线线状地物为图斑界线。具体原则为：①单线线状地物标绘在准确位置，A 处的地类按上述方法处理；② 当 B 不存在，即并行线状地物基本连为一体时，单线线状地物离双线线状地物边线 0.2 mm 标绘，并以边线准确的双线线状地物边线为图斑界线。

(3)均为单线线状地物并行。依河流、铁路、高速公路、国道、干渠、县(含)以上公路、农村道路、沟渠、林带、管道等为主次顺序。主要线状地物调绘在工作底图准确位置，并为图斑界线，次要线状地物按准确位置调绘或离主要线状地物 0.2 mm 标绘。

2. 线状地物交叉时的处理

线状地物交叉时，从上向下俯视，上面的线状地物连续表示，下面的线状地物断在交叉处，如图 6-12 所示。面积计算时，只计算上面线状地物的面积。

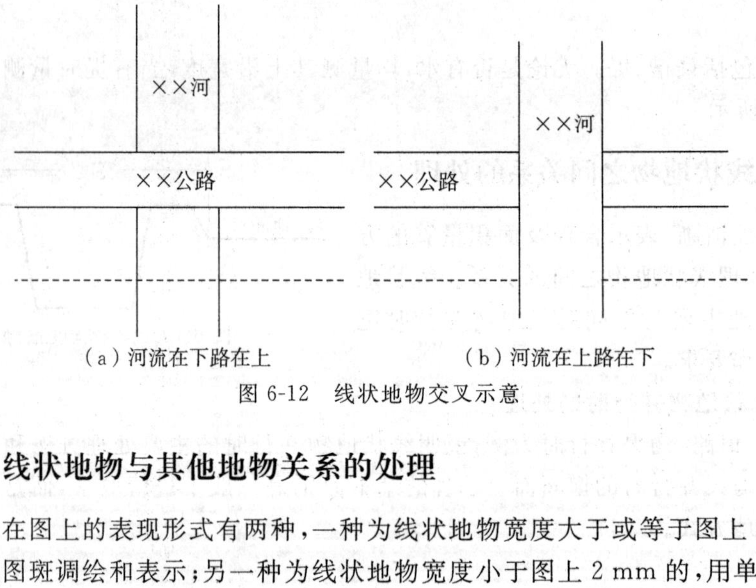

(a) 河流在下路在上　　(b) 河流在上路在下

图 6-12　线状地物交叉示意

6.6.4　线状地物与其他地物关系的处理

线状地物在图上的表现形式有两种，一种为线状地物宽度大于或等于图上 2 mm 时，用双线依比例尺按图斑调绘和表示；另一种为线状地物宽度小于图上 2 mm 的，用单线符号半依比例尺调绘和表示。因此，为了使图面清晰、表示合理及面积量算的方便等，应合理处理线状地物之间、线状地物与其他地物之间的关系。

1. 线状地物与居民点关系的处理

(1)线状地物穿过城市时，线状地物一般断在城市外围界线处，如图 6-13 所示。

(2)河流、铁路、高速公路、国道、干渠、县(含)以上公路等线状地物穿过农村居民点时，线状地物应连续调绘并计算其面积，如图 6-14 所示。

(3)农村道路、沟渠等线状地物穿过农村居民点时。线状地物断在居民点外围界线处，如图 6-14 所示。

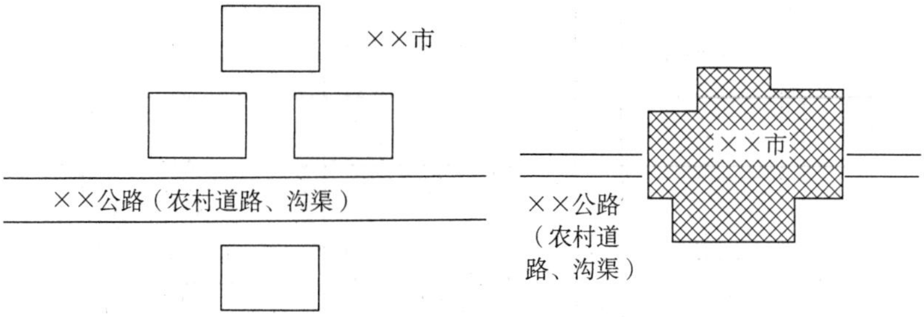

（a）实地　（b）图上

图 6-13　线状地物穿过城市

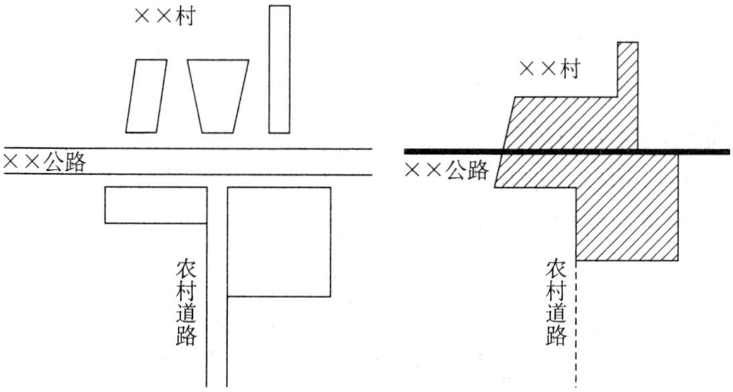

（a）实地　（b）图上

图 6-14　线状地物穿过农村居民点

(4)线状地物与居民点并行有两种情况。

其一，当间距大于等于图上 2 mm 时，线状地物、居民点边线均应调绘在工作底图准确位置，线状地物能用双线表示的用双线表示，不能用双线表示的用单线线状符号表示，其间的地类按现状调查，如图 6-15 所示。

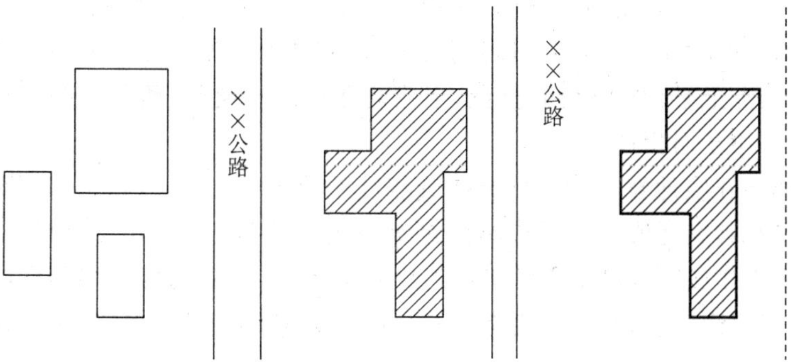

（a）实地　（b）图上

图 6-15　线状地物与居民点并行(间距大于等于图上 2 mm)

其二，当间距小于图上 2 mm 时，线状地物调绘在工作底图准确位置，线状地物能用双线表示的用双线表示，不能用双线表示的用单线线状符号表示。中间地类综合到居民点中，如果线状地物是以单线表示的，在计算面积时居民点图斑面积应扣除作为图斑界线线状地物面积的一半，如图 6-16 所示。

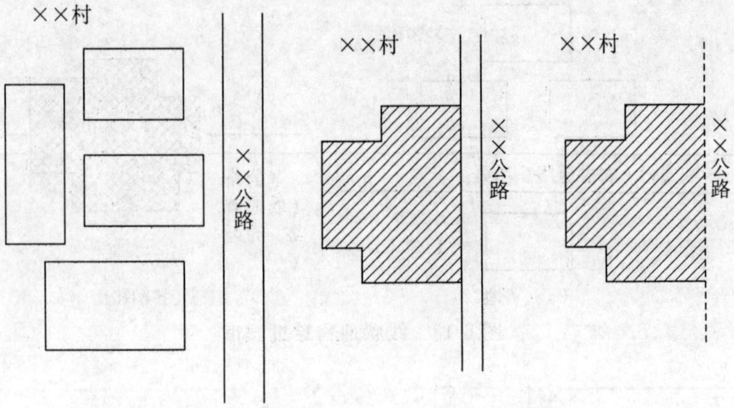

（a）实地　　　　　　　　　　　（b）图上

图 6-16　线状地物与居民点并行(间距小于图上 2 mm)

2. 线状地物穿过隧道时的处理

线状地物穿过隧道时,线状地物断在隧道两端,隧道内线状地物可用虚线表示,如图 6-17 所示。面积计算时,隧道内线状地物面积不计算。

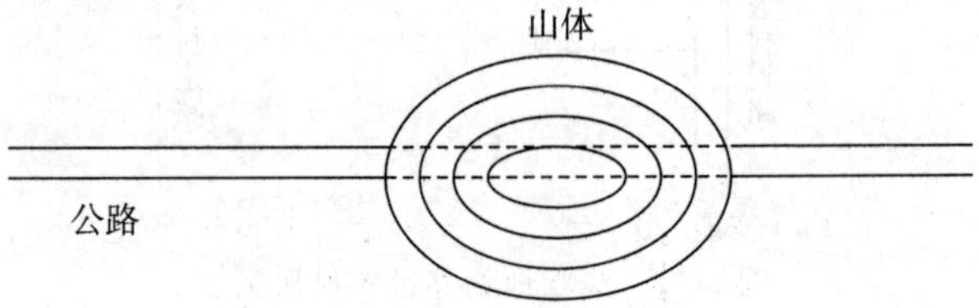

图 6-17　线状地物穿过隧道

6.6.5　线状地物编码注记与要求

线状地物属性主要包括线状地物的坐落、权属单位、权属性质、类型、面积等,这些属性注记在数据库中。为了读图、用图的方便,在图上只对部分属性进行编码注记。编码采用 ab/c 形式:a 为线状地物编号;b 为权属性质,国有为 G、集体为 J 或不注;c 为地类编号。编码标注方法:在宽度量测点上平行线状地物标注,字头朝北(东北)或西(西北);在非宽度量测点上只标注其宽度(主要用于面积计算)。

单线线状地物在实地宽度均匀处量测其宽度精确到 0.1 m,并在工作底图对应实地位置打点标记量测点和其宽度值。当线状地物宽度变化大于 20%时,分别量测线状地物宽度,并在实地变化对应工作底图位置垂直线状地物绘一短实线,分隔宽度不同的线状地物。当线状地物较长时,为了用图方便,相隔一段距离可注记其宽度,但不需打点以示区别。具体注记方式如图 6-18 所示。

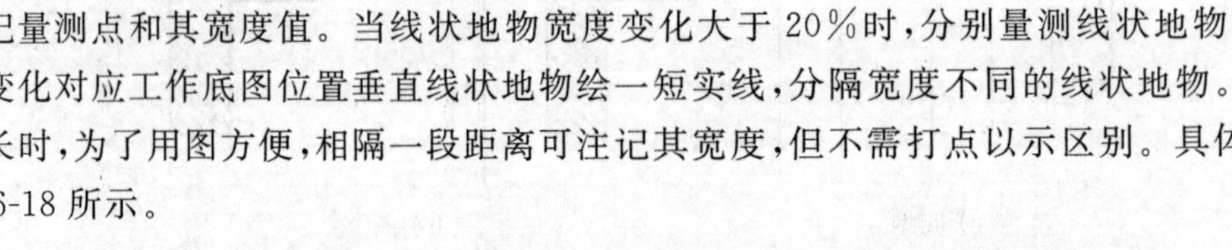

图 6-18　线状地物在图上的表示

§6.7　地物补测

6.7.1　补测方法

地物补测方法很多，根据被补测地物大小、形状、难易、被补测地物四周已知明显地物点状况等采用不同的补测方法。常用的补测方法主要有简易补测法和仪器补测法。

1. 简易补测法

简易补测法分为简易直接补测法和简易间接补测法两种。

1)简易直接补测法

简易直接补测法是地物补测的常用方法。一般使用钢尺或皮尺、圆规、笔、三角尺等简单测量工具，将地物补测到调查底图上。有比较法、截距法、距离交会法、直角坐标法、延长线截距法等。该方法适用于补测地物较小或较规整，而且四周有较多的实地与影像对应的明显地物点作为控制的地区。

2)简易间接补测法

简易间接补测法指利用收集的与补测地物有关的图件资料，如设计图、竣工图等，将图件资料上的有关调查内容，采用透绘法、转绘法等方法，标绘在调查底图上的方法。主要适用于已有相关资料的地区。

2. 仪器补测法

仪器补测法指利用平板仪、全站仪、卫星定位信号接收机等仪器设备进行地物补测的方法。该方法适用于补测地物范围大、不规整及用简易补测法无法补测的情况。对于大型新增线状地物，如高速公路、铁路、工矿企业等，一般应采用仪器补测法。

6.7.2　补测精度要求

1. 距离丈量精度要求

用皮尺或钢尺丈量距离时，单位为 m，保留 1 位小数。往返或单程两次丈量的相对误差不大于 1/200。

2. 平面位置精度要求

补测的地物点相对邻近明显地物点距离中误差，平地、丘陵地不得大于 2.5 m，山地不得大于 3.75 m，最大误差不超过两倍中误差。

§6.8　耕地坡度分级及田坎系数测算

6.8.1　耕地坡度分级

1. 耕地坡度级别的划分

耕地坡度分级是反映耕地地表形态、耕地质量、生产条件、水土流失的重要指标之一，因此耕地坡度是调查的重要内容。根据耕地所在地面坡度，耕地分为五个坡度级(上含下不含)，如表 6-7 所示，坡度小于等于 2°的视为平地，其他分为梯田和坡地两类。

表 6-7 耕地坡度分级及代码

坡度分级	≤2°	2°～6°	6°～15°	15°～25°	＞25°
坡度级代码	1	2	3	4	5

2. 耕地坡度划分方法

1)坡度图法

将土地利用图与地形图套合,室内根据地形图上等高线,利用坡度尺,测算各耕地图斑所在的坡度或坡度级,由此形成耕地坡度图。

2)DEM 生成法

利用 DEM 生成坡度图,将坡度图与土地利用数据库叠加,计算耕地图斑的概率坡度、平均坡度、最大坡度、最小坡度或优势坡度。

6.8.2 田坎系数测算

1. 田坎与田坎系数

耕地中北方大于等于 2 m、南方大于等于 1 m 的地坎(含耕地中田埂、地埂)称为田坎。

田坎系数,指田坎面积占扣除其他线状地物后耕地图斑面积的比例(%)。田坎系数的大小随着耕地所处位置(丘陵、山区)、类型(梯田、坡耕地)和利用方式(水田、旱地)等的不同而不同。一般规律是,耕地所在的地面坡度越大田坎系数越大;梯田比坡耕地的田坎系数大;山区比丘陵的田坎系数大。

田坎系数由省(区、市)统一组织测算,由省级土地调查办公室制定本省田坎系数测算方案,报全国土地调查办公室批复后,统一组织测算,测算结果是检查验收内容之一。

2. 田坎系数测算方法

1)分区

对完整省(区、市)辖区,按地貌类型划分为丘陵、山区、高山区不同的地貌类型区域。分区时尽可能不打破完整县或乡辖区。对特殊地区,可进一步细分地貌类型区域。将地貌类型划分为丘陵、山区和高山区三类,具体划分指标如表 6-8 所示。根据表 6-8 将省地貌类型进行统一分区。

表 6-8 地貌类型划分

名称	绝对高度/m	相对高度/m	地貌特征
丘陵	—	＜200	没有山脉形体,低岭宽谷
山区	＜3 500	200～1 000	有山脉形体,但分割破碎
高山区	≥3 500	≥1 000	峰尖、坡陡、谷深、山高

2)分组

在每个区内,根据不同的坡度级和耕地类型组合进行分组,如表 6-9 所示。

表 6-9 样方分组

地面坡度		2°～6°		6°～15°		15°～25°		＞25°	
耕地类型		梯田	坡地	梯田	坡地	梯田	坡地	梯田	坡地
地貌类型	丘陵	1 组	2 组	3 组	4 组	5 组	6 组	7 组	8 组
	山区	9 组	10 组	11 组	12 组	13 组	14 组	15 组	16 组
	高山区	17 组	18 组	19 组	20 组	21 组	22 组	23 组	24 组

由表 6-9 可看出，根据地貌类型、耕地坡度分级、耕地类型，一般情况组合可分为 24 个组。对于特殊地区，如散列式非耕地、散列式耕地等，可进一步分组。

3）确定样方

在每个组内，布设不少于 30 个均匀分布的样方，单个样方面积不小于 0.4 hm^2（6 亩）。布设的样方须在调查底图上标注，同一组的样方从影像上看应基本一致。样方一般为完整图斑。

4）田坎测量

在确定的样方内，在实地丈量南方大于等于 1.0 m、北方大于等于 2.0 m 的每一条田坎的长度和宽度，按长乘以宽计算每一条田坎面积。若影像清晰，田坎长度可在调查底图上量取。当某条田坎的宽度不均匀时，需分段丈量宽度，计算其平均宽度。将每一条田坎的长度、宽度和计算的田坎面积，填写在样方田坎系数测算表上，如表 6-10 所示。

表 6-10　样方田坎系数测算表

区：　　组：　　样方编号：　　县：　　乡：　　村：　　图幅号：　　耕地类型：

坡度级：　　单位：m(0.0)；m^2(0.0)

田坎				其他线状地物			
编号	长	宽	面积	编号	长	宽	面积
1	2	3	4	5	6	7	8
合计				合计			
样方面积：				田坎系数：			
草图：				备注：			

量测人：　　日期：　　检查人：　　日期：　　第　页共　页

填表说明：①本表以样方为单位填写；②样方田坎系数＝田坎面积合计/(样方面积－其他线状地物面积合计) 100%；③草图栏，实地绘制样方及样方内的田坎和其他线状地物位置、编号等；④备注栏，填写需要备注的有关内容。

5）田坎系数计算

样方面积采用耕地图斑面积(或实测面积)。根据样方内的田坎总面积除以样方耕地图斑面积(或实测面积)计算每一个样方的田坎系数。将计算结果填写在样方田坎系数测算表上。

6）平均田坎系数计算及要求

为了保证样方田坎系数的准确性和代表性，同一组样方各田坎系数，最大值与最小值相差不超过 30%。符合要求时，同一组样方系数的算术平均值即为该组耕地的田坎系数；不符合要求时，需查找原因或重新选择样方。平均田坎系数计算填写在田坎系数表上，如表 6-11 所示。

表 6-11 田坎系数表

省： 区：

坡度级	样方类型	样方田坎系数总和	样方数	田坎系数	坡度级	样方类型	样方田坎系数总和	样方数	田坎系数
2°～6°	梯田				6°～15°	梯田			
	坡地					坡地			
15°～25°	梯田				＞25°	梯田			
	坡地					坡地			

备注：

计算人： 日期： 检查人： 日期：

填表说明：①依据表 6-10 计算不同区、坡度、耕地类型田坎系数；②平均田坎系数＝样方田坎系数总和/样方数；③备注栏，填写需要备注的有关内容。

§6.9 城镇村庄内部土地利用现状调查

6.9.1 准备工作

1. 收集资料

收集调查范围内的地籍调查、地名地址、城镇村庄规划、城镇村庄大比例尺地形图、土地审批、土地供应、土地登记、土地整治、国土执法监察等相关资料。

2. 调查底图制作

1)城镇内部土地利用现状调查底图制作

以数字正射影像图(DOM)为基础，结合地籍调查、地名地址、城镇规划图及地形图等资料，采用数据转换、抽取或数字化等方法，制作城镇内部土地利用现状调查底图。

2)村庄内部土地利用现状调查底图制作

以 DOM 为基础，结合村庄地籍调查、地名地址、土地整治等资料，采用数字化或数据转换、抽取等方法，主要绘制村庄调查范围内的公用道路、水塘、成片林木等村庄土地利用框架，制作村庄内部土地利用现状调查底图。

6.9.2 地类调查

1. 城镇内部土地利用现状地类图斑调查

1)图斑调绘

以城镇内部土地利用调查底图为基础，按照工作分类，依据城镇宗地的用途，参照城镇规划的功能分区等，结合影像特征，综合判定土地利用类型，合并土地利用类型一致的宗地，初步调绘城镇土地利用现状图斑。

(1)特大型的企事业单位，内部土地利用类型明显不同且分割的界线(如市政道路、河流等)明显的，可以依据工作分类划分成多个图斑。

(2)城镇内部的快速路、主干路、次干路及支路等市政道路用地按照城镇村道路用地图斑调查。

(3)行政机关、企事业单位、住宅小区等内部道路归并到坐落图斑。

(4)临街门面等归并到城镇道路外的相邻图斑。

(5)城镇内部符合上图面积要求的耕地、园地、林地、草地、水域及其他土地图斑等按土地利用现状调查。

(6)城镇内部的全部图斑,属于城市的标注"201",属于建制镇的标注"202"。

2)外业核实

参考城市地形图单位注记、土地审批、土地供应、土地登记、土地整治、国土执法监察和其他相关资料,结合实地查勘,核实城镇土地利用现状图斑的准确性。针对外业核实发现的问题,修正城镇土地利用现状图斑边界和地类属性等内容。

2. 村庄内部土地利用现状图斑调查

1)图斑调绘

以调查底图为基础,依据村庄地籍调查(宅基地及集体建设用地使用权调查等)成果,按照工作分类,结合影像特征,判定土地利用类型,初步调绘村庄内部土地利用现状图斑。

(1)村庄内部超过上图面积的耕地、园地、林地等土地按土地利用现状图斑调绘。

(2)房前屋后不够上图面积的空地、晒场、树木及宅基地之间的通道等可归并到相邻的宅基地图斑。

(3)村庄内部符合上图面积的水塘宜按照使用特征,以生活用水为主的水塘可归并到相邻的建设用地图斑,以农业生产用水为主的水塘应调绘坑塘水面。

(4)穿越村庄的公路、河流、铁路等,不作为村庄内部的图斑进行调绘。

(5)村庄内部的全部图斑应标注"203"属性。

2)外业核实

以村庄地籍调查、土地登记、土地承包经营权登记、林权登记、土地整治、国土执法监察和其他相关资料为依据,结合实地查勘,核实村庄内部土地利用现状图斑的准确性。针对外业核实发现的问题,修正村庄内部土地利用现状图斑边界和地类属性等内容。

6.9.3 城乡土地利用现状图斑衔接

1. 衔接内容

以调查底图为基础,衔接城乡土地利用现状图斑,重点做好城镇村庄调查范围与农村土地利用现状调查范围、国有土地图斑与国有土地图斑、国有土地图斑与集体所有土地图斑、集体所有土地图斑与集体所有土地图斑、城镇村庄道路图斑与农村道路图斑等界线位置和属性内容的衔接。

2. 衔接要求

(1)城镇村庄土地调查范围、界线与农村土地利用现状调查范围、界线应无缝衔接。

(2)城镇村庄内部土地利用现状图斑与农村土地利用现状图斑的地类应无缝衔接。

(3)城镇村庄内部土地利用现状图斑与农村土地利用现状图斑相互衔接时,应以低精度图斑界线服从高精度图斑界线位置为原则,在允许误差范围内,应综合考虑图斑衔接的圆滑性和协调性。

(4)城镇村庄道路与农村道路相互连通时,应各自独立划定图斑,同时要保持道路表现时的完整性。

§6.10 专项用地调查

6.10.1 海岛调查

海岛指四面环水,大潮平均高潮线以上露出水面的陆地。调查时只对面积大于等于500 m^2、不与大陆相连的海岛进行调查与统计。海岛范围调查至零米(0 m)等深线。

海岛调查的基本原则是,调查底图覆盖到的,调绘在底图上;调查底图覆盖不到的,依据相关资料确定其位置(经纬度),仅对海岛的名称(无名称的可编号)、地类和面积等进行统计。

1. 有人居住海岛调查

对有固定人口长期居住的海岛,必须登岛到实地调查,调查方法和要求与在大陆调查相同。

2. 无人居住海岛调查

对距离海岸较近的无人居住的海岛,一般都有一些资料,可不登岛实地调查,依据影像、地形图、有关资料等调查。

3. 海岛与大陆关系处理

因围海、修建港口、筑坝、建堤等,已与大陆相连的海岛视为大陆,不作为海岛调查和统计,如厦门岛,现已成半岛;对于修桥与大陆相连的海岛,仍按海岛调查和统计。

对已明确归属某一行政区域的海岛,海岛的调查和统计在该行政区域,如有的海岛调查统计在乡级,有的在县级、有的在省级等。对归属有争议的海岛,属于省内的,由省协调处理;属于省之间的,由国家协调处理。

4. 无名称海岛调查

对于有名称的海岛按名称进行调查和统计;对于无名称的海岛,按编号和地理位置(经纬度)进行调查和统计。

5. 远离海岸海岛调查

对于远离海岸的海岛,能收集到有关资料时,按有关资料调查;收集不到任何资料时,可不进行调查。

6.10.2 基本农田调查

1. 基本农田的概念

《基本农田保护条例》规定:"基本农田,是指按照一定时期人口和社会经济发展对农产品的需求,依据土地利用总体规划确定的不得占用的耕地。""基本农田保护区,是指为对基本农田实行特殊保护而依据土地利用总体规划和依照法定程序确定的特定保护区域。"

2. 基本农田调查方法

1)收集资料

收集土地利用总体规划图、基本农田划定图件或档案、基本农田调整图件和依据,以及其他涉及基本农田的资料。

2)扫描套合

将收集的基本农田划定、调整图件扫描，在数据库中与土地利用现状图套合，套合结果向划定的基本农田部门汇报，按其要求对套合结果进行调整。

3)上图标绘

根据最终的套合结果，将划定基本农田图件上基本农田的位置、范围、地类标绘在土地利用现状图上，在农村土地调查数据库中建立基本农田数据层。

4)面积计算

在农村土地调查数据库中，计算基本农田面积，填写相应表格。

5)审核确认

将基本农田面积数据、地类报基本农田划定部门审核确认。

6.10.3　耕地细化调查

对永久基本农田范围以外的耕地图斑，参考相关部门的有关资料，根据耕地的位置和立地条件，开展耕地细化调查并标注，河道耕地—HDGD、湖区耕地—HQGD、林区耕地—LQGD、牧区耕地—MQGD 和沙荒耕地—SHGD。

6.10.4　批准未建设的建设用地调查

1. 调查范围

调查范围包括部综合信息监管平台中“批准未建设的建设用地”范围界线内的图斑。

2. 调查方法

按照实地现状，全面查清“批准未建设的建设用地”调查范围内土地的地类、分布和权属状况。

6.10.5　耕地质量等级调查评价和耕地分等定级调查评价

在耕地质量调查和评价的基础上，将最新的耕地质量等级调查评价和耕地分等定级评价成果落实到土地利用现状图上，对评价成果进行更新完善。

§6.11　土地利用现状变更调查

土地利用现状变更调查是在完成全国土地调查并建立土地利用现状数据库的基础上，每年对土地利用现状变化情况进行的调查。变更调查统一的更新时点为每年的 12 月 31 日，主要任务包括土地利用等变化情况的调查，以及相关数据库的更新。更新方法一般地区采用综合调绘法和实地补测的方法。

6.11.1　变更的总体要求

统一时点更新仅对从完成调查时间到统一时点之间的农村土地利用现状变化部分进行变更，对未发生变化的部分不得擅自变更。调查界线未发生变化时，土地调查控制界线和面积不得改动。

6.11.2 变更调查方法

1. 调查底图制作

国家采用最新卫星遥感数据制作统一时点的数字正射影像图(DOM),与全国土地调查DOM和土地调查数据库套合,提取新增建设用地图斑。以县级行政辖区为调查单元,在统一时点DOM上套合新增建设用地图斑,制作统一时点调查底图。

2. 内业比对

县级调查单位组织收集有关土地利用、土地权属以及相关专项调查等方面变化的数据资料。利用国家下发调查底图,与全国土地调查数据库套合比对,提取其他地类变化图斑。结合土地整治、用地审批、执法监察等各类用地管理信息,在内业预判的基础上确定需要举证的变更图斑,制作统一时点调查工作底图和数据。

3. 变更调查

在内业预判的基础上对发生变化的图斑进行变更调查。包括权属调查和土地利用现状调查,调查的方法和要求与全国土地调查相同。

4. 更新图斑举证

原则上,国家内业提取的变化图斑及其他更新的图斑,在外业调查时需实地举证。

1)图斑举证要求

(1)实地拍摄包含定位坐标和拍摄方位角等信息的图斑举证照片,报送至统一举证平台。

(2)对国家内业提取图斑,地方实地调查地类与国家影像判读地类不一致的,需实地举证。

(3)原则上以下重点地类变化图斑需实地举证,包括相对于原土地调查数据库新增的建设用地、原有耕地内部二级地类发生变化的,以及原有农用地调查为未利用地的图斑。

(4)地方自主调查新增的变化图斑原则上应实地举证,拍摄实地照片,并在举证软件的在线“天地图”影像上,简单调绘大致图斑范围,填写举证图斑编号,编号应与数据库中的图斑编号保持一致。

(5)对由于纠正精度及图斑综合等原因造成的偏移、不够上图面积或狭长地物图斑,可不举证;对同一条道路或沟渠等线性地物的图斑,可选择典型图斑实地举证,其他图斑备注说明。

2)举证照片拍摄要求

(1)举证照片应在图斑实地拍摄,拍摄方向能够反映图斑实际利用现状。

(2)举证照片包括图斑全景照片、局部近景照片、利用特征照片三类。对调查地类与影像不一致区域应拍摄局部近景照片举证,根据需要拍摄农作物特征或新增建设用地内部及设施农用地内部等利用特征照片举证。

6.11.3 地类核查

1. 地类图斑核查

利用DOM、举证照片和相关资料,检查更新图斑地类、边界、范围和属性是否真实准确。对未按照要求拍摄举证照片的图斑,以及图斑地类(或标注属性)与DOM和实地举证照片不一致的,认定为错误图斑。

(1)对照实地现状,对国家内业提取图斑的位置、范围、地类等逐一进行核实;对于统一时点前已拆除的国家内业提取图斑，维持原地类不变。

（2）对国家内业提取图斑之外的变化图斑，应实地准确核实变化图斑的位置、地类、范围等，对确实发生变化的，按照实地地类进行更新。

2. 错误图斑整改

对地类核查认定的错误图斑进行整改。对确属调查错误的，修正调查结果；对举证材料不完备的，补充相关举证材料，并对整改成果再次进行核查。

3. 外业核查

对复核结果仍有疑问的，开展外业核查。对复核和外业核查确认错误的，直接修改数据库。

6.11.4　数据增量更新

1. 更新内容

（1）空间数据更新，包含调查界线、权属界线、地类数据及专项调查数据的更新。

（2）属性数据更新，由空间范围更新带来的属性数据更新及其他属性更新。

2. 更新方法

以统一时点前形成的县级土地调查库及专项调查数据库为基础，依据内外业成果，更新数据库，提取变化图斑，并依据变化图斑汇总变化信息，生成更新数据包。

3. 数据库更新要求

（1）数据库更新采用的土地调查数据库及专项调查数据库应通过国家检查。

（2）通过数据库更新生成的变化信息以及汇总形成的更新数据包，应符合数据库更新有关标准与技术规定。

（3）数据库更新过程中，涉及发生变化的图形，应保证变化前总面积与变化后总面积完全一致。未变化的图形面积不得改变。

（4）更新后的数据库所有地类面积之和，应等于相应调查区域、权属单位控制面积，同时等于更新前数据库汇总总面积。

（5）数据库更新所生成的各项统计汇总表，应保证图数一致，符合汇总逻辑要求，同一数据在不同表格中应一致。

（6）专项调查数据的更新，采用整图层更新的方法，将相关信息更新之后，作为单独图层存储。

（7）数据库更新后，应进行数据库质量检查与汇总。

思考题

1. 农村土地权属调查的主要内容有哪些？
2. 权属调查时权属争议如何处理？
3. 《土地权属界线协议书》的主要内容有哪些？
4. 土地权属界线在图上如何表示？
5. 如何进行地类调查？其精度有何要求？
6. 简述主要地类的影像特征。

7. 什么是地类图斑？如何划分地类图斑？

8. 地类图斑的最小上图标准如何规定？

9. 在图上如何对图斑进行编码和注记？

10. 耕地是如何分级的？

11. 举例说明，如何在实地量测线状地物的宽度？

第 7 章　面积量算

面积量算是不动产权籍调查和土地利用现状调查的重要内容，指水平面积量算，其内容包括宗地面积、各地类面积、宗地内建筑面积，以及房屋面积等量算与面积汇总统计。准确的土地面积是进行不动产管理、土地规划、编制国民经济计划、工程建设规划等的基础，也是加强不动产权籍工作、合理征收不动产税的依据。面积量算是为不动产登记发证、汇总统计、出让、转让、征用土地等提供宗地和房屋准确面积数据的技术服务性工作。面积量算结果经土地登记后，具有法律效力。

§7.1　面积量算的方法

面积量算方法一般分为解析法和图解法两种。解析法是根据实测的边长或界址点坐标数值计算宗地面积的方法，包括坐标法和几何图形法；图解法是在图上量取求积所需元素或直接在图上量取面积的方法，包括图解坐标法、光电面积量测仪法、求积仪法、几何法、方格网法及网点法等。本节主要介绍坐标法、几何图形法和求积仪法三种方法。

7.1.1　坐标法面积计算

坐标法面积计算适用于计算多边形面积，它包括坐标解析法和坐标图解法。坐标解析法中各界址点坐标数据都是野外实测，坐标图解法中坐标数据均由图纸上量测得到。

如图 7-1 所示，有多边形 $ABCDE$，各顶点坐标分别为 $A(x_A, y_A)$，$B(x_B, y_B)$，…，$E(x_E, y_E)$，现求其面积。由图可知，多边形 $ABCDE$ 面积可由诸梯形面积得来

$$
\begin{aligned}
P_{ABCDE} &= P_{A_0ABCC_0} - P_{A_0AEDCC_0} = P_{A_0ABB_0} + P_{B_0BCC_0} - (P_{CC_0D_0D} + P_{DD_0E_0E} + P_{EE_0A_0A}) \\
&= (X_A + X_B)(Y_B - Y_A)/2 + (X_B + X_C)(Y_C - Y_B)/2 + \\
&\quad (X_C + X_D)(Y_D - Y_C)/2 + (X_D + X_E)(Y_E - Y_D)/2 + \\
&\quad (X_E + X_A)(Y_A - Y_E)/2
\end{aligned}
$$

化为一般形式可得面积计算公式为

$$2P = \sum_{i=1}^{n}(X_i + X_{i+1})(Y_{i+1} - Y_i)$$

$$2P = \sum_{i=1}^{n}(Y_i + Y_{i+1})(X_{i+1} - X_i)$$

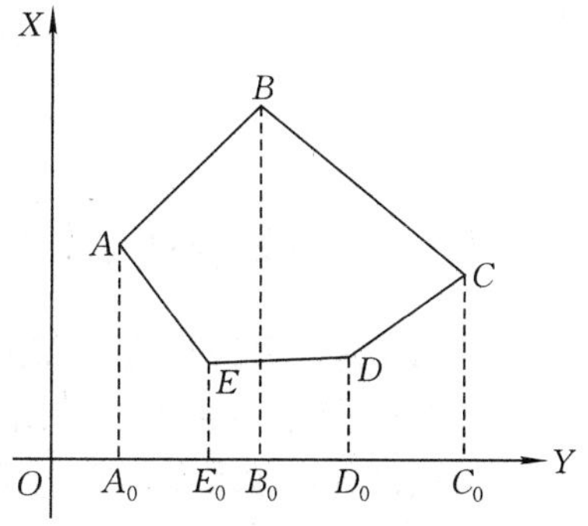

图 7-1　坐标法面积计算

7.1.2　几何图形法面积计算

几何图形法面积计算是指将需要面积量算的图形分割成若干便于量算的简单图形，如三角形、矩形、梯形等，在实地或图上量取边长、角度等要素，用数学公式来计算简单图形面积，再累加得到图形总面积。

1. **三角形面积计算**

如图 7-2 所示，三角形 ABC，三边长分别为 a、b、c，高为 h，则面积计算公式为

$$P = \frac{1}{2}ah$$

$$P = \sqrt{S(S-a)(S-b)(S-c)}$$

其中，$S = \frac{1}{2}(a+b+c)$。

2. **矩形面积计算**

如图 7-3 所示，有矩形 $ABCD$，边长分别为 a 和 b，则面积计算公式为

$$P = ab$$

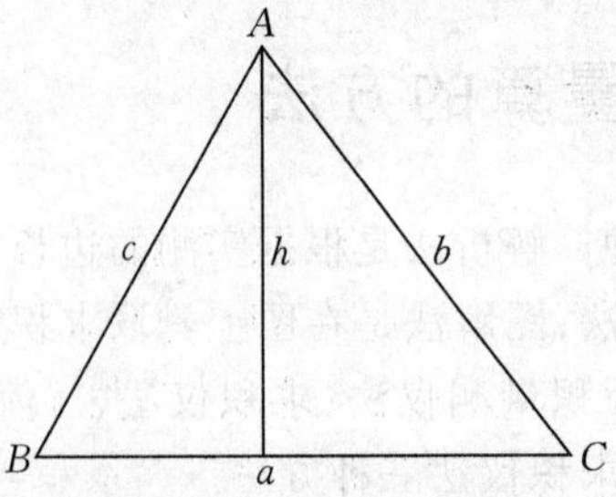

图 7-2　三角形面积计算

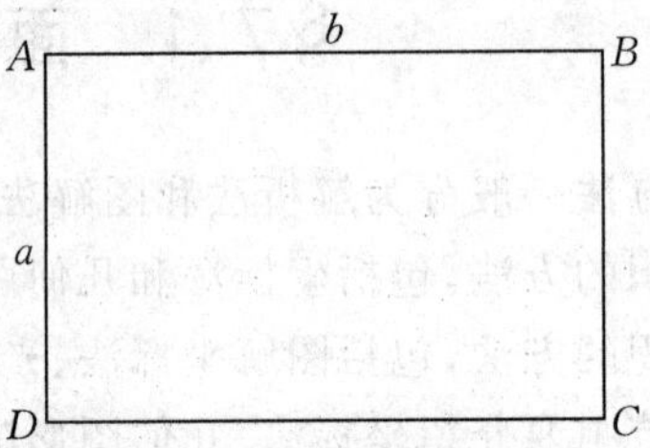

图 7-3　矩形面积计算

3. **梯形面积计算**

如图 7-4 所示，有梯形 $ABCD$，两个底边长分别为 a 和 b，高为 h，则面积计算公式为

$$P = \frac{1}{2}(a+b)h$$

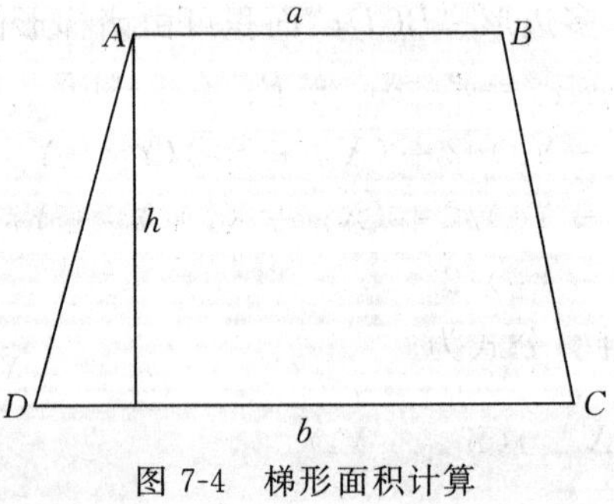

图 7-4　梯形面积计算

7.1.3　求积仪法面积计算

求积仪是一种专门进行图上量算面积的工具，其特点是量测速度快、操作简便、便于携带，适用于面积较大、外形不规则图形的量算。

求积仪有机械求积仪和电子求积仪两种。机械求积仪是根据机械传动原理设计，主要依靠游标读数获取图形面积。随着电子技术的迅速发展，在机械求积仪的基础上增加了脉冲计数设备和微处理器，从而形成了电子求积仪，它具有精度高、效率高、直观性强等特点，越来越

受人们的青睐，已逐步取代了机械求积仪。下文以 KP-90N 动极式电子求积仪为例说明求积仪的构造及其测量面积的方法。

1. **求积仪的构造**

KP-90N 动极式电子求积仪组成部分包括动极、动极轴、功能键、显示屏、跟踪臂（测杆）和跟踪放大镜，如图 7-5 所示。

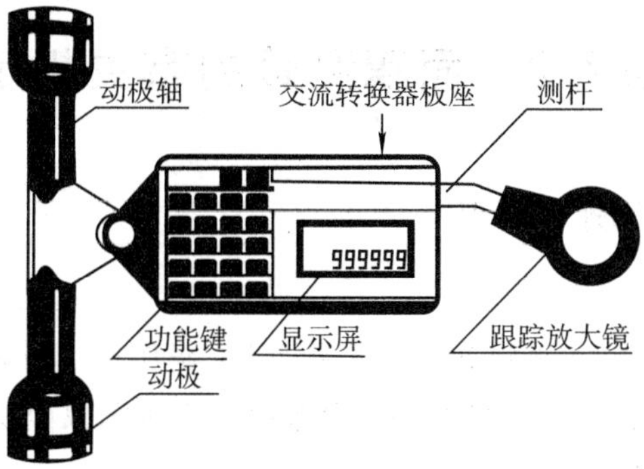

图 7-5　求积仪的构造

2. **求积仪的使用**

（1）打开电源。按“ON”键，显示“0”。

（2）选择单位制、单位。由“UNIT-1”“UNIT-2”两个键决定。按“UNIT-1”键可以选择国际单位制、英制及日制三种单位制。而各单位制又有三种不同的单位，如国际单位制中有 km、m、cm 三种，按“UNIT-2”选择。

（3）设置比例尺。比例尺按 1∶x 的格式设置，其中 x 是输入参数。例如选择 1∶100，则 $x=100$，设置的方法是先按“100”；再按“SCALE”键，显示“0”；按“R-S”键，显示“10 000”（为比例尺分母的平方数）；确认比例尺 1∶100 已设立。

（4）安置图纸和电子求积仪。安置求积仪时，先将图纸固定在平整的图板上，然后将跟踪放大镜放在图纸的中间位置，并使动极轴与键盘边缘成 90°，将求积仪的跟踪放大镜在图纸上试运行，使之移动平滑无阻。

（5）测量面积。在测算面积范围内的边界线设起点 A，并使跟踪放大镜中心点与起始点 A 重合。按“START”键，跟踪放大镜中心沿边界线按照顺时针方向移动，最后回到起点 A，按“HOLD”键固定所测算的面积值，完成一次面积测算工作，所测面积直接显示在显示屏上。

7.1.4　面积量算中的倾斜改正和高差改正

1. **倾斜改正**

地球表面不是一个平面，若地面起伏不大，可近似地看成是一个水平面，但如果地面起伏比较大时就不能简单地看成是一个水平面了。我们量算的面积都是水平投影面积，这时与实际地面倾斜面积会相差较大，要求得真实地面面积就要进行倾斜改正。

设量算的水平投影后面积为 P_0，实际地面倾斜面积为 P，地面的坡度角为 α（弧度），则有

$$P = P_0(1+\alpha^2/2)$$

2. 高差改正

因图上量算的是在高程归化投影面上的面积，当地块与归化投影面有高差 H 时，实地面积 P 与图上量得面积 P_0 有如下近似关系

$$P = P_0(1 + 2H/R)$$

式中：R 为地球平均曲率半径，可取 6 371 km；H 为实际地面与归化投影面之间的高差。

§7.2 面积测算的有关规定

7.2.1 土地面积控制与平差

1. 控制面积

依据调查确定的坐标系、比例尺和调查控制界线，制作标准分幅控制界线图，计算图幅内各区域控制面积。整幅图幅理论面积可从表中查取。破幅图幅面积是以图幅理论面积为控制计算的图幅内本方椭球面面积。

依据调查控制界线制作本调查区域图幅理论面积与控制面积接合图表，如表 7-1 所示，计算本调查区域控制面积。调查区域控制面积为本次调查区域内所有整幅和破幅图幅面积之和。

2. 平差原则

面积平差遵循“从整体到局部，层层控制，分级量算，块块检核，逐级按面积成比例平差”的原则，即分级控制，分级量算和分级平差。

(1)按两级控制，三级量算。第一级，以图幅理论面积为首级控制。当各区块(街坊或村)面积之和与图幅理论面积之差小于限差时，将闭合差按面积比例配赋给各区块，得出各分区的面积。第二级，以平差后的区块面积为二级控制。当测算完区块内各宗地(或图斑)面积之后，其面积之和与区块面积之差小于限差时，将闭合差按面积比例配赋给各宗地(或图斑)，则得出宗地(或图斑)面积的平差值。

(2)在图幅或区块内，采用解析法测算的地块面积，只参加闭合差计算，不参加闭合差的配赋。

3. 平差方法

由于测量误差等原因，测算出来的各地块面积之和与控制面积不等，其差值称为闭合差，若在限差内则可以进行平差配赋。

$$\Delta P = \sum_{i=1}^{n} P'_i - P_0$$

$$K = -\Delta P / \sum_{i=1}^{n} P'_i$$

$$V_i = KP'_i$$

$$P_i = P'_i + V_i$$

式中：ΔP 为面积闭合差；P'_i 为某地块量测面积；P_0 为控制面积；K 为单位面积改正数；V_i 为某地块面积的改正数；P_i 为某地块平差后的面积。

表 7-1 ×××图幅理论面积与控制面积接合图表

单位：平方米(0.0)

图幅理论面积 1∶5 000	图幅理论面积 1∶2 000	纬度	经度 110°0′0″	经度 110°0′37.5″	经度 110°1′15″	经度 110°1′52.5″ — 110°3′45″	纬度	界内横向累加值 1∶2 000 破幅个数	1∶2 000 破幅面积	1∶2 000 整幅个数	1∶2 000 整幅面积	1∶2 000 总面积	1∶5 000 破幅个数	1∶5 000 破幅面积	1∶5 000 整幅个数	1∶5 000 整幅面积	1∶5 000 总面积
6 791 830.1	754 590.8	32°25′00″	673 057.5 I49I517193 (81 533.3)	163 924.4 I49I517194 (590 666.4)b	239 245.3 I49I517195 (515 345.5)	××县 I49H173066 (4 611 750.0) 2 180 080.1 ××县	32°25′00″	3	1 187 545.2	0	0	1 187 545.2	1	4 611 750.0	0	0	4 611 750.0
	754 647.8	32°24′35″	(139 416.7) I49I518193 615 231.1	I49I518194	I49I518195		32°24′35″	1	139 416.7	2	1 509 295.6	1 648 712.3					
	754 704.7	32°24′10″	(163 416.7) I49I519193 395 738.4 195 549.6	I49I519194	I49I519195		32°24′10″	1	163 416.7	2	1 509 409.4	1 672 826.1					
6 793 367.3		32°23′45″ 32°22′30″	3 245 673.3 (3 547 694.0) I49H174065 ××县			(3 257 681.8) 999 318.2 I49H174066 2 536 367.3	32°23′45″ 32°22′30″						2	6 805 375.8	0	0	6 805 375.8
			110°0′0″	110°0′37.5″	110°1′15″	110°1′52.5″ 110°3′45″	小计	5	1 490 378.6	4	3 018 705.0	4 509 083.6	3	11 417 125.8			11 417 125.8
界内纵向累加值		1∶2 000	384 366.7	2 100 018.9	2 024 698.0		横向合计	15 926 209.4									
界内纵向累加值		1∶5 000	3 547 694.0			7 869 431.8	界内总面积	15 926 209.4									
纵向合计			15 926 209.4														

编制单位：×××× 日期：××××—××—××

平差后的面积应满足检核条件

$$\sum_{i=1}^{n} P_i - P_0 = 0$$

4. 土地分级测算的限差要求

为了保证土地面积测算成果精度，通常按分级和不同测算方法来规定它们的限差。

(1)分区土地面积测算允许误差，按一级控制要求计算，即

$$F_1 < 0.002\,5P_1 = P_1/400$$

式中：F_1 为与图幅理论面积比较的限差，单位为公顷(ha)；P_1 为图幅理论面积，单位为公顷(ha)。

(2)土地利用分类面积测算限差，作为二级控制，分别按不同公式计算。

$$\text{求积仪：} \quad F_2 \leqslant \pm 0.08 \times \frac{M}{10\,000}\sqrt{15P_2}$$

$$\text{方格法：} \quad F_3 \leqslant \pm 0.1 \times \frac{M}{10\,000}\sqrt{15P_2}$$

式中：F_2、F_3 为不同测算方法与分区控制面积比较的限差，单位为公顷(ha)；M 为被量测图的比例尺分母；P_2 为分区控制面积，单位为公顷(ha)。

7.2.2 宗地面积测算规定

1. 不计入用地面积的范围

(1)无明确使用权属的冷巷、巷道或间隙地。

(2)市政管辖的道路、街道、巷道等公共用地。

(3)公共使用的河涌、水沟、排污沟。

(4)已征用、划拨或属于原房地产证记载范围，经规划部门核定需要作市政建设的用地。

(5)其他按规定不计入用地的面积。

2. 土地面积分摊

1)分摊原则

各权利人在获得不动产时已签订合约，明确各权利人应拥有的不动产份额或面积的，登记时则按合约明确的份额或面积计算各权利人的用地面积。

原没有明确各权利人用地面积的，则以各权利人拥有房屋建筑面积按比例分摊土地面积。分摊时先分摊基底面积，再分摊共用面积。

2)分摊方法

分摊基底面积(建筑占地面积)的计算公式为

$$\text{分摊基底面积} = \frac{\text{本栋基底面积}}{\text{本栋建筑面积}} \times \text{权利人建筑面积}$$

分摊共用面积的计算公式为

$$\text{分摊共用面积} = \frac{\text{公共使用面积} - \text{宗地总基底面积}}{\text{宗地总建筑面积}} \times \text{权利人建筑面积}$$

7.2.3　房屋建筑面积测算规定

1. 计算全部建筑面积的范围

(1)永久性结构的单层房屋,按一层计算建筑面积;多层房屋按各层建筑面积的总和计算。

(2)房屋内的夹层、插层、技术层及楼梯间、电梯间等其高度在 2.20 m 以上部位计算建筑面积。楼梯间、电梯(观光梯)井、提物井、垃圾道、管道井等均按房屋自然层计算面积。依坡地建筑的房屋,利用吊脚做架空层,有围护结构的,按其高度在 2.20 m 以上部位的外围水平面积计算。

(3)穿过房屋的通道,房屋内的门厅、大厅,均按一层计算面积。门厅、大厅内的回廊部分,层高在 2.20 m 以上的,按其水平投影面积计算。

(4)房屋天面上,属永久性建筑,层高在 2.20 m 以上的楼梯间、水箱间、电梯机房及斜面结构屋顶高度在 2.20 m 以上的部位,按其外围水平面积计算。

(5)挑楼、全封闭的阳台,按其外围水平投影面积计算。属永久性结构有上盖的室外楼梯,按各层水平投影面积计算。与房屋相连的有柱的走廊,两房屋间有上盖和柱的走廊,均按其柱的外围水平投影面积计算。房屋间永久性的封闭的架空通廊,按外围水平投影面积计算。

(6)地下室、半地下室及其相应出入口,层高在 2.20 m 以上,按其外墙(不包括采光井、防潮层及保护墙)外围水平投影面积计算。

(7)有柱(不含独立柱、单排柱)或有围护结构的门廊、门斗,按其柱或围护结构的外围水平投影面积计算。

(8)玻璃幕墙等作为房屋外墙的,按其外围水平投影面积计算。

(9)属永久性建筑有柱的车棚、货棚等按其柱外围水平投影面积计算。

(10)有伸缩缝的房屋,若其与室内相通的,按伸缩缝面积计算建筑面积。

2. 计算一半建筑面积的范围

(1)与房屋相连有上盖无柱的走廊、檐廊,按其围护结构外围水平投影面积的一半计算。

(2)独立柱、单排柱的门廊、车棚、货棚等属永久性建筑的,按其上盖水平投影面积的一半计算。

(3)未封闭的阳台、挑廊,按其围护结构外围水平投影面积的一半计算。

(4)无顶盖的室外楼梯按各层水平投影面积的一半计算。

(5)有顶盖不封闭的永久性的架空通廊,按外围水平投影面积的一半计算。

3. 不计算建筑面积的范围

(1)层高小于 2.20 m 的夹层、插层、技术层和层高小于 2.20 m 的地下室和半地下室等。

(2)突出房屋墙面的构件、配件、装饰柱、装饰性的玻璃幕墙、垛、勒脚、台阶、无柱雨篷等。

(3)房屋之间无上盖的架空通廊。

(4)房屋的天面、挑台、天面上的花园、泳池。

(5)建筑物内的操作平台、上料平台及利用建筑物的空间安置箱、罐的平台。

(6)骑楼、过街楼的底层用作道路街巷通行的部分。

(7)利用引桥、高架路、高架桥、路面作为顶盖建造的房屋。

(8)活动房屋、临时房屋、简易房屋。

(9)独立烟囱、亭、塔、罐、池及地下人防干、支线。

(10)与房屋室内不相通的房屋间的伸缩缝。

4. 几种特殊情况下,计算建筑面积的规定

(1)同一楼层外墙,既有主墙,又有玻璃幕墙的,以主墙为准计算建筑面积,墙厚按主墙体厚度计算。各楼层墙体厚度不同时,分层分别计算。

金属幕墙及其他材料幕墙,参照玻璃幕墙的有关规定处理。

(2)房屋屋顶为斜面结构(坡屋顶)的,层高(高度)2.20 m以上的部位计算建筑面积。

(3)全封闭阳台、有柱挑廊、有顶盖封闭的架空通廊的外围水平投影超过其底板外沿的,以底板水平投影全部计算建筑面积;未封闭的阳台、无柱挑廊、有顶盖未封闭的架空通廊的外围水平投影超过其底板外沿的,以底板水平投影的一半计算建筑面积。

(4)与室内任意一边相通,具备房屋的一般条件,并能正常利用的伸缩缝、沉降缝应计算建筑面积。

(5)对倾斜、弧状等非垂直墙体的房屋,层高(高度)2.20 m以上的部位计算建筑面积。房屋墙体向外倾斜,超出底板外沿的,以底板投影计算建筑面积。

(6)楼梯已计算建筑面积的,其下方空间不论是否利用均不再计算建筑面积。

(7)临街楼房、挑廊下的底层作为公共道路街巷通行的,不论其是否有柱,是否有维护结构,均不计算建筑面积。

(8)与室内不相通的类似于阳台、挑廊、檐廊的建筑不计算建筑面积。

(9)室外楼梯的建筑面积,按其在各楼层水平投影面积之和计算。

7.2.4 套面积计算与共有建筑面积的分摊

1. 套面积计算(成套房屋建筑面积的测算)

成套房屋的建筑面积由套内建筑面积及共有建筑面积的分摊组成。套内建筑面积由套内房屋的使用面积、套内墙体面积、套内阳台建筑面积三部分组成。

套内房屋的使用面积为套内使用空间的水平投影面积,按以下规定计算:

(1)套内房屋使用面积为套内卧室、起居室、过厅、过道、厨房、卫生间、厕所、储藏室、壁柜等空间面积的总和。

(2)套内楼梯按自然层数的面积总和计入套内房屋使用面积。

(3)不包括在结构面积内的套内烟囱、通风道、管道井均计入套内房屋使用面积。

(4)内墙面装饰厚度计入套内房屋使用面积。

套内墙体面积是套内使用空间周围的维护或承重墙体及其他承重支撑体所占的面积,其中各套之间的分隔墙和套与公共建筑空间的分隔墙及外墙(包括山墙)等共有墙,均按水平投影面积的一半计入套内墙体面积。套内自有墙体按水平投影面积全部计入套内墙体面积。

套内阳台建筑面积按阳台外围与房屋外墙之间的水平投影面积计算。其中封闭的阳台按其外围水平投影面积全部计算建筑面积,未封闭的阳台按水平投影面积的一半计算建筑面积。

2. 共有建筑面积的分摊

1)共有建筑面积的分类

共有建筑面积按是否应当分摊,分为不应分摊的共有建筑面积和应分摊的共有建筑面积。

(1)不应分摊的共有建筑面积包括:独立使用的地下室、车棚、车库;作为人防工程的地下室、避难室(层);用作公共休憩、绿化等场所的架空层;为建筑造型而建、但无实用功能的建筑面积。

建在幢内或幢外与本幢相连,为多幢服务的设备、管理用房,以及建在幢外不相连,为本幢或多幢服务的设备、管理用房均作为不应分摊的共有建筑面积。

(2)应分摊的共有建筑面积包括:作为公共使用的电梯井、管道井、垃圾道、变电室、设备间、公共门厅、过道、地下室、值班警卫用房等,以及为整栋服务的公共用房和管理用房的建筑面积;单元与共有建筑之间的墙体水平投影面积的一半,以及外墙(包括山墙)水平投影面积的一半。

根据房屋共有建筑面积的不同使用功能,应分摊的共有建筑面积可分为三大类:①幢共有建筑面积,指为整幢(包括住宅功能、写字楼功能、商场功能等)服务的共有建筑面积,如为整幢服务的配电房、水泵房等;②功能共有建筑面积,指为某一建筑功能(如住宅、写字楼、商场等)服务的共有建筑面积,如为某一建筑功能服务的专用电梯、楼梯间、大堂等;③本层共有建筑面积,指为本层服务的共有建筑面积,如本层共有走廊等。

2)共有建筑面积分摊的原则

(1)产权双方有合法的权属分割文件或协议的,按其文件或协议规定计算分摊。

(2)无权属分割文件或协议的,根据房屋共有建筑面积的不同使用功能,按相关建筑面积比例进行计算分摊。

3)共有建筑面积分摊的计算公式

共有建筑面积按相关建筑面积比例进行分摊,计算各单元应分摊的面积,计算公式如下

$$\delta S_i = K \cdot S_i$$

式中:δS_i 为各户应分摊的共有公用面积;K 为分摊比例系数;S_i 为参加分摊的各户套内建筑面积。其中,K 的计算方法为

$$K = \sum \delta S_i / \sum S_i$$

4)共有建筑面积分摊的方法

(1)住宅楼:住宅楼以幢(梯)为单元,按各套内建筑面积比例分摊共有建筑面积。

(2)商住楼:将幢应分摊的共有建筑面积,根据住宅、商业不同使用功能,按建筑面积比例分摊成住宅和商业两部分。

住宅部分:将幢分摊给住宅的共有建筑面积,作为住宅共有建筑面积的一部分,再加上住宅本身的共有建筑面积,按住宅各套的建筑面积比例分摊。

商业部分:先将幢分摊给商业的共有建筑面积,加上商业本身的共有建筑面积,按商业各层套内建筑面积比例分摊至各层,作为各层共有建筑的一部分,加至相应各层共有建筑面积内,得到各层总的共有建筑面积。然后,再根据各层各套内建筑面积分摊其相应各层总的共有建筑面积。

(3)综合楼:多功能综合楼共有建筑面积按各自的功能,参照商住楼的分摊方法进行分摊。

§7.3 面积统计汇总

面积量算之后,要将量算的结果按行政单位和权属单位分别进行汇总。汇总土地面积是土地面积量算工作的总结,也是土地登记、土地统计、土地规划等土地管理工作的基础。

面积汇总包括各级行政单位(村、乡、县等)的总体面积汇总,以及依权属单位和行政单位按地类汇总。汇总统计需要以平差后的面积按“逐级汇总”的原则自下而上地进行。

7.3.1 行政单位面积汇总

行政单位面积汇总的基础是村(或街坊)土地面积汇总。所量算图幅上的末级控制(在农村为村或乡,在城镇为街坊或街道)是面积汇总单元。因为使用量算面积的平差值,所以汇总应在控制面积量算之后进行。将同一村(街坊)在各涉及图幅内的控制面积相加,即得该村(街坊)的土地总面积。本村(街坊)总面积与涉及图幅的非本村面积之和,应等于涉及图幅的理论面积之和,并以此作为校核依据。

由校核后的所属各村面积汇总而得乡(镇)的行政总面积,进而由乡得县的总面积。校核方法可仿照村的汇总。

7.3.2 各类土地面积汇总

各权属单位和行政单位的各类土地面积汇总,应在各图幅碎部测量之后进行,汇总单元为各图斑的平差面积。

仍然以图幅为基础,先统计一幅图内村(街坊)的各类土地面积之和,其汇总值应当等于该图幅内村(街坊)的总面积(控制面积),两者互相校核。将各有关图幅内的村(街坊)的土地分类面积之和汇总,即得村(街坊)的土地分类面积。村的各类面积总和应等于村的行政总面积。同法按地类汇总统计乡(镇)和县的各类土地面积,并将乡、县的各类土地面积求和,与乡、县的控制面积互相校核。

7.3.3 汇总统计中的几种地块的处理

(1)飞地。采用飞地通知书通知所属单位,由该单位汇总。

(2)图面上按规定未绘出的零星地,须根据外业调查记载的实勘面积,汇总在相应地类中,并从相邻地类中扣除。

(3)线状地物与上述零星地同样处理,其长度可在图上量出,宽度应是实量值,如宽度不等可分段勘丈。

(4)田坎或田埂也是线状地物,实测的田坎面积计算方法与线状地物相同。但实践中由于田坎数量过多而不能逐个量测,可划分若干类型,依不同类型,抽样实测得出

$$\text{净耕地面积} = \text{毛耕地面积} - \text{田坎面积}$$

从而求得耕地系数

$$K_{\text{耕}} = \text{净耕地面积} / \text{毛耕地面积}$$

或田坎系数

$$K_{\text{坎}} = \text{田坎面积} / \text{毛耕地面积}$$

且

$$K_{\text{耕}} = 1 - K_{\text{坎}}$$

依不同类型求出不同的 K 值,即可在量算出毛耕地面积之后,按上式求出净耕地面积和应扣除的田坎面积。

思考题

1. 常用的面积量算方法有哪些？各有何优缺点？

2. 简述土地面积平差的原则。

3. 简述土地面积分摊的原则。

4. 房屋建筑面积测算时哪些情况不列入计算建筑面积的范围？

5. 成套房屋的建筑面积由几部分面积构成？

6. 不应分摊的共有建筑面积包括哪些？

7. 应分摊的共有建筑面积包括哪些？

8. 一幅梯形分幅的土地利用现状图，图幅理论面积 P_0 为 41 790.0 亩。用求积仪量取图中各村的面积，量取结果为 $P'_A=18\,803.8$ 亩；$P'_B=18\,102.8$ 亩；$P'_C=4\,803.7$ 亩。求平差改正后各村的面积。

9. 面积汇总的原则是什么？如何进行各类土地面积汇总？

第8章　土地调查数据库及管理系统建设

土地调查作为一项重大的国情国力调查，目的是全面查清全国土地利用状况，掌握真实的土地基础数据，并对调查成果实行信息化、网络化管理，建立和完善土地调查、统计制度和登记制度，实现土地资源信息的社会化服务，满足经济社会发展、土地宏观调控及国土资源管理的需要。

土地调查数据库及管理系统建设是土地调查工作的一项主要任务，是土地管理信息化的基础。土地调查数据库管理系统是利用先进的计算机技术、网络技术、地理信息技术，建设准确、动态、高效的共享型土地信息数据库，实现空间数据库共享，为国土资源、建设、规划、管理和社会各行业提供优质和高效的地理空间数据服务。本章以第三次全国国土调查（以下简称"三调"）为行业背景，重点介绍土地调查数据库的建设流程，并围绕县级土地调查数据库建设重点阐述建库的技术要点。

§8.1　目标与任务

8.1.1　主要目标

根据《第三次全国土地调查总体方案》，"三调"是在第二次全国土地调查成果基础上，全面细化和完善全国土地利用基础数据，国家直接掌握翔实准确的全国土地利用现状和土地资源变化情况，进一步完善土地调查、监测和统计制度，实现成果信息化管理与共享，满足生态文明建设、空间规划编制、供给侧结构性改革、宏观调控、自然资源管理体制改革和统一确权登记、国土空间用途管制等各项工作的需要。

8.1.2　主要任务

在第二次全国土地调查成果基础上，按照国家统一标准，建立互联共享的覆盖国家、省、地、县四级的集影像、地类、范围、面积和权属为一体的土地调查数据库，完善各级互联共享的网络化管理系统。具体任务如下。

1. 土地调查与评价

开展土地利用现状调查，包括农村土地利用现状调查和城镇村内部土地利用现状调查；开展土地权属调查，指将城镇国有建设用地范围外已完成的集体土地所有权确权登记和国有土地使用权登记成果落实在土地调查成果中，对发生变化的开展补充调查；开展专项用地调查与评价，包括耕地细化调查、批准未建设的建设用地调查、耕地等别调查评价等。

2. 各级土地利用数据库建设

1）建立四级土地调查及专项调查数据库

国家编制统一的数据库标准及建库规范，以县（市、区）为单位组织开展县级土地调查数据库、耕地细化调查专项数据库、建设用地专项数据库、耕地质量等级和耕地分等定级专项数据库建设，实现对城镇和农村土地利用现状调查成果、权属调查成果和专项调查成果的综合管理。以县级各类数据库成果为基础，省、地级组织建设省、地级土地调查及专项调查数据库；国家组织建设国家级土地调查及专项调查数据库，实现全国土地调查成果和专项调查成果的集成管理、动态入库、统计汇总、数据分析、快速服务、综合查询等功能。

2）建立各级土地调查数据及专项调查数据分析与共享服务平台

基于四级土地调查与专项调查数据库，利用大数据及云计算技术，建设从县到国家的土地调查数据综合分析与服务平台，实现土地调查数据、专项调查数据与土地规划、基础测绘等各类基础数据的互联互通和综合分析应用，结合自然资源管理和国土资源管理需要，开发相关应用分析功能，提高调查成果对管理决策的支撑服务能力。

对于各级数据库的建设方式，应遵循以下规则：县到国家分别建设土地调查数据库及管理系统，以及数据共享服务平台；各级土地调查数据库中数据内容应保持一致，不一致的以国家备案数据为准；地方可以在国家制定的数据库标准基础上进一步细化数据内容、扩展数据库结构，但上报国家数据必须符合国家标准。

3. 成果汇总

1）数据汇总

在土地调查数据库和专项调查数据库基础上，逐级汇总各级行政区划内的城镇和农村各类土地利用数据及专题数据。

2）成果分析

根据“三调”数据，并结合第二次全国土地调查及年度土地变更调查等相关数据，开展土地利用状况分析。对第二次全国土地调查完成以来耕地的数量、质量等级和等别、分布、利用结构及其变化状况进行综合分析；对城市、建制镇、村庄等建设用地利用情况进行综合分析，评价土地利用节约集约程度；汇总形成各类自然资源数据，并分别对其范围内的土地利用情况进行综合分析，为生态文明建设、自然资源管理提供基础依据。根据土地调查及分析结果，各级国土资源管理部门编制“三调”分析报告。

3）数据成果制作与图件编制

基于“三调”数据，制作系列数据成果，编制国家、省、地、县各级系列土地利用图件、图集和各种专题图件、图集等，面向政府机关、科研机构和社会公众提供不同层级的数据服务，满足各行各业对“三调”成果的需求，最大限度地发挥重大国情国力调查的综合效益。

8.1.3　实施原则

1. 统一领导、各负其责

“三调”按照统一领导、各负其责的方式组织实施。国务院第三次全国国土调查领导小组办公室（简称“全国土地调查办”），负责调查工作的组织和领导，协调解决重大问题。各省（区、市）、市（地）、县（区、市）成立相应的领导小组和办公室（简称对应级别的“土地调查办”），制定实施方案和细则，负责本地区调查工作的组织和实施。各有关部门要履行职责、协作配合，共同做好工作。

2. 统一标准、整合资源

全国土地调查办统一制定并发布“三调”技术标准，以及统一调查和建库的程序、方法、成果、精度和验收要求。

开展多层次、全方位的技术培训，合理利用和有效整合社会资源，积极吸收社会机构参与调查工作。充分利用已有的国土资源管理资料和调查成果，保持调查工作的连续性。协调农业、林业、水利等相关部门并参考各部门的调查资料，保证调查成果的适用性。

3. 统筹部署、分步实施

根据“三调”总体方案、实施方案和相关技术标准，全面部署“三调”工作，分阶段完成调查任务。

§8.2 地籍数据库

以现有的地(海)籍数据库为基础，对接与整合土地、房产、海域、土地承包经营权、林木等各类不动产登记数据，建立统一的不动产权籍调查数据库和管理系统，实现不动产权籍调查成果一体化管理。

8.2.1 地籍数据库内容

地籍数据库包括地籍区、地籍子区、土地权属、土地利用、基础地理等数据。其中，土地权属数据包括宗地的权属、位置、界址、面积等；土地利用数据包括行政区(含行政村)图斑的权属、地类、面积、界线等；基础地理数据包括数学基础、境界、交通、水系、居民地等。

8.2.2 地籍数据库建设与维护步骤

地籍数据库建设、更新与维护的主要工作内容包括：准备工作、资料预处理、数据库结构设计、数据采集和编辑处理、数据建库、质量控制、成果输出、文字报告编写、检查验收、成果归档、数据库更新与应用、数据库运行与维护等。

1. 准备工作

准备工作包括制定建库方案，优选建库软件，搭建硬件环境，培训建库人员，熟悉地籍调查成果和土地登记档案，了解成果质检报告和验收结论等。

2. 资料预处理

资料预处理工作包括检查建库资料的完整性，检查权属调查资料的合理性和逻辑一致性，检查坐标系和投影系统，进行必要的坐标变换和投影转换，检查纸介质地籍图图面内容，接边和电子地籍图的分层、属性标记等。

3. 数据库结构设计

地籍数据库结构需根据地籍数据库标准等进行设计。

4. 数据采集和编辑处理

数据采集和编辑处理工作包括图形数据采集和属性数据采集，建立图形数据的拓扑关系，建立图形与属性的逻辑关系，图形编辑和属性编辑，拓扑错误的处理，属性数据的检校，图形与属性逻辑一致性的检校等。

5. 数据库建设

数据库建设，即按照地籍调查数据文件命名规则、空间数据分层要求和属性数据库结构，建立空间数据库和属性数据库，形成标准的数据交换文件、数据字典和元数据文件。

6. 质量控制

质量控制，要求填写建库图历表，遵守建库工艺流程，落实质量保证措施和自检、互检、质检。

7. **成果输出**

成果输出包括地籍图输出，宗地图输出，界址点成果表输出，面积统计汇总成果数据输出，扫描影像文档成果输出，专题图和专题统计汇总成果的输出等。

8. **文字报告编写**

文字报告编写，即编写地籍数据库建设自检报告、工作报告和技术报告。

9. **检查验收**

检查验收阶段，需检查库体结构和内容的完整性、图形分层的正确性、层间和层内图形拓扑关系的正确性、属性内容的正确性、图形和属性的逻辑一致性、数据字典和元数据描述的正确性等，出具验收报告等。

10. **成果归档**

成果归档，即数据库建设成果的整理、立卷、编目、归档等。

11. **数据库更新与应用**

按照土地调查数据库更新标准的要求，应利用日常地籍调查所产生的变更数据对数据库成果进行更新，保持地籍数据库成果的现势性，满足地籍调查成果为政府机关、企事业单位和社会公众服务的需要。

12. **数据库运行与维护**

地籍数据库运行中应对其网络环境、系统软硬件环境、应用系统环境等进行必要的管理、优化、升级、更新与维护，保障地籍数据库的正常运行。

§8.3　土地调查数据库建设

8.3.1　土地调查数据库建设内容

“三调”数据库建设包含各级国土调查、专项用地调查、城市开发边界、生态保护红线、全国各类自然保护区和国家公园界线等各类管理信息数据成果的质检、建库、管理应用，以及数据库管理系统与共享平台建设等工作。国土调查、专项用地调查及其他数据成果应一体化建库，分图层存储。数据库建设采用国家规范标准、地方分级建设、成果统一汇交的模式开展。

1. **县级数据库建设**

县级土地调查办负责组织开展县级土地调查数据库与管理系统建设工作。数据库主要内容包括：基础地理信息、土地利用数据、土地权属数据、永久基本农田数据、专项调查数据等矢量数据，以及数字高程模型（DEM）数据、数字正射影像图（DOM）数据、扫描影像图数据等栅格数据和元数据。

县级数据库建设主要步骤包括数据库建设方案设计、基础数据准备与处理、图形和属性数据采集、数据接边、拓扑关系构建、数据检查与入库等。县级土地调查数据库建设应严格执行国家质量标准，支持“三调”成果公开格式，数据库建设完成后，按照数据汇交程序逐级上交数据成果，并通过国家质量检查。

县级土地调查数据库管理系统，应满足下列要求：能按照“三调”要求开展数据采集与入库工作，支持“三调”规定的数据交换格式；能对土地调查数据进行检查，并具有增加、删除、修改等编辑功能；满足地方日常土地管理工作对土地调查数据的管理需求；数学基础、面积量算方法、数据统计表模板和图件输出格式等符合“三调”要求，支持土地调查数据更新。

2. 地级、省级数据库建设

市（地）级、省级土地调查数据库及管理系统建设，由市（地）级、省级土地调查办组织，逐级开展数据库成果质量检查，以县级土地调查汇交数据库为基础，开展市（地）级、省级土地调查数据的集成整合，建立市（地）级、省级土地调查数据库；构建各级数据库管理系统及数据分析共享服务平台，为县级土地调查数据库的备份、更新、维护、应用和上报等日常工作提供系统支持。

3. 国家级数据库建设

全国土地调查办依据《土地利用数据库标准》《第三次全国国土调查县级数据库建设技术规范（修订稿）》等，设计“三调”数据公开格式，规范建库软件核心功能，建立土地调查数据更新和维护机制，指导地方开展数据库建设与数据成果汇交工作。国家组织开展国家级数据库质量检查，全面检查县级数据库成果质量，并建设“三调”国家级数据库与管理系统，以及土地调查数据分析共享服务平台，实现调查数据的快速汇总及分级分类共享，满足国土资源管理、社会各界对土地调查数据的服务需求。

为统一土地调查数据成果标准，规范土地调查数据库成果质量，确保“三调”各级数据库的顺利汇交和管理系统的正常运行，各地采用的数据库建库软件应在实施建库前通过全国土地调查办组织的测评。全国土地调查办公布测试标准和具体要求，采用统一的测试数据对数据库软件进行测评，并公告测评结果。全国土地调查办组织开展一次集中测评，省级土地调查办可根据本区域数据库建库软件实际情况向全国土地调查办申请组织分批次测评。数据库软件开发单位也可直接向全国土地调查办申请测评，纳入分批次测评。

8.3.2 土地调查数据库建设标准

全国“三调”办编制《国土调查数据库标准（试行修订稿）》《第三次全国国土调查县级数据库建设技术规范（修订稿）》等技术指导性文件，组织各地按照统一的数据库标准，重新建立“三调”数据库；设计“三调”数据公开格式，规范建库软件核心功能；建立国土调查数据更新和维护机制；统一制定数据库质量要求，研发数据库质量控制的相关软件并下发各地；对各省（区、市）数据库建设、质量检查及成果汇交工作给予技术指导；开展各地汇交国土调查成果的国家级质量检查。

1. “三调”新增和细化内容

“三调”新增和细化内容主要包括城镇村内部土地利用现状调查、自然资源调查、湿地调查、耕地细化调查、“批而未用”土地调查、农用地质量分等定级评价调查、城市开发边界及生态红线调查。

2. “三调”分类变化

“三调”分类变化包括两方面：①新增或调整耕地细化、耕地后备资源、开发区、自然保护区、公益林、“批而未用”土地等信息；②关于 05—09 建设用地调查，即 05（商服用地）调查到一级地类，06（工矿仓储用地）、07（住宅用地）调查到二级地类，08（公共管理与公共服务用地）、09（特殊用地）根据需要适当归并或细化。

3. “三调”土地利用数据库标准

“三调”数据库标准的核心包括：土地利用图层维持不变，新增内容用单独图层或扩展属性的方式表达；线状地物主体取消，用图斑的方式表达；同时适用于城镇和农村土地调查。

4. “三调”土地利用数据库结构

(1)三大类图层：土地利用图层、自然资源图层、其他图层。

土地利用图层：土地利用类型、面积、权属。

自然资源图层：滩涂、湿地、矿产、河流、其他自然资源。

其他图层：开发区、自然保护区、城市边界。

(2)标识码核心关联：标识码、关联图斑标识码。

土地利用图层：标识码标注图斑唯一性，并用于挂接扩展属性，关联标识码标注其他图层关联属性。

自然资源图层及其他图层：标识码标注图斑唯一性，并在关联图斑标识码中填写关联图斑标识码。

“三调”数据库核心结构如图 8-1 所示。

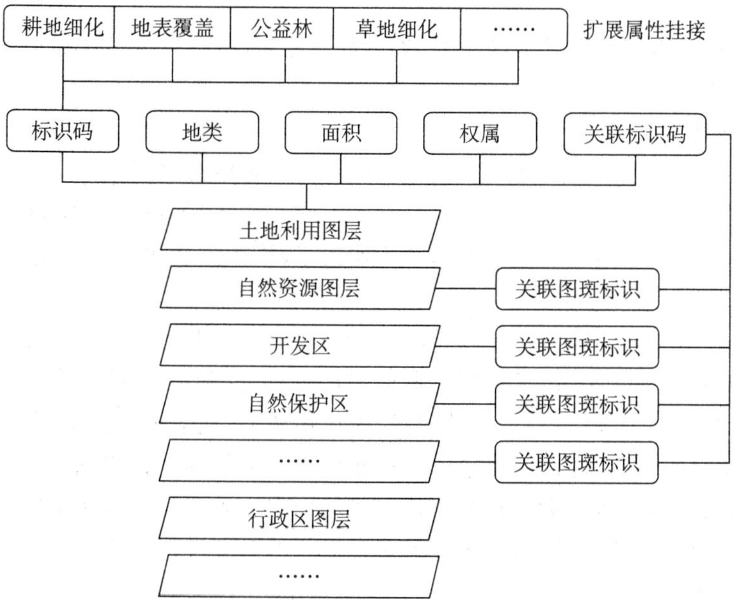

图 8-1　“三调”数据库核心结构

8.3.3　数据库建设流程

1. 底图制作

1)搜集资料

搜集国家下发的遥感影像(分辨率优于 1 m 的航天遥感数据，农村地区)；地方搜集的航空影像(分辨率优于 0.2 m 的航空遥感数据，城镇地区)；国家下发的变化图斑(2000 国家大地坐标系)；最新的变更调查数据库(1∶1 万，2000 国家大地坐标系)；最新的城镇地籍数据库(1∶500，地方坐标系)；各类专题空间数据(自然保护区、城市规划等)。

2)数据处理

数据准备:遥感影像数据准备(1 m 分辨率,国家下发);大比例尺航飞影像准备(0.05 m、0.1 m、0.2 m 分辨率,地方获取)。

数据检查:高分辨率航飞影像与低分辨率遥感影像重叠度精度检查;影像的完整性检查;影像的可读性检查。

影像重采样:保持高分辨率影像不变,用影像处理软件把低分辨率遥感影像采样成高分辨率影像。

影像镶嵌:尽可能多地保留高分辨率、时相新、云量少、质量好的影像;时相相同或相近的影像融合,纹理、色彩要求自然过渡;时相差距较大、地物特征差异明显的影像融合,要尽可能保持接边处过渡自然;两种影像镶嵌时要尽量避开房屋,采用地物特征明显的区域。

影像融合:将采样后 0.2 m 分辨率的遥感影像与 0.2 m 分辨率的航飞影像进行融合。

3)矢量数据处理

矢量数据准备:土地变更调查数据;不一致信息数据;城镇地籍调查数据;专题规划数据;其他专题数据。

矢量数据检查:矢量数据可读性检查;矢量数据完整性检查;矢量数据拓扑检查。

2. 数据采集

1)已有地物调整

线状道路变图斑:采集土地调查数据库中已有的线状地物层数据,同地类同宽度的线性要素通过建立缓冲区的形式进行线转面,通过制定不同场景下的规则,采用自动化处理、人机交互和人工的方式,确保不同等级线状地物的压盖关系、拓扑关系和不同宽度线性要素接边处平滑处理。

地类调整:"三调"地类编码较"二调"的地类编码有所变化,随着地类编码的变化,相应地类有所调整,如图 8-2 所示。需要对变化的地类进行补充、细分。例如,"三调"园地较"二调"园地多出橡胶园,林地多出红树林、森林沼泽、灌丛沼泽,草地多出沼泽草甸。

根据外业调绘的底图,进行内业上图。内业根据矢量数据与相应图斑做裁切处理,处理周围图斑之间的拓扑关系,然后重新计算所切图斑的面积。若有小于最小上图面积的图斑,优先采用相近地类图斑合并的原则,再考虑边界重合最大的原则进行合并。

2)新增地物采集

根据实地情况,灵活采用个人数字助理(personal digital assistant,PDA)直接采集上图、RTK 设备与全站仪测量采集、手工实地测量等多种测量方法。

使用 PDA 进行实地测量,确定达到上图面积,得到矢量数据。内业根据矢量数据与相应图斑做裁切处理,处理周围图斑之间的拓扑关系,然后重新计算所切图斑的面积。若有小于最小上图面积的图斑,优先采用相近地类图斑合并的原则,再考虑边界重合最大的原则进行合并。采集完成后,应利用影像进行比对修正。

使用 RTK 设备与全站仪围绕新增地物四周进行实地打点,得到新增地物的角点坐标,导出为 DAT 文件。然后用相关软件根据角点坐标进行矢量化,得到矢量数据。内业根据矢量数据与相应图斑做裁切处理,处理周围图斑之间的拓扑关系,然后重新计算所切图斑的面积。若有小于最小上图面积的图斑,优先采用相近地类图斑合并的原则,再考虑边界重合最大的原则进行合并。

手工实地测量，得到新增地物的草图。内业根据草图在计算机上矢量化，矢量数据与相应图斑做裁切处理，处理周围图斑之间的拓扑关系，然后重新计算所切图斑的面积。若有小于最小上图面积的图斑，优先采用相近地类图斑合并的原则，再考虑边界重合最大的原则进行合并。由于测量的精度较差，需要利用影像对其再次修正。

02	园地					指种植以采集果、叶、根、茎、汁等为主的集约经营的多年生木本和草本作物，覆盖度大于 50%或每亩株数大于合理株数 70%的土地，包括用于育苗的土地
		0201	果园			指种植果树的园地
				0201K	可调整果园	指由耕地改为果园，但耕作层未被破坏的土地
		0202	茶园			指种植茶树的园地
				0202K	可调整茶园	指由耕地改为茶园，但耕作层未被破坏的土地
	新增地类	0203	橡胶园			指种植橡胶树的园地
				0203K	可调整橡胶园	指由耕地改为橡胶园，但耕作层未被破坏的土地
		0204	其他园地			指种植桑树、可可、咖啡、油棕、胡椒、药材等其他多年生作物的园地
				0306K	可调整其他耕地	指由耕地改为其他园地，但耕作层未被破坏的土地
03	林地					指生长乔木、竹类、灌木的土地及沿海生长红树林的土地，包括迹地，不包括城镇、村庄范围内的绿化林木用地，铁路、公路征地范围内的林木，以及河流、沟渠的护堤林
		0301	有林地			指树木郁闭度≥0.2 的乔木林地，包括竹林地，不包括森林沼泽
				0301K	可调整有林地	指由耕地改为有林地，但耕作层未被破坏的土地
	新增地类	0302	红树林			沿海生长红树植物的林地
		0303	森林沼泽			以乔木森林植物为优势群落的淡水沼泽
		0304	灌木林地			指灌木覆盖度≥40%的林地，不包括灌丛沼泽
		0305	灌丛沼泽			以灌丛植物为优势群落的淡水沼泽
		0306	其他林地			包括疏林地（树木郁闭度≥0.1、<0.2 的林地）、未成林地、迹地、苗圃等林地
				0306K	可调整其他林地	指由耕地改为未成林地和苗圃，但耕作层未被破坏的土地

图 8-2　“三调”新增地类示例

3. 内业建库

1）外业数据导入

（1）PDA 模式。按照工作区把县（区）划分，以工作区数据为底图导入 PDA，进行现场调绘；现场调绘的相关信息输入 PDA，并拍摄现场照片（整体照片、局部照片）；调绘得到的矢量数据导入数据采集软件中；导出的矢量数据进行内业上图；调绘片归档入库（见图 8-3）。

(2)手工草图。按照工作区把县(区)划分,以工作区数据为底图(一般以图幅为单位),进行现场调绘;现场调绘的相关信息用记号笔标注在调绘图上,并拍摄现场照片(整体照片、局部照片);调绘底片扫描成电子版;利用调绘片进行内业上图;调绘片归档入库(见图 8-4)。

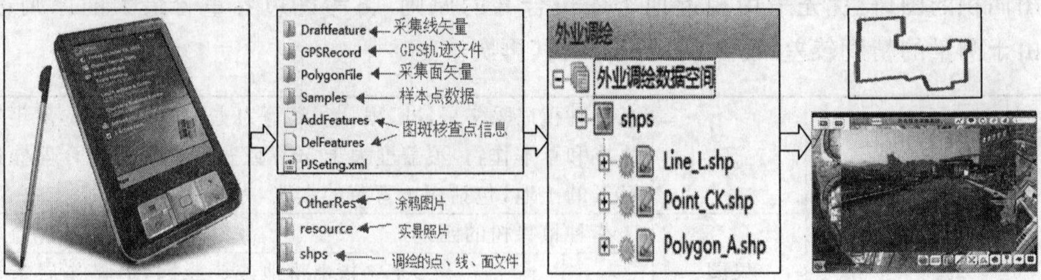

图 8-3 外业数据导入 PDA 模式

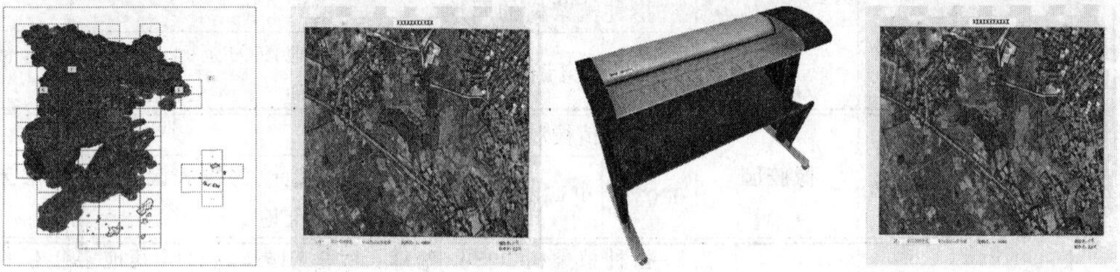

图 8-4 外业数据导入手工草图

2)数据整理

(1)数据检查。调查完整性检查,核查调查区域是否存在部分权属区域未调查(必检项);电子遗漏图斑范围线、编号规范性检查,区县内不得重叠(必检项);电子调查表检查,主要核查表格内容填写是否规范、完整(必检项);电子照片检查,主要检查电子照片质量及是否完整(必检项);宗地图检查,核查绘制宗地图是否规范、完整,要求无证遗漏图斑必须绘制宗地图(选检项);资料逻辑性检查,遗漏图斑总量一致性检查(必检项);遗漏图斑调查表中标明的无证遗漏图斑,宗地图是否齐全(选检项)。

(2)数据汇总。遗漏图斑调查表(外业工作表汇总),根据情况分区域汇总,最终形成全县汇总表(必备项);入库图斑核查表,根据情况分区域汇总,最终形成全县汇总表(选备项);遗漏图斑矢量数据(线、点)汇总,根据情况分区域汇总,最终形成全县汇总矢量数据(必备项)。

3)构建拓扑关系

通过拓扑关系维护数据库中空间数据的一致性和完整性,包括拓扑关系定义、校验、拓扑错误改正及编辑工具。可以自定义拓扑规则的应用范围,允许将拓扑错误设为例外。

4)数据接边(权属界)

将农村集体土地确权登记数据库中确定的权属界线转绘到土地调查底图上。对于城镇以外的独立国有土地使用权界线,应依据集体土地所有权调查成果转绘到土地调查底图上。城镇内部的国有土地使用权界线不调查上图。

权属调查原则上以各行政村为基本单位,对集体土地确权登记到村民小组的,也可按照村民小组的权属界线转绘到土地调查底图上。

在权属界线上图过程中,因成图精度等客观因素,部分权属界线与遥感影像产生位移的,可根据协议书记载转绘至遥感影像相关位置,避免产生细小图斑。

对权属界线发生变化的，按照集体土地所有权和不动产调查相关规定，重新开展权属界线补充调查。

4. **质量检查**

以“二调”及变更调查数据库质量检查体系为基础，国家按照“三调”新要求和新变化，重新梳理与制定“三调”数据库质量检查规则，并按照质量检查规则组织研发质量检查软件。

利用统一下发的数据库质量检查软件开展质量检查。在数据库质检的基础上，国家将采用抽样的方式，人工检查调查数据采集精度情况，如影像套合、地物压盖、城乡接合部线状图斑的结合情况等。

5. **数据汇总**

利用县级数据库管理系统（建库软件），按照汇总规则，直接从数据库汇总相关成果表格，结构如图 8-5 所示。

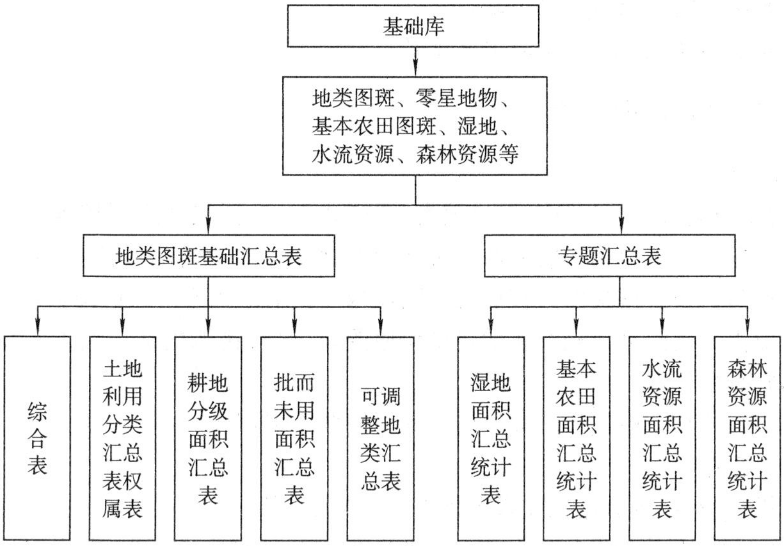

图 8-5　数据汇总结构

6. **成果上报**

将数据库成果统一转化为“三调”要求的公开格式，并按照要求逐级上报。

8.3.4　数据库成果要求

1. **数学基础**

(1)坐标系：采用“2000 国家大地坐标系”。

(2)坐标单位：m。

(3)高程基准：采用“1985 国家高程基准”。

(4)地图投影：采用“高斯-克吕格投影”。

2. **分幅和编号**

(1)1∶500、1∶2 000 标准分幅图或数据按 1.5°分带。

(2)1∶5 000、1∶10 000 标准分幅图或数据按 3°分带。

(3)1∶50 000 标准分幅图或数据按 6°分带。

3. 成果目录

“三调”试点数据库成果以县为单位组织，暂时以文件夹形式逐级提交至市(地)、省、国家，成果主要包括矢量数据库、矢量数据元数据、权属单位代码表、汇总表格、文字报告、扫描资料及数据库检查结果等。具体要求如下：

(1)必选图层齐全，基础地理、土地利用、土地权属、基本农田、自然资源及其他要素完整。

(2)矢量数据、属性数据、栅格数据和元数据命名正确，格式内容符合要求。

(3)数学基础符合“三调”要求。

(4)面、线、面面、面线、线线、面点、线点等图形要素拓扑关系正确。

(5)自然接边，逻辑无缝，同时其属性与拓扑关系保持一致。

(6)地类图斑面积之和与控制面积保持一致。

(7)各要素属性数据正确无误。

(8)各要素层之间的逻辑关系正确。

(9)图形要素与属性表记录对应关系正确。

8.3.5 成果内外业核查

1. 核查目的

对建好的土地调查数据库进行图斑地类、图斑边界、标注属性进行核查，对错误的调查成果进行整改，确保全国土地调查成果的真实性和准确性。具体检查要求如下：

(1)图斑地类核查。核查“三调”地类与国家内业提取地类不一致的图斑。

(2)重点地类变化图斑。核查新增建设用地图斑、原有耕地内部二级类变化图斑、原农用地调查为未利用地图斑。

(3)标注属性核查。核查图斑标注属性是否按照要求填写。

2. 各级检查内容

(1)县市级自检：县级对调查成果进行100%全面自检。

(2)省级全面检查：县级调查成果、市(地)级汇总成果，由省级土地调查办负责组织全面检查。

(3)国家级核查：全国土地调查办组织对通过省级检查合格的县级调查成果进行全面核查。

3. 核查依据

土地调查数据库成果的核查依据包括：①《国务院关于开展第三次全国土地调查的通知》(国发〔2017〕48号)；②《第三次全国土地调查总体方案》；③《第三次全国国土调查实施方案》；④《第三次全国国土调查技术规程》；⑤《第三次全国国土调查工作分类》；⑥《国土资源部、农业部关于进一步支持设施农业健康发展的通知》(国土资发〔2014〕127号)；⑦《关于深入推进农业供给侧结构性改革做好农村产业融合发展用地保障的通知》(国土资规〔2017〕12号)；⑧《中华人民共和国土地管理法》第五十七条和《中华人民共和国土地管理法实施条例》第二十七条、第二十八条认定的临时用地。

4. 核查流程

对于不能依据影像内业确定图斑边界和地类的，开展互联网在线或实地外业核查工作。复核不能通过的，全国土地调查办组织队伍依据核查结果，对调查成果进行修正，并反馈地方予以确认。地方对全国土地调查办修正结果有异议的，可在15个工作日内提出申诉，未按时申诉的即视为确认。具体核查流程如图8-6所示。

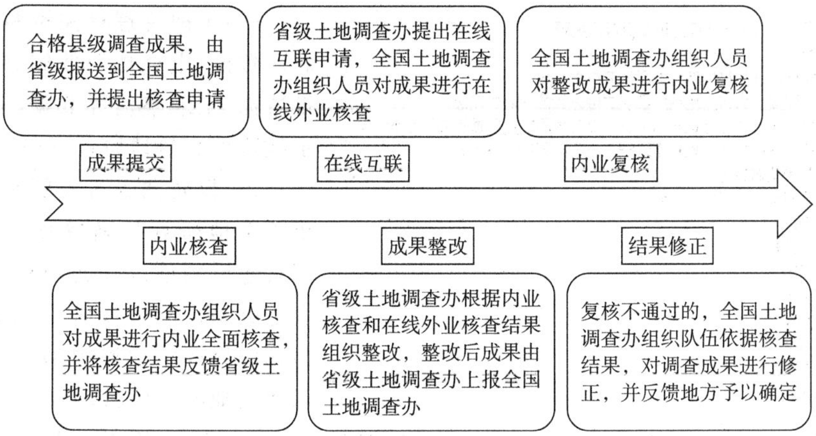

图 8-6　核查流程

1)在线互联

采用在线互联方法确定外业图斑，在外业人员到达后，发送在线互联请求。在线互联过程中，对重要地物进行照片拍摄，照片配有拍照点及影像，以便辅助审核。

2)外业核查

根据整改复核结果，对重点县区、重点地类图斑，进行外业实地核查，检查图斑的地类、边界及范围的正确性。对不能依据影像内业确定图斑边界和地类的图斑，调绘图斑的边界，记录相关属性，为国家直接修正数据库提供基础信息。

国家外业核查不通过的县级成果，国家组织队伍，按照核查意见直接开展数据库修正，并开展数据库质量检查。通过后，视为试点数据成果合格。

§8.4　县级土地调查数据库

8.4.1　资料搜集与内业预判

1. 调查底图下发

国家统一下发的调查底图，主要是在最新的正射影像数据基础上套合县级行政辖区、土地变更调查数据和不一致矢量图斑的基础上制作，供地方开展第三次全国国土调查工作。

(1)影像数据：国家统一下发最新的优于 1 m 分辨率的遥感影像数据，制作调查所需的正射影像图，供地方调查使用。

(2)不一致图斑：将“三调”影像数据叠加最新土地调查数据库(2016 年)，按照工作分类，比对影像判读图斑地类，提取数据库地类与影像判读地类明显不一致的图斑。

(3)县级行政辖区：国家统一确定省级调查控制界线、控制面积，统一下发提供给各省。对于下发界线与实地位置不符的，需向国家请示汇报，待国家核实。省级组织确定县级控制界线及控制面积，报国家备案审核。

(4)土地变更调查数据库样例如图 8-7 所示。

2. 调查资料收集(地方核实补充、地方收集)

(1)基础调查资料：包括影像数据(0.2 m 分辨率的遥感影像数据)和基础地类数据(地形图、地名等基础地类资料)。

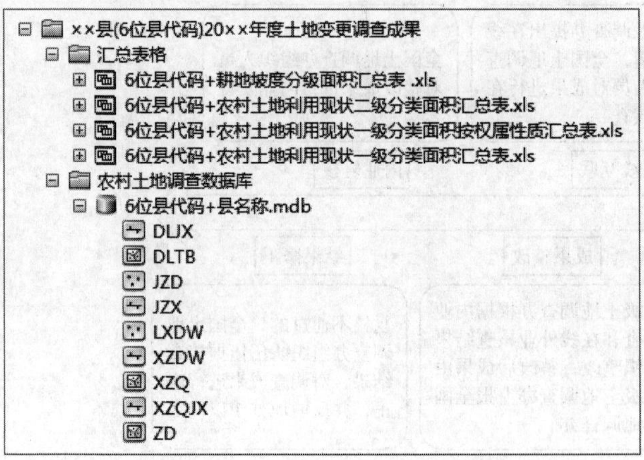

图 8-7 土地变更调查数据库样例

(2)土地管理有关资料：包括基本农田数据、土地规划数据、建设用地审批数据、土地整治等数据、农用地分等定级数据和耕地后备资源数据。

(3)权属调查有关资料：包括农村集体土地所有权确权登记数据、城镇国有建设用地以外的国有土地使用权登记成果、《土地权属界线协议书》《土地权属界线争议原由书》等调查成果，以及其他相关资料。

(4)其他资料：包括临时用地数据、城市规划数据、自然保护区数据、城市开发边界数据、开发园区数据和重要项目用地数据等。

3. 工作底图制作流程

县级土地调查数据库制作流程包括调查底图、资料规范化整理、城镇村范围划定、相关数据叠加、内业数据判绘和外业调查重点图斑等主要步骤，具体流程如图 8-8 所示。

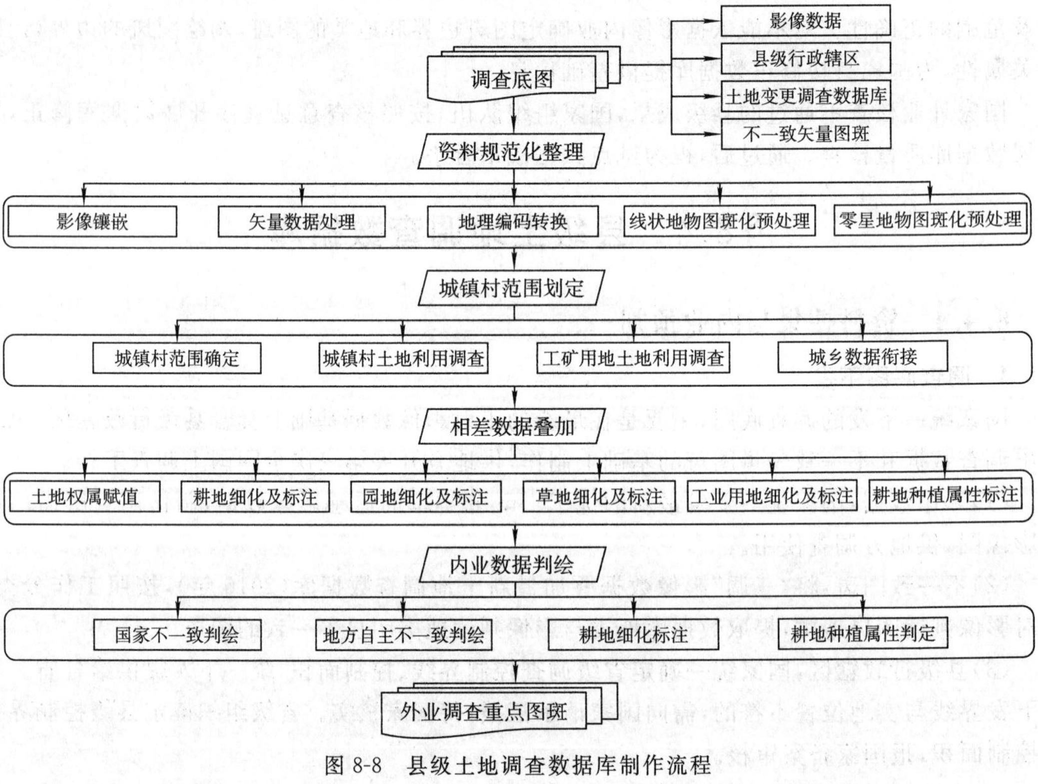

图 8-8 县级土地调查数据库制作流程

1)资料规范化整理

资料规范化整理包括影像镶嵌、矢量化处理、地类编码转换、线状地物图斑化预处理及零星地物图斑化处理等步骤。

(1)影像镶嵌。影像镶嵌流程如图 8-9 所示。

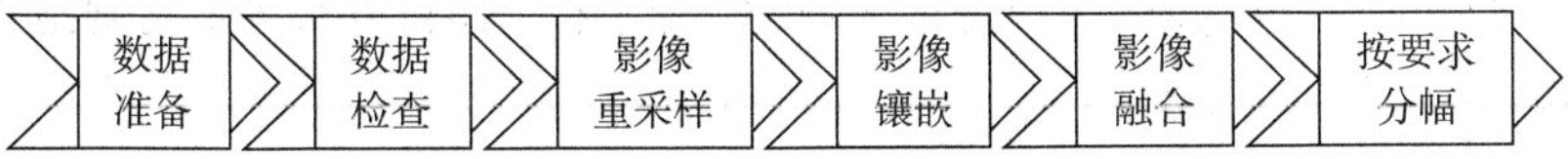

图 8-9 影像数据镶嵌流程

数据准备:准备 1 m 分辨率遥感影像数据(国家下发);准备 0.05 m、0.1 m、0.2 m 分辨率大比例尺航飞影像(地方获取)。

数据检查:高分辨率航飞影像与低分辨率遥感影像重叠度精度检查;影像的完整性检查;影像的可读性检查。

影像重采样:保持高分辨率影像不变,用影像处理软件把低分辨率遥感影像采样成高分辨率影像。

(2)矢量数据处理。矢量数据处理流程如图 8-10 所示。

矢量数据检查:矢量数据可读性检查;矢量数据完整性检查;矢量数据拓扑检查。

统一坐标系统:统一成 2000 国家大地坐标系。

与影像套合验证:加载影像、矢量数据,对数据进行套合处理,验证数据的准确性。

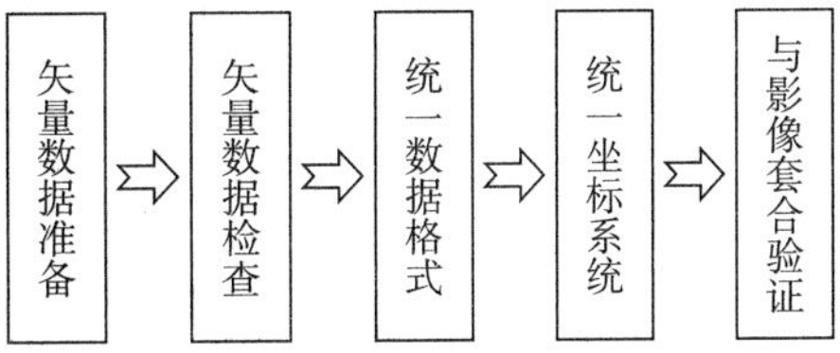

图 8-10 矢量数据处理流程

(3)地类编码转换。土地调查分类转换关系如图 8-11 所示。

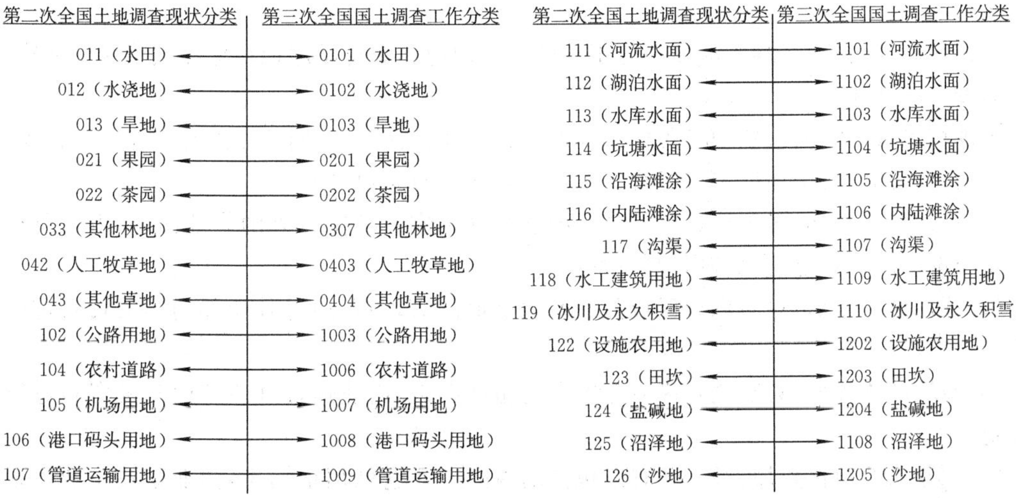

图 8-11 第二次全国土地调查与第三次全国国土调查分类转换关系示例

(4)线状地物图斑化预处理。

根据已有资料缓冲成面:对于线状地物与实际地物符合程度高,且线状地物多为铁路、公路等规则图形的区域,可以对土地变更调查数据中线状地物进行缓冲后再进行线状地物图斑化处理。

根据影像数据重新勾画:对于线状地物与实际地物符合程度较低,其线状地物地类多为不规则河流、湖泊等区域,可以根据影像数据直接勾画线性图斑。

根据已有资料缓冲成面和影像数据重新勾画相结合:可以针对不同地类线性图斑,采用以上两种方式相结合的方式，对于公路、铁路等规则线性图斑，采用根据土地变更调查数据中线状地物进行缓冲后再进行线状地物图斑化处理；对于河流、湖泊、田坎等不规则地类，根据影像数据直接勾画。

2）城镇村范围划定

城镇村范围划定主要参考 2016 年土地调查成果中确定的城市、建制镇、村庄、采矿用地、风景名胜及设施用地范围，根据影像数据实际情况下划定新的城镇村等用地范围，优先选择分辨率高的影像数据划定范围边界。划定流程如图 8-12 所示。

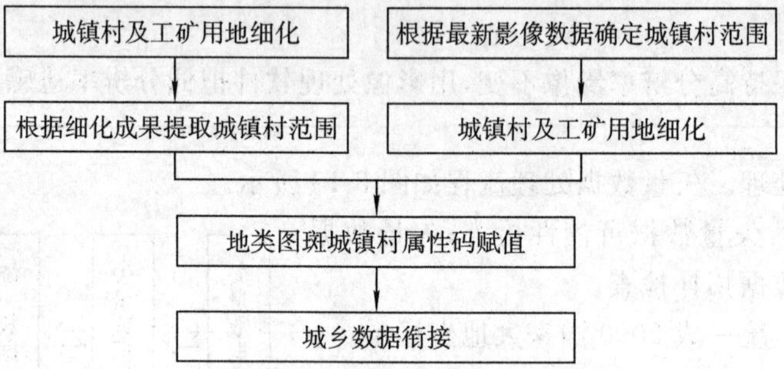

图 8-12 城镇村范围划定流程

划定原则：对于范围较大、图形较复杂的城镇村及工矿用地范围，需要根据细化成果提取城镇村范围；对于范围较小、图形较简单的城镇村及工矿用地范围，可以根据最新影像数据确定城镇村范围。

城镇村属性码标注原则：城镇村范围内的建设用地和非建设用地均标注城镇村属性码。

3）相关数据叠加

土地权属数据赋值包括农村集体土地所有权界线、城镇以外的独立国有土地使用权界线，不包括城镇内部国有土地使用权界线。其标记叠加类型规则如下。

（1）耕地细化叠加：对于调查区域范围内永久基本农田范围以外的耕地图斑，内业通过耕地后备资源中的不稳定耕地及影像判读确定。

（2）草地细化叠加：对于调查区域范围内的草地图斑，内业通过林业部门相关资料进行辅助确定。

（3）园地细化叠加：对于调查区域范围内的园地图斑，内业通过林业部门相关资料进行辅助确定。

（4）工业用地细化叠加：对于调查区域范围内的工业仓储用地图斑，内业通过工业用地相关调查数据辅助确定。

（5）耕地种植属性叠加：对于调查区域范围内的耕地图斑，内业通过地理国情普查及影像数据判读。

4）内业数据判绘

内业数据判绘包括四种情况：国家不一致图斑判绘、地方自主不一致图斑判绘、根据影像数据进行耕地图斑细化属性标注、其他需要重点调查的地类与图斑。

5）外业调查重点图斑调查

重点地类变化图斑，主要包括建设用地变化图斑（相对原数据库新增的建设用地图斑）、耕地变化图斑(新增耕地、耕地内部变化图斑)和农用地变化为未利用地图斑(原数据库地类为农用地,调查地类为未利用地的图斑)。

内业判读无法确定图斑,主要包括地类用途不明确图斑(图斑地类不唯一或没有按照工作分类要求细化的图斑)、图形不明确图斑(图斑边界无法确认的图斑)、权属不明确图斑(无法确定权属属性的图斑)、细化属性不明确图斑(内业判读难以明确细化属性的图斑)和耕地种植属性不明确图斑(耕地种植属性不明确的图斑)。

8.4.2　外业数据导入与数据库建设

1. 外业调查举证

外业调查举证包括配合国家举证、核实地方重点图斑、开展城镇村地类全国调查核实和开展各类图斑边界衔接与核准。

2. 内业整理建库

内业整理建库包括整理建库、数据汇总和生成标准成果。

(1)内业数据库建库。内业数据库建库流程如图 8-13 所示。

注意事项:

——调查数据库建设过程中,必须避免由于比例尺不一、精度差异等因素造成的碎图斑。尤其是由于权属数据叠加现状数据造成的差异,确属技术误差的,应当通过外业调查或协调纠正的手段予以衔接与消除。

——调查数据库承载的是现状调查成果,虽然承载着为自然资源管理提供基础数据的功能,但是与其他相关数据(包括管理数据)依然存在诸多技术差异,这些差异经核实后,是允许地方消除的,否则严重影响数据库的运行与服务。

——内业数据采集(矢量化)过程中,应当控制采集点的密度,不能过密也不能过疏,采集点密度直接影响数据库面积计算精度和运行效率。国家会下发相关的技术规定,规定数据采集密度,各地务必严格执行。

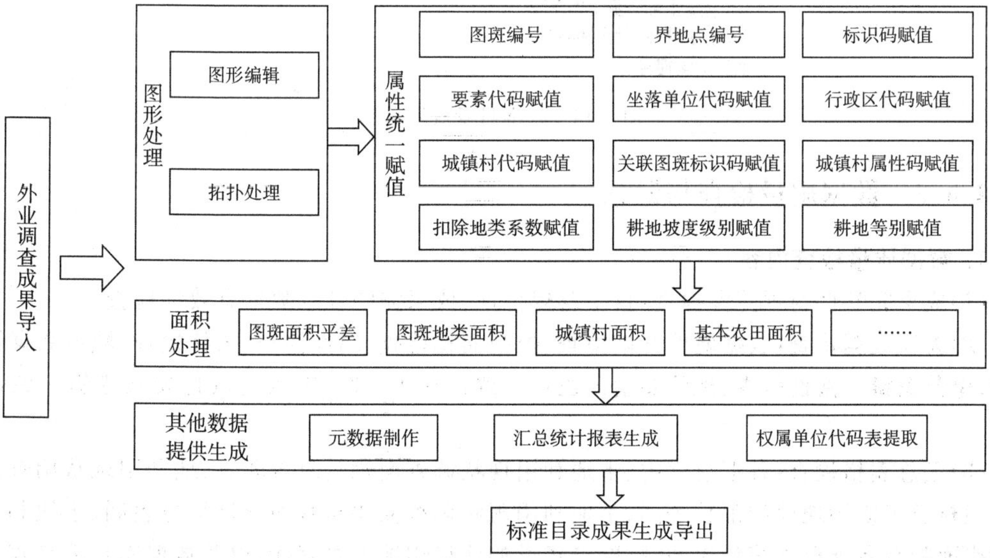

图 8-13　内业建库流程

(2)标准目录成果。标准目录成果如图 8-14 所示。

图 8-14　标准目录成果示意

8.4.3　数据质量检查与汇总

1. 数据质量检查内容

(1)成果完整性与规范性检查:目录及规范性、成果完整性及数据有效性检查。

(2)矢量数据检查:数据属性基础检查、控制面积检查、属性检查、拓扑检查、城乡数据衔接检查、坐落逻辑一致性检查、现状要素内逻辑一致性检查、现状要素与其他要素逻辑一致性检查等。

(3)汇总表格检查:各汇总表内、土地利用现状调查面积汇总表间、土地利用现状调查面积与城镇村及工矿用地面积汇总表间、土地利用现状调查面积与其他统计汇总表间、土地利用现状调查面积与专项调查统计表间、批准未建设的建设用地汇总表间,以及数据库与汇总表间的逻辑一致性检查。

2. 成果汇总

成果汇总组织关系如图 8-15 所示。

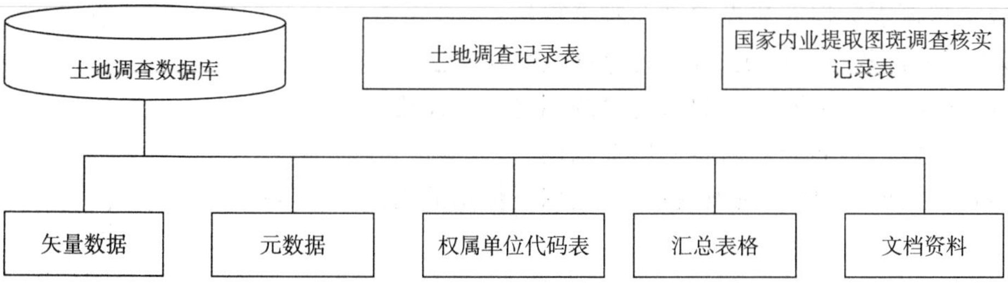

图 8-15　成果汇总组织关系

(1)矢量数据成果。矢量数据成果如图 8-16 所示。

图 8-16　矢量数据成果

(2)汇总表格。汇总表格如表 8-1 所示。

表 8-1　县级土地调查数据库表格汇总列表

序号	表格类型
1	土地利用现状一级分类面积汇总表
2	土地利用现状分类面积汇总表
3	土地利用现状一级分类面积按权属性质汇总表
4	城镇村及工矿用地面积汇总表
5	耕地坡度分级面积汇总表
6	耕地种植类型面积统计表
7	林区范围内园地汇总统计表
8	灌丛草地、稀疏草地汇总情况统计表
9	工业仓储用地按类型汇总统计表
10	基本农田外可调整地类面积汇总表
11	部分细化地类面积汇总表
12	耕地细化调查情况统计表
13	批准未建设的建设用地用途情况统计表
14	批准未建设的建设用地现状情况统计表

8.4.4 县级土地调查数据库建设关键及难点

县级土地调查数据库建设关键及难点包括：

(1)不同来源数据的搜集、规范化整理及叠加方法。

(2)不同比例尺、不同内容数据边界的调整与一体化衔接。

(3)不同精度、不同调查内容的内业判读。

(4)城乡数据的一体化建设、各种专题调查信息的空间关系维护。

思考题

1. 土地调查数据库建设的主要任务是什么?
2. 土地调查数据库建设要求包括哪些方面?
3. 土地调查数据库技术标准主要有哪些?
4. 简述土地调查数据库的建设流程。
5. 简述县级土地调查数据库底图制作主要流程。
6. 地籍数据库包括哪些内容?
7. 简述土地调查数据库成果汇总包括哪些内容。
8. 如何进行数据质检?
9. 成果内外业核查分哪几级?
10. 简述核查工作流程的主要步骤。

第9章　调查成果整理及检查验收

土地调查是一项非常重要的国情国力调查，是国土资源管理的基础。其调查成果是国家编制国民经济和社会发展规划，制定宏观政策，实施宏观调控的重要依据；为制定土地政策、土地利用规划、计划，依法科学合理地管理土地资源，实施最严格的耕地保护制度提供科学依据；调查是土地登记的重要法律程序，其调查成果是土地登记的法律依据。因此，土地调查成果应具有真实性、准确性和及时性。

§9.1　调查报告的编写

调查工作完成后，要对整个工作进行技术方面和工作方面的全面总结，形成调查技术报告和工作报告。报告的编写目的在于对调查工作中遇到的工作、技术问题进行全面的总结，将从中取得的经验、教训如实地反映出来，并对调查成果做出分析和说明，对成果的质量给予恰当的评价，为成果的更新提供技术接口，也便于成果的应用。因此，调查报告要材料属实、数据准确、分析严密、评价合理。此外，编写的调查报告也是成果检查验收的必备材料，在编写时必须要做到层次清楚、内容丰富、文理通顺、文图表并茂，提供一个全面、科学的工作成果。

9.1.1　县级农村土地调查报告的编写

1. 基本要求

(1)具体反映各级调查单位土地调查的组织实施、技术路线、成果质量等全部情况。

(2)以土地调查成果为基本资料，广泛收集相关资料；加强对成果的分析，使文字成果具有广泛性和实用性。

(3)应从工作组织、技术方法、成果分析等不同角度对土地调查工作进行全面总结。

2. 报告种类

报告种类主要包括工作报告、技术报告、数据库建设报告、成果分析报告、专题报告等。上述报告可以分别编写，也可以统筹考虑，分篇编写。

3. 报告主要内容

1)工作报告

工作报告的主要内容包括：调查区域的地理位置、范围、面积，自然、经济、社会等概况，调查的目的、意义、目标、任务，组织实施，经费安排，质量保障措施，完成的主要成果，经验与体会及其他需要说明的情况。

2)技术报告

技术报告的主要内容包括：调查的技术路线与技术方法、工艺流程、质量检查及质量保障措施，调查中出现的问题及处理方法，应用新技术及效果等。

3)数据库建设报告

数据库建设报告的主要内容包括：数据库建设流程、软硬件配置、数据库内容与功能、维护与更新等情况。

4)成果分析报告

成果分析报告的主要内容包括:土地利用结构,各类土地的分布与利用状况,与以前调查成果(分地类)的时空变化分析,合理利用土地资源的政策、措施与建议。

5)专题报告

专题报告的主要内容包括:基本农田调查报告(包括基本农田的数量、质量、分布和保护状况)和专项用地统计调查报告(包括用地的数量、分布和利用状况),以及其他专题报告。基本农田调查报告需单独编写,其他专题内容可以综合编写。

9.1.2 城镇地籍调查报告的编写

1. 地籍调查技术报告的编写

整个调查工作结束后,需编写地籍调查技术报告,它是全面反映实际调查方法和成果的质量状况、经验总结的重要资料,并作为技术档案长期保存。地籍调查技术报告由承担任务单位编写,权属调查与地籍测量实施情况总结最好合并编写并经当地土地管理部门审核。地籍调查技术报告的主要内容包括以下几点。

(1)概述。

——调查区概况,包括地理位置、行政隶属、用地特点、宗地密度等。

——调查工作依据,包括政府文件、技术规程等。

——队伍状况,包括权属调查承担单位和人员及培训情况、地籍测量承担的单位、技术力量、使用的仪器设备情况。

——调查工序记录,包括列表说明各工序完成的起止日期和投入的力量。

——完成的主要成果,包括调查区的面积和各类土地面积、完成权属调查的宗地数(单位、个人)、调处权属纠纷件数、宗地面积汇总表和土地分类面积统计表的份数等。

(2)权属调查实施情况。

——权属调查的程序。

——实施准备,包括工作底图、调查范围的确定和划分,地籍号和界址点号编制规定等。

——界址点实地位置确定、界标的类型、设置和管理情况。

——丈量界址边长等长度的工具、方法、精度及宗地草图的绘制方法。

——地籍调查表填写、各种证件、签章等情况。

(3)地籍平面控制测量的实施情况。

——坐标系统的选择,起始点施测的单位、日期、等级、精度、可靠性。

——平面控制点布设的方法、等级、基本精度指标和主要技术要求。

——控制点的埋设和埋石点的数量,点之记和办理托管手续情况。

——施测仪器的检验情况。

——观测方法,观测成果的记录、整理和校核情况,平差计算的方法。

——列表说明实际控制网的结构和精度统计。如导线网的总长、平均边长、最短和最长边长;闭合环和结点数,结点间的最短和最长距离;环的方位角和坐标闭合差及相对闭合差(按 $0 \sim W/3 \sim W/2 \sim W$ 间隔统计,W 为限差);测角中误差、最弱相邻点位中误差或最弱点的点位中误差。

(4)地籍碎部测量实施情况。

——地籍碎部测量的方法、界址点测定的方法和精度情况。

——地籍图比例尺、分幅与编号方法、精度指标、内容表示、测绘方法;宗地图制作方法。

——面积量算的方法、限差;宗地面积汇总和分类统计结果。

(5)质量检查结果评述,经验教训、建议。

(6)城镇土地调查数据库及管理系统建设情况。

2. 地籍调查工作报告的编写

地籍调查工作完成后,土地管理部门要编写地籍调查工作报告,反映调查工作的组织实施全过程,需归档长期保存,其主要内容包括以下几个方面。

(1)基本情况,包括调查区的行政隶属、地理位置、面积,自然和社会经济状况,宗地密集程度、用地特点。

(2)工作组织,包括领导小组,实施单位领导、工作人员的分工,承担调查工作的单位,组织实施的管理工作和建立的管理制度。

(3)计划和实际完成的时间、经费。

(4)调查工作的流程和完成工作量及质量评价。

(5)组织工作的体会和存在的问题、教训及建议。

§9.2　城镇地籍调查成果整理及检查验收

9.2.1　城镇地籍调查成果整理

地籍总调查成果资料是指在调查过程中直接形成的文字、图、表等一系列成果的总称。它是广大地籍工作者辛勤劳动的结晶,也是国家的财富,应立卷、归档妥善加以管理。

1. 基本要求

(1)地籍总调查工作开展时,应对主要的任务下达文件、技术材料等立卷归档,指定专人负责资料的收集、保管,调查结束时及时整理归档。

(2)立卷归档的资料必须齐全、完整,字迹清楚、纸张良好,书写的材料必须用碳素墨水或蓝黑墨水,严禁将圆珠笔或复写纸书写的材料归档。

(3)归档材料必须系统整理,做到分类清楚、编目完善、排列有序。

(4)地籍总调查成果经验收合格后,可提供社会使用。在提供使用时,应根据有关规定,办理必要的手续实行有偿服务。

2. 应归档的成果

地籍总调查结束后,应对整个工作过程中形成的材料整理归档。归档的成果内容包括:

(1)地籍总调查技术设计书、工作总结报告、技术总结报告、检查验收报告。

(2)地籍平面控制测量的控制点网图、记录手簿、平差计算资料、控制点成果表及点之记或点位说明。

(3)地籍调查表原件。

(4)地籍图原图、地籍图分幅图。

(5)面积计算的原始资料、面积成果表、面积统计表。

(6)土地登记申请表、审批表、权属来源证明文件及土地有偿出让或转让的有关合同、批准书等,有关土地经济活动(抵押、出租等)的合同书,有关土地权属纠纷处理的协议书和判决书等。

(7)其他一切有保存价值的书面资料都应归档保存。

9.2.2 城镇地籍调查成果的检查验收

城镇地籍调查成果实行作业人员自检、作业组互检、作业队专检,以及由省级国土资源管理部门验收的"三检一验"制。

1. 自检

作业人员自己进行的重复检查,检查比例根据本身的作业水平决定。检查内容主要有以下几个方面。

1)检核权属调查结果

本项主要检核权属调查确认的土地所有者和使用者与土地登记申请书上的土地所有者、使用者是否一致;认定界址的手续是否完整、规范;界址点的实地位置是否设立了固定标志;界址边的走向是否合理;界址点有无遗漏等。

2)检查地籍调查表

本项主要检查地籍调查表填写内容是否符合规定要求。

3)检查宗地草图

本项主要检查宗地的图形及宗地与相邻宗地关系是否与实地一致;勘丈数据是否齐全;注记位置是否清晰准确;勘丈数据有无检核条件,结果是否符合《地籍调查规程》要求;宗地的坐落、门牌号、宗地号、界址点号、相邻宗地号、指北方向及作业日期,记录有无错漏。

4)检查地籍测量的成果

(1)检查控制测量:主要检查用于建立平面控制的已知控制点、控制边其坐标和方位角数据是否正确;资料来源及可靠程度如何(包括原控制网的技术、使用的仪器、测回数、平差方法及精度指标等);抄录的起算数据,使用前是否进行了外业复核;控制网布设的合理性(如网形结构、控制面积等);各项精度指标及有关成果是否符合《地籍调查规程》的要求。

(2)检查细部测量:主要检查手簿及各项精度是否符合要求。

5)检查地籍原图

首先,检查原图图廓线及方格网的绘制精度是否符合《地籍调查规程》的要求;图幅编号、坐标注记是否正确。其次,检查自然街坊(含无邻户的独立宗地)外廓界址点及界址边的展绘是否正确;核对无误后,再检查街坊内各宗地的界址及地上建筑物的展绘是否正确;破幅宗地的接边是否符合要求。最后,检查图面要素、注记用点线绘制是否符合《地籍调查规程》和图式要求;面积计算结果是否正确;检查中要对照解析界址点成果表和宗地草图分步骤进行。

2. 互检

作业组之间的交换互检,内业检查的检查比例为100%,外业可针对内业检查发现的问题,对有疑问的地方重点检查,但实地操作检查不得低于30%,巡视检查不低于70%,检查结果要有详细记录。互检主要检查项目与自检相同。先进行内业检查,后进行外业检查。内业检查出的问题应做好记录,待外业检查时重点核对,需纠正改动的,由检查人员会同作业人员确认后实施。

3. 专检

专职检查中内业检查比例为 100%，外业实际操作检查比例不低于 20%，巡视检查比例不低于 70%，检查结果要有详细记录。专检主要检查地籍调查成果的图、表、册中，对应内容的一致性及其与宗地权属状况的一致性，对经过自检和互检的调查成果进行全面的内业检查和重点的外业检查。具体内容包括权属调查和地籍测量两部分，重点检查原始调查记录和原始测量数据的正确性；检查项目及步骤与自检基本相同，在检查后提出专检记录，对需要修改、纠正的问题会同作业人员确认后实施。

4. 验收

验收要在三级检查基础上由省级自然资源管理部门组织进行。验收时，内业抽检比例为 30%～50%，外业实际操作抽检比例视内业抽检情况决定，一般为 3%～5%。验收的内容包括初始地籍调查成果的文字资料、权属调查、控制测量、地籍要素测量、地籍图及影响成果质量的重要问题。验收工作结束后，要写出验收抽检分析报告和验收评定意见书。

9.2.3　地籍调查成果的检测要求

地籍调查成果必须依一定比例进行内、外业的检查，针对每一项内容，可有不同检查方法和要求。

1. 解析界址点点位误差

检查此类误差时，要求野外重新施测解析界址点的坐标来进行比较，如表 9-1 所示。

表 9-1　解析界址点点位误差检测表

街坊号	宗地号	界址点号	原测坐标		检测坐标		坐标校差		Δ
			x	y	x'	y'	Δ_x	Δ_y	

注：界址点按街坊统一编号时，“宗地号”栏不填写。

表中校差为

$$\Delta=\sqrt{\Delta_x^2+\Delta_y^2} \tag{9-1}$$

若检测精度高于原测量精度，检测值可视为真值时（如原测时用 J_6 仪器半个测回，检测时用 J_2 仪器一测回，且比原测时对中、瞄准等精度都高），界址点位中误差为

$$m=\pm\sqrt{\frac{\sum\Delta^2}{n}} \tag{9-2}$$

$$|m|\leqslant 5\text{ cm}\quad(\text{或 }7.5\text{ cm})$$

校差允许误差为

$$|\Delta_{允}|\leqslant 10\text{ cm}\quad(\text{或 }15\text{ cm})$$

通常检测精度与原测精度相同时，界址点点位中误差为

$$m=\pm\sqrt{\frac{\sum\Delta^2}{2n}} \tag{9-3}$$

$$|m|\leqslant 5\text{ cm}\quad(\text{或 }7.5\text{ cm})$$

校差允许误差为

$$|\Delta_{允}| \leqslant 10\sqrt{2}\ \text{cm}\quad（或\ 15\sqrt{2}\ \text{cm}）$$

注：括号中数据适用城镇街坊内部隐蔽的界址点。

2. **检查宗地草图的精度**

1）界址点间距误差

检查此类误差时，通常是用原勘丈距离或原测坐标解析反算边长，与检测距离或由检测坐标反算的边长相比较，如表 9-2 所示。

表 9-2 界址点间距误差检测表

街坊号	宗地号	界址点号		原测距离 /m	比较距离 /m	校差 Δ /cm	Δ^2
							$\Sigma\Delta^2 =$

注：比较距离指解析反算边长或检测距离；界址点按街坊统一编号时，"宗地号"栏可不填写。

一般情况下，均视原测距离与比较距离是同精度的。故检查了 n 条边时，间距中误差为

$$m = \pm\sqrt{\frac{\sum \Delta^2}{2n}} \tag{9-4}$$

$$|m| \leqslant 5\ \text{cm}\quad（或\ 7.5\ \text{cm}）$$

校差允许误差为

$$|\Delta_{允}| \leqslant 10\sqrt{2}\ \text{cm}\quad（或\ 15\sqrt{2}\ \text{cm}）$$

2）界址点与邻近地物点关系距离误差

检查此类误差时，除了需注意在表 9-2 中"界址点号"栏内注记邻近地物点号不应带"J"外（通常邻近地物点，也可按街坊或图幅统一编号，如 12、98 等），其余均同界址点间距的检查。对于没有实测坐标的界址点，要着重检查界址点与其邻近地物点间的关系。

3. **检查地籍图的图面精度**

1）界址点间距误差

检查此类误差时，通常用图解距离与相应的解析反算边长、检测距离或宗地草图上注记的原测距离进行比较，如表 9-3 所示。

表 9-3 地籍图的图面精度检测表（界址点间距误差）

街坊号	宗地号	界址点号		原测距离 /m	比较距离 /m	校差 Δ /cm	Δ^2
							$\Sigma\Delta^2 =$

若检查了 n 条边，则间距中误差为

$$m = \pm\sqrt{\frac{\sum \Delta^2}{n}} \tag{9-5}$$

$$|m| \leqslant \frac{0.3M}{10}\text{cm}$$

或换算为图上中误差为

$$m_{图}=\frac{m}{M}\times 10\ \text{mm}$$

$$|m_{图}|\leqslant 0.3\ \text{mm}$$

式中：M 为成图比例尺分母。

间距允许误差为

$$|\Delta_{允}|\leqslant 0.6\ \text{mm}$$

2)界址点与邻近地物点关系距离误差

检查此类误差的方法及要求同界址点间误差的检查一样。

3)地物点点位误差

检查此类误差时，需野外施测地物点的坐标与利用原测地物坐标进行比较，如表 9-4 所示。

表 9-4　地籍图的图面精度检测表(地物点点位误差)

街坊号	宗地号	点号	图解坐标		检测坐标		坐标校差		Δ
			x	y	x'	y'	Δ_x	Δ_y	
									$\Sigma\Delta^2$

注：界址点街坊统一编号时，“宗地号”栏可不填写。

若检查了 n 个点，则点位中误差为

$$m=\pm\sqrt{\frac{\sum\Delta^2}{n}} \tag{9-6}$$

$$|m|\leqslant\frac{0.5M}{10}\ \text{cm}$$

或换算为图上误差为

$$m_{图}=\frac{m}{M}\times 1\,000\ \text{mm}$$

$$|m_{图}|\leqslant 0.5\ \text{mm}$$

点位允许误差为

$$|\Delta_{允}|\leqslant 1.0\ \text{mm}$$

4)邻近地物点间距误差

此类误差的检查，除了间距误差有所变动外，即

$$|m_{图}|\leqslant 0.4\ \text{mm}$$

$$|\Delta_{允}|\leqslant 0.8\ \text{mm}$$

其他同界址点间距误差的检查一样。

9.2.4　城镇地籍调查成果评定标准

地籍调查成果的评定材料，由文字材料、权属调查、控制测量、细部测量、地籍原图和着墨二底图五部分组成，如表 9-5 至表 9-9 所示。按各单项检查得分合计评定成果等级。等级分为优、良、合格三个等级。

总分大于95分(含95分)为优;总分大于85分(含85分),低于95分为良;总分大于80分(含80分),低于85分为合格。

表9-5 地籍调查成果评定表(文字材料部分)

	序号	检查项目	权重	单项记分/%	得分	备注
技术设计	1	调查区基本情况和用地特点	0.4			
	2	技术设计依据和技术路线选择	1.2			
	3	调查方法和坐标系统选择	1.2			
	4	地籍原图规格、比例尺及分幅方法	0.4			
	5	地籍调查质量标准、精度要求	0.8			
		小计	4			
技术总结	1	技术设计的实施和效果	0.8			
	2	技术工作的质量评定	1.2			
	3	经验教训的总结分析	1			
		小计	3			
工作报告	1	工作组织	0.6			
	2	工作计划	0.4			
	3	工作程序	0.8			
	4	体会与建议	0.2			
		小计	2			
资料	1	分类整理	2			
	2	立卷建档	1			
		小计	3			
		合计	12			

表9-6 地籍调查成果评定表(权属调查部分)

	序号	检查项目	权重	检查数量	合格率	单项记分/%	得分	备注
界址调查	1	调查工作图、调查区划分	2					
	2	地籍编号	1					
	3	指界通知、指界人身份证明	1					
	4	界址认定、界标设置	7					
		小计	11					
宗地草图	1	本宗地宗地号、门牌号、土地使用者名称	3					
	2	本宗地界址点位、点号、界址线及走向	3					
	3	界址边长、界址点与邻近地物关系距离和条件距离	7					
	4	宗地内建筑物、构筑物及边长	1					
	5	相邻宗地号、门牌号和土地使用者名称等	1					
		小计	15					

续表

	序号	检查项目	权重	检查数量	合格率	单项记分/%	得分	备注
地籍调查表	1	表格填写规范化	3					
	2	土地使用者名称、性质	1					
	3	界址标志种类、界标类别及界址线位置	3					
	4	地类判别	2					
		小计	9					
		合计	35					

表 9-7　地籍调查成果评定表(控制测量部分)

序号	检查项目	权重	单项记分/%	得分	备注
1	仪器检验	1			
2	控制网的布局分级层次、线路长度及网形结构	3			
3	起算数据的来源分析及检核	2			
4	选点的密度、位置、埋石数量及质量	3			
5	记录手簿	1			
6	控制网的成果计算及精度评定	6			
7	控制网图(比例尺、分级及控制点编号方法)	2			
8	图幅结合表	1			
	合计	19			

表 9-8　地籍调查成果评定表(细部测量部分)

序号	检查项目	权重	单项记分/%	得分	备注
1	解析界址点记录手簿	1			
2	解析界址点计算成果表	1			
3	地界内建筑物、构筑物测量	1			
4	解析界址点点位精度	5			
5	相邻界址点间距精度	4			
6	界址点与邻近地物点关系距离精度	4			
	合计	16			

表 9-9　地籍调查成果评定表(地籍原图和着墨二底图部分)

序号	检查项目	权重	检查数量	合格率/%	单项记分/%	得分	备注
1	内图廓线长度、内图廓对角线绘制精度	1					
2	控制点、坐标网及界址点展绘精度	3					
3	原图内容及图面整饰	1					
4	相邻界址点边长、界址点与邻近地物点关系距离误差	3					

续表

序号	检查项目	权重	检查数量	合格率/%	单项记分/%	得分	备注
5	宗地内部与界址边不相邻地物点的距离误差	1					
6	地籍要素注记	2					
7	图幅接边	2					
8	宗地图	1					
9	面积量算方法	1					
10	检查面积与原面积校差	2					
11	面积汇总分类统计	1					
	合计	18					

在表9-5至表9-9中，对验收项目无法计算合格率的，可按规定的相应等级标准（即优、良、合格），进行单项打分（%），满分为100%，然后将单项的打分乘以权重便可得单项得分。

对验收项目可以计算合格率的，将权重乘以合格率便可得单项得分。

各单项得分之和为验收的最后总分，根据等级评定规定，最后评定等级。

在表9-8中，对部分解析法的各项权重均除以2，即最后总分为92分时是满分，如总分为85，则85×(100/92)=92.4，该成果等级评定为良；对图解法各项均不计得分，即最后总分为84分时是满分，如总分为80，则80×(100/84)=95.2，该成果等级评定为优。

§9.3 农村土地调查成果整理及检查验收

9.3.1 县级农村土地调查主要成果

1. 外业调查成果

(1)原始调查图件及《农村土地调查记录手簿》。

(2)土地权属调查有关成果。

(3)田坎系数测算成果。

2. 图件成果

(1)标准分幅土地利用现状图。

(2)土地利用挂图。

(3)基本农田分布图。

(4)耕地坡度分级等专题图。

(5)图幅理论面积与控制面积接合图表。

3. 数据成果

(1)各类土地分类面积数据。

(2)不同权属性质面积数据。

(3)基本农田面积数据。

(4)耕地坡度分级面积数据。

4. 数据库成果

数据库成果主要指农村土地调查数据库及管理系统。

5. **文字成果**

(1)土地调查工作报告。

(2)土地调查技术报告。

(3)土地调查数据库建设报告。

(4)土地调查成果分析报告。

(5)基本农田调查报告等专题报告。

9.3.2　农村土地调查成果的检查验收程序

为保证调查成果的质量,对调查成果实行自检、预检、验收、核查确认的检查验收制度。调查成果的检查验收工作分别由各级土地调查办负责,县级负责自检,省级负责预检和验收,全国土地调查办负责核查确认。

1. **自检**

县级土地调查办组织调查承担单位及相关部门,对调查成果进行全面自检,并形成自检报告。

2. **预检**

县级自检合格,经市(地)级土地调查办组织复检合格后,以书面形式向省级土地调查办提出预检申请,省级土地调查办组织成立预检组对内、外业成果进行全面检查,形成预检报告。

3. **验收**

经省级预检合格的成果,由县级土地调查办负责,根据预检意见对调查成果进行认真补充和完善后,以书面形式逐级向省级土地调查办提出验收申请。省级土地调查办组织成立验收组对成果进行验收,验收合格后形成验收意见。

4. **核查确认**

经省级验收合格的成果,由省级土地调查办分批向全国土地调查办提出核查确认申请,由全国土地调查办组织人员对成果进行核查和确认,核查合格后形成核查确认意见。

9.3.3　农村土地调查成果检查的内容与方法

1. **成果完整性检查**

检查提交的调查成果及资料是否齐全、完整、符合要求,并检查成果资料是否进行整理、归档,装订是否规范、易于检索。

2. **总体技术方法检查**

检查以下土地调查关键技术方法的正确性:

(1)土地利用分类体系是否符合规程要求。

(2)地类认定是否正确。

(3)调查比例尺选择是否符合要求。调查比例尺小于规程所要求比例尺的,为技术路线严重缺陷。

(4)坐标系、高程系、地图投影、分带是否符合要求。

(5)耕地坡度的分级和量算方法是否符合要求。

(6)田坎系数测算方法及面积扣除是否符合规程要求。

(7)面积计算方法是否符合规程要求。

(8)调查界线(国界、行政区域界线、沿海滩涂界线等)是否符合实施方案要求。

将成果完整性检查和总体技术方法检查结果记录在整体检查记录表上，如表 9-10 所示。

表 9-10 整体检查记录表

__________县(区、市)整体检查记录表

总体技术方法					
土地利用分类体系		地类确认			
比例尺		坐标系、高程系、地图投影、分带			
耕地坡度分级和量算方法		田坎系数测算方法			
面积计算方法		调查界线			
成果资料齐全性					
资料内容		有/无	数量	存储类型	备注
外业调查成果	原始调查图件				
	农村土地调查记录手簿				
	地籍平面控制测量、地籍测量原始记录				
	土地权属调查有关成果				
	田坎系数测算成果				
图件成果	标准分幅土地利用现状图				
	土地利用挂图				
	城镇地籍图、宗地图				
	基本农田分布图				
	耕地坡度分级图				
	图幅理论面积与控制面积接合图表				
数据成果	各类土地分类面积数据				
	不同权属性质面积数据				
	基本农田面积数据				
	耕地坡度分级面积数据				
数据库成果	农村土地调查数据库				
	城镇土地调查(城镇地籍)数据库				
文字报告成果	土地调查工作报告				
	土地调查技术报告				
	土地调查数据库建设报告				
	土地调查成果分析报告				
	基本农田调查报告				
	城镇土地利用状况分析报告				
	其他专题报告				
重要的过程数据及检查记录	内业解译信息、分幅矢量化数据等重要的过程数据				
	过程质量检查及自检记录				

评价与结论：

检查人： 检查日期：

3. 调查底图检查

1)现势性检查

检查影像的获取时间。近两年摄取的影像为合格，特殊地区可适当放宽。

2)文件名及数据格式检查

(1)文件名命名格式及名称是否符合要求。

(2)数据格式及数据组织是否符合要求。

3)数学基础检查

(1)采用的平面坐标系统、投影方式和高程系统是否符合要求。

(2)像素分辨率是否准确。

(3)图廓坐标是否正确,数字正射影像与内图廓线、公里网是否匹配。

4)平面精度检查

检查数字正射影像图(DOM)地物点相对于实地同名地物点的点位中误差是否超限。

(1)平面中误差的计算公式为

$$M_s = \pm\sqrt{\frac{\sum_{i=1}^{n}\left[(X_i - x_i)^2 + (Y_i - y_i)^2\right]}{n-1}}$$

式中:M_s 为点位中误差;X_i 为坐标 X 的检测值;x_i 为坐标 X 的原测值;Y_i 为坐标 Y 的检测值;y_i 为坐标 Y 的原测值;n 为检测点个数。

(2)检查点选取要求。

利用航空摄影测量生产的 DOM,检查与验收时,检查点平面精度按幅检查,检查点的检测值从 DOM 影像上直接读取,检查点的原测值可通过 GNSS 实测、空中三角测量加密或单模型加密获取。检测点数量每幅不少于 20 个,在图幅内均匀分布,地形复杂地区,像黄土沟壑区、喀斯特地区,应增加检查点,地势平坦地区检查点可适当减少。

利用卫星影像生产的 DOM,平面精度按工作区分为平原丘陵和山地两种地形条件分别进行检查,检查点的检测值从 DOM 影像上直接读取,检查点的原测值,从实测控制点库(不选择已使用的纠正控制点)或从高精度的正射影像图(或线划图)上获得。检查点要求随机选取,均匀分布,同一地形检查单元不少于 30 个。

5)接边检查

对图幅内或图幅间的影像接边处,检查镶嵌处同名地物点误差是否超限。

6)影像质量检查

检查影像是否清晰,反差是否适中,色调是否均匀一致,纹理是否清楚,是否有重影。

7)整饰质量

检查注记有无错漏、位置是否恰当,图廓内外整饰是否正确、完整。

8)附件质量

(1)元数据文件的数据项是否正确、完整。

(2)文档资料填写是否正确、完整。

4. 数据库成果检查

1)扫描影像数据检查

(1)扫描影像数据是否清晰,能否区分图内各要素。

(2)影像纠正后的同名控制点最大误差是否不超过 0.2 mm(图面值)。

2)分幅矢量数据检查

(1)图内各要素的采集有无错漏现象。

(2)各要素的采集是否与矢量化底图相吻合，线划(点位)整体或部分偏移的距离是否满足：权属和行政界线不超过 0.2 mm(图面值)，其他线状要素不超过 0.2 mm(图面值)。

(3)数据是否具有严格的拓扑结构，且不存在拓扑错误。

(4)所有数据层的层名及点、线(弧段)、面的属性结构是否与全国土地调查数据库标准一致。

(5)数据值是否正确，且必填属性数据项不能为空值。

3)农村土地调查数据库检查

(1)名称是否与标准保持一致，必选图层有无丢漏。

(2)是否有严格的拓扑结构，且不存在拓扑错误。

(3)图层(如地类图斑与线状地物、地类图斑与权属界线等)的空间关系是否正确。

(4)图幅同名弧段或线的接边误差是否不超过 0.1 mm(图面值)。

(5)图斑数据中是否无碎片多边形(面积小于 400 m^2 且地类代码、图斑号为空值的)。

(6)数据输入是否正确。

4)元数据检查

(1)数据结构是否满足全国土地调查数据库标准要求。

(2)数据项内容填写是否正确，元数据必填项内容不能为空值。

5. 地类一致性检查

将农村土地调查数据库中的土地利用要素与 DOM 套合，进行 100％的地类一致性检查。

(1)以影像为依据，逐个检查土地利用图斑、线状地物的地类与对应在影像图上判读的分类是否一致。将认为不一致的记录在土地调查成果检查表内，如表 9-11 所示，作为外业实地核查的依据。

(2)与影像对比，将土地利用图斑、线状地物等的明显界线移位大于图上 0.3 mm 的，以及不明显界线移位大于图上 1.0 mm 的记录在土地调查成果检查表内，作为外业实地核查的依据。

(3)以影像为依据，将认为丢漏的图斑、线状地物等记录在土地调查成果检查表内，作为外业实地核查的依据。

表 9-11 土地调查成果检查表

______县(市、区)土地调查成果检查表

序号	图幅号	权属名称	权属代码	要素编号	数据库地类编码	影像判读地类编码	数据库中线状地物宽度/m	外业核实结果			是否修改	备注
								实地地类编码	实地线状地物宽度/m	实地地物点位		
1	2	3	4	5	6	7	8	9	10	11	12	13

内业检查人： 内业检查日期： 外业检查人： 外业检查日期：

填写说明：1 栏填写检查序号；2 栏填写检查要素所在的标准分幅图编号；3 栏填写检查要素所在的权属单位名称；4 栏填写检查要素所在的权属单位代码；5 栏填写检查要素的编号；6 栏填写数据库中该要素的地类编码；7 栏填写根据影像判读出该要素的地类编号；8 栏，若该要素为线状地物，填写数据库中线状地物宽度；9 栏按实地现状填写该要素的地类编码；10 栏，若该要素为线状地物，填写实地线状地物宽度；11 栏，若该要素为零星地物，填写实地零星地物点位；12 栏，根据外业核实结果，填写是否修改；13 栏填写其他需要说明的信息。

6. 原始调查图件及《农村土地调查记录手簿》检查

抽取全部图幅数量的 10％(最少不少于 10 幅)对抽取图幅的原始调查图件进行全面检

查，检查内容包括：

(1)地类图斑检查。检查图斑的划分、图斑的综合、最小图斑的上图标准、图斑的编号注记是否符合要求，图斑地类编码与《农村土地调查记录手簿》记载是否一致。对不一致的，记录在土地调查成果检查表内，外业实地核查。

(2)线状地物检查。检查线状地物上图标准、线状地物与境界或权属界关系的处理是否符合要求。线状地物的地类编码、宽度是否与《农村土地调查记录手簿》记载一致。对不一致的，记录在土地调查成果检查表内，外业实地核查。

(3)补测地物检查。检查补测地物的编号是否与土地调查记录表记载一致，土地调查记录表上的草图是否与原始调查图件相似。对不一致或形状不相似的，记录在土地调查成果检查表内，外业实地核查。

(4)零星地物检查。若有零星地物，应检查零星地物的点位表示及地类编码是否与《农村土地调查记录手簿》记载一致。对不一致的，记录在土地调查成果检查表内，外业实地核查。

(5)注记检查。权属单位、行政区域、具有方位作用的主要地理名称是否标注。

(6)图幅整饰检查。包括图幅比例尺、图幅编号、内外图廓及经纬度注记、方里网、影像日期、坐标系、高程系、地图投影及分带、接图表、调查人及日期、检查人及日期等是否齐全完整。

7. 权属调查成果检查

抽取不少于五个行政村的权属界线协议书进行全面检查，检查内容包括：

(1)调查底图上宗地编号是否符合规程要求。

(2)附图所示界线是否与调查底图上相似。

(3)界址点描述和界址线描述是否准确，与附图标绘是否一致。

(4)界址线所在图幅、位置的注记是否齐全，字迹是否清晰。

(5)附图是否标注权属单位名称，标注是否正确。

(6)协议书界线、双方指界人及调查人员是否签字盖章。

(7)双方法人代表是否签字、盖章。

(8)核定日期是否填写。

(9)是否有涂改痕迹。

(10)如界线有争议、难以调处的，是否划定工作界线，是否填写《土地权属界线争议原由书》。

8. 基本农田检查

(1)检查基本农田划定资料是否由权威部门提供。

(2)检查基本农田调整资料是否由权威部门提供。

(3)检查基本农田补划资料是否由权威部门提供。

(4)100％检查土地调查数据库中的基本农田地块是否与提供的基本农田划定、调整和补划资料一致。

(5)基本农田地块编号是否符合要求。

9. 图件成果检查

县级调查图件成果包括：标准分幅土地利用现状图，土地利用挂图，基本农田、耕地坡度分级等专题图和图幅理论面积与控制面积接合图表。

1)标准分幅土地利用现状图检查

抽取全部图幅数量的10%(最少不少于10幅)进行全面检查,检查内容包括:

(1)检查标准分幅土地利用现状图与外业工作底图比例尺是否一致。

(2)检查标准分幅土地利用现状图与外业工作底图内容是否一致。

(3)检查图内要素是否齐全,包括地类界线、地类属性、权属界线、行政区域界线、地形地貌线、地形地貌点、测量控制点、独立地物、地理名称注记等。

(4)检查图外要素是否齐全,包括图种名、图名、图号、图幅接合表、坐标系及高程系说明、成图比例尺、制图单位全称及说明(含调绘时间、制图时间)、辅助说明和图例等。

(5)检查图内、外要素的颜色、图案、线型等表示是否符合规程要求。

(6)检查图历簿。每幅标准分幅图必须具备图历簿,图历簿中的必填项包括数学基础、原始资料情况、预处理记载、数据采集情况、属性数据处理和重大问题说明及处理意见等,其他均为选填内容。

2)土地利用挂图检查

(1)检查土地利用挂图的比例尺是否恰当。

(2)检查土地利用挂图内容是否完整、正确,要素之间的关系处理是否合理。

(3)检查要素的选取指标是否符合要求,综合取舍是否能反映调查区域的土地利用分布规律。

(4)检查图幅整饰是否完整、规范,图面是否清晰易读、美观。

3)基本农田、耕地坡度分级等专题图检查

(1)检查基本农田、耕地坡度分级等专题图的比例尺是否恰当。

(2)检查专题内容是否完整,表示是否正确,要素之间的关系处理是否合理。

(3)检查图幅整饰是否完整、规范,图面是否清晰易读。

4)图幅理论面积与控制面积接合图表检查

(1)检查图幅理论面积与控制面积接合图表是否能反映调查比例尺,基本单位是否符合规程要求。

(2)检查图幅理论面积与控制面积接合图表内容是否完整,表示是否正确。

(3)检查界内纵向累加值之和与横向累加值之和是否相等,是否为界内总面积。

(4)检查破图幅中行政界线内外控制面积之和,是否等于该图幅的图幅理论面积。

10. 土地利用现状分类面积汇总表及有关资料统计表检查

土地利用现状分类面积汇总表及有关资料统计表包括:土地调查分类面积汇总表(含土地利用现状一级分类面积汇总表、土地利用现状二级分类面积汇总表、土地利用现状一级分类面积按权属性质汇总表)、农村土地调查分类面积汇总表(含农村土地利用现状一级分类面积汇总表、农村土地利用现状二级分类面积汇总表、农村土地利用现状一级分类面积按权属性质汇总表)、其他表(含耕地坡度分级面积汇总表、基本农田情况统计表、第二次土地调查有关情况统计表)。

检查内容包括:

(1)检查数量、格式、内容是否齐全、正确。

(2)检查村等权属单位面积、分类面积之和是否等于乡镇面积、乡镇分类面积;各乡镇面积、分类面积之和是否等于县行政区域控制面积、县分类面积。各表之间的同一地类面积是否一致。对统计汇总表出现的任何问题,都必须对整个数据重新进行计算和汇总。

11. 土地调查报告成果检查

(1)检查文字报告成果内容是否齐全,表达是否清晰、流畅、条理性强,前后表述是否一致。

(2)技术报告中对土地调查的各个环节技术方法是否表述清楚,数据库建设的内容是否符合土地调查数据库建设规范的有关要求。

(3)各种数据表格是否规范,表格内数据是否平衡,是否与报告中引述一致。

(4)数据变化分析方面,检查各地类之间的变化和转换关系是否符合当地实际情况,耕地的增加来源、减少去向是否合理,建设用地增加量和占用耕地数量是否符合实际,调查成果与历史数据(调查当年土地变更调查数据)的差异分析是否合理。

12. 其他内容检查

检查沿海县的滩涂、海岛的调查及统计是否符合规程要求,用于本次调查的其他资料是否符合有关要求。

13. 外业检查

1)检查比例

在内业检查的基础上,抽取不少于20%的不一致图斑和线状地物、全部补测地物,以及不少于五个行政村的权属界线进行外业检查。

2)检查内容和方法

携带外业工作底图、《农村土地调查记录手簿》、对应的标准分幅土地利用现状图、土地权属有关资料、土地调查成果检查表和必要的测量工具等到实地,进行如下检查:

(1)以实地现状为准,对照检查外业工作底图(或标准分幅土地利用现状图)上标绘内容与实地是否一致,一致性的内容包括图斑的形状、地类,线状地物的走向、地类和宽度,以及零星地物的位置、地类及面积。

(2)检查权属界线位置、走向是否正确。

(3)检查补测地物的精度是否满足要求。

将检查结果记录在土地调查成果检查表内。

9.3.4　农村土地调查成果核查确认的内容与方法

1. 资料齐全性检查

(1)检查资料是否齐全、完整,有无丢漏、损毁的情况。

(2)检查文字报告内容是否齐全、完整,汇总统计表填写是否正确、规范。

2. 数据库质量检查

(1)检查数据库数据格式、数学基础是否符合要求,数据库是否运行良好,有无要素层丢漏,属性值是否正确、完整。

(2)检查影像的数据类型、文件形式(分幅或全景)是否符合要求,检查影像是否清晰,能否达到地类判读的要求,与土地利用数据层套合是否准确。

(3)检查数据库中各数据的准确性和逻辑一致性。

3. 基本农田核查

(1)检查基本农田的上图方法是否符合要求。

(2)检查计算机汇总的基本农田数据与上报数据的一致性。

(3)将基本农田数据层与土地利用数据层叠加,检查基本农田面积汇总数据与上报的基本农田地块中各地类面积的一致性。

4. 面积汇总检查

面积汇总检查是指利用土地利用数据库软件，对数据库按行政区域重新计算并汇总各地类面积，并与调查上报数据、控制面积进行对比检查的过程。面积汇总检核表如表9-12所示。

表9-12　面积汇总检核表

______县(区、市)面积汇总检核表

单位：m^2

一级地类编码	一级地类	上报数据面积	计算机汇总面积	计算机汇总面积与上报数据面积差值(绝对值)	计算机汇总面积与上报数据面积差值(相对值)
01	耕地				
02	园地				
03	林地				
04	草地				
20	城镇村及工矿用地				
10	交通运输用地				
11	水域及水利设施用地				
12	其他土地				

数据库中图斑数量______个，线状地物______条，零星地物______个。

5. 地类一致性核查

1)影像特征分析

对正射影像和核查区情况进行分析，了解遥感影像的类型、时相和处理情况，熟悉核查区的主要地形、地貌特征，掌握核查区主要地类的分布和影像特征等。

2)一致性检查

在统一的地理坐标系下，将数据库中的相关土地利用数据层与正射影像图叠加套合，目视判读影像，对目视判读地类和数据库中的地类进行一致性检查，将不一致或存疑的图斑(线状地物)的有关属性记录在地类一致性核查记录表内，如表9-13和表9-14所示，并按照影像将不一致部分勾绘出来，作为疑问图斑。

表9-13　地类一致性核查记录表

______县(区、市)图斑一致性核查记录表

序号	内业核查										地方复核		外业核查		备注
	图幅号	疑问图斑编号	权属名称	权属代码	所属图斑编号	数据库地类编码	判读地类编码	问题及说明	疑问类型编号	疑问图斑面积/亩	复核结果	是否正确	外业核实地类	是否正确	
1	2	3	4	5	6	7	8	9	10	11	12	13	14	15	16

填写说明：1栏填写所有的疑问记录的编号，按图幅号、疑问图斑编号顺序编号；2栏填写该图斑所在的标准分幅图幅号；3栏填写在同一标准分幅图内的疑问图斑的顺序编号；4栏填写该图斑所在的权属单位的名称；5栏填写该图斑所在的权属单位的代码；6栏填写疑问图斑所在原图斑的编号；7栏填写数据库中该图斑的地类编码；8栏填写根据影像判读出的图斑的地类编码；9栏描述图斑的疑问类型；10栏按照表9-15填写疑问类型编号；11栏填写疑问图斑的面积，以亩为单位；12栏填写地方复核的地类编码，具体到二级类，由复核人员填写；13栏填写数据库地类与复核结果是否一致；14栏填写外业实地核实的地类编码，具体到二级类，由外业核实人员填写；15栏填写数据库地类与外业核实地类是否一致；16栏填写其他要说明的信息。

表 9-14　地类一致性核查记录表

________县(区、市)线状地物一致性核查记录表

序号	内业核查													地方复核		外业核查		备注
	图幅号	疑问线状地物编号	权属名称	权属代码	所属线状地物编号	数据库地类编码	判读地类编码	问题及说明	疑问类型编号	量算宽度/m	数据库宽度/m	长度/m	疑问线状地物面积/亩	复核结果	是否正确	外业核实地类编码	是否正确	
1	2	3	4	5	6	7	8	9	10	11	12	13	14	15	16	17	18	19

填写说明:1 栏填写所有疑问记录的编号,按图幅号、疑问线状地物编号顺序编号;2 栏填写该线状地物所在的标准分幅图幅号;3 栏填写在同一标准分幅图内的疑问线状地物的顺序编号;4 栏填写该线状地物所在的权属单位的名称;5 栏填写该图班所在的权属单位的代码;6 栏填写疑问线状地物所在原线状地物的编号;7 栏填写数据库中该线状地物的地类编码;8 栏填写根据影像判读出的线状地物地类编码,属于疑问类型“X05”的线状地物填写此项,其他疑问类型不填;9 栏描述线状地物的疑问类型;10 栏按照表 9-16 填写疑问类型编号;11 栏填写根据影像量算的线状地物的宽度,精确到 0.1 m;12 栏填写数据库中该线状地物的宽度,以 m 为单位;13 栏填写量算疑问线状地物的长度,精确到 0.1 m;14 栏填写疑问线状地物的长度乘以数据库宽度与量算宽度之差的绝对值,以亩为单位;15 栏填写地方复核的地类编码,具体到二级类,由复核人员填写;16 栏填写数据库地类与复核结果是否一致;17 栏填写外业实地核实的地类编码,具体到二级类,由外业核实人员填写;18 栏填写数据库地类与外业核实地类是否一致;19 栏填写其他要说明的信息。

3)疑问图斑(线状地物)分类

根据影像判读地类和数据库地类的不同,对疑问图斑(线状地物)进行分类。疑问图斑的类型分为十类,疑问线状地物的类型分为六类,详见地类一致性核查图斑疑问类型和地类一致性核查线状地物疑问类型说明,如表 9-15 和表 9-16 所示。

表 9-15　地类一致性核查图斑疑问类型

疑问类型	数据库地类	影像判读地类	疑问类型说明
T01	城镇村及工矿用地	耕地	数据库中城镇村及工矿用地,影像图为耕地
T02	其他建设用地	耕地	数据库中交通或水利设施用地,影像图为耕地
T03	城镇村及工矿用地	农用地其他地类	数据库中城镇村及工矿用地,影像图为园地、林地、草地或其他农用地
T04	其他建设用地	农用地其他地类	数据库中交通或水利设施用地,影像图为园地、林地、草地或其他农用地
T05	未利用地	耕地	数据库中未利用土地或其他土地,影像图为耕地
T06	未利用地	农用地其他地类	数据库中未利用土地或其他土地,影像图为园地、林地、草地或其他农用地
T07	城镇村及工矿用地	未利用地	数据库中城镇村及工矿用地,影像图为未利用土地或其他土地
T08	其他建设用地	未利用地	数据库中交通或水利设施用地,影像图为未利用土地或其他土地

续表

疑问类型	数据库地类	影像判读地类	疑问类型说明
T09	农用地其他地类	耕地	数据库中园地、林地、草地或其他农用地，影像图为耕地
T10	其他类型		

填写说明：①其他建设用地包含地类编码为101/102/105/106/107/113/118的地类；②农用地其他地类包含地类编码为02/03/04/104/114/117/122/123的地类；③未利用地包含地类编码为111/112/115/116/119/043/124/125/126/127的地类；④其他疑问类型为T01～T09以外的类型。

表9-16 地类一致性核查线状地物疑问类型

疑问类型	疑问类型说明
X01	影像上明显存在的，而数据库中未标示的线状地物
X02	影像上不存在的，而数据库中标示为线状地物
X03	数据库中线状地物的位置与影像上的位置不吻合
X04	数据库中的线状地物宽度与根据影像量算的宽度不符
X05	数据库地类与影像判读地类不一致
X06	X01～X05以外的其他类型

4)数据汇总及分析

地类一致性核查完成后，在地类一致性核查记录表的基础上，按照疑问类型对疑问图斑进行分类型统计和分地类统计，如表9-17和表9-18所示，并进行分析，总结规律性的问题。

表9-17 疑问图斑分类型统计表

________县(区、市)疑问面积分类型统计表

疑问类型	数据库地类	影像地类	疑问图斑数量	疑问图斑面积/亩	所占疑问面积比例/%
T01	城镇村及工矿用地(20)	耕地(01)			
T02	其他建设用地	耕地(01)			
T03	城镇村及工矿用地(20)	农用地其他地类			
T04	其他建设用地	农用地其他地类			
T05	未利用地	耕地(01)			
T06	未利用地	农用地其他地类			
T07	城镇村及工矿用地(20)	未利用地			
T08	其他建设用地	未利用地			
T09	农用地其他地类	耕地(01)			
T10	其他类型				
合计					

填写说明：①其他建设用地包含地类编码为101/102/105/106/107/113/118的地类；②农用地其他地类包含地类编码为02/03/04/104/114/117/122/123的地类；③未利用地包含地类编码为111/112/115/116/119/043/124/125/126/127的地类；④其他疑问类型为T01～T09以外的类型。

表 9-18　疑问面积分地类统计表

________县(区、市)疑问面积分地类统计表

单位:m^2

数据库地类	判读地类								
	耕地	园地	林地	草地	城镇村及工矿用地	交通运输用地	水域及水利设施用地	其他土地	合计
耕地									
园地									
林地									
草地									
城镇村及工矿用地									
交通运输用地									
水域及水利设施用地									
其他土地									
合计									

5)报告编写和疑问图斑分布图制作

针对核查工作区的具体情况,以县(区、市)为单元,编写内业核查报告和制作疑问图斑分布图。报告主要内容包括:核查总体情况、资料情况、遥感影像分析、数据库质量检查情况、面积汇总检查、地类一致性核查、核查数据汇总及分析、整体核查意见等内容。

6)地方复核

县级土地调查办组织人员,根据地类一致性核查记录表和内业核查报告,对有疑问的图斑、线状地物进行逐个核实,将复核结果记录在地类一致性核查记录表中,并形成复核情况报告。

7)外业实地核查

根据疑问图斑(线状地物)的分布、疑问类型、面积、数量和地方复核情况,综合确定图斑抽样方法和图斑数量。原则上,应抽取不少于5%的疑问图斑、线状地物和补测地物进行外业实地核实。同时,可适当选取邻近的重点地类(如耕地、基本农田、建设用地等)进行检查,并将结果记录在地类一致性核查记录表中,编写外业实地核查报告。

8)成果确认

根据内、外业核查和地方复核情况,对照历年土地变更调查结果,结合土地调查数据变化分析情况,对县级土地调查成果进行确认。

9.3.5　农村土地调查成果的评价

农村土地调查县级成果检查包括整体检查、内业成果检查、外业检查、数据库检查和成果核查确认等五大项内容,以定性和定量相结合,全面检查与抽样检查相结合为基本评价原则。评价结果分合格和不合格两级。具体评价指标是:

(1)重要成果有缺项的为不合格成果,须补齐后,再进行检查。

(2)总体技术方法检查中发现技术路线有严重缺陷的,为不合格成果。

(3)内业检查中数字正射影像图(DOM)质量应满足要求,土地调查数据库符合建库技术规范的要求。当内业检查中发现的问题小于检查总量(包括图斑、线状地物、权属界线等)的5%时,为合格成果。

(4)外业检查中权属界线准确无误,补测地物的精度满足要求,抽查的图斑、线状地物正确率达到95%以上的为合格成果。

(5)核查确认中面积汇总数据与调查上报数据一致,外业抽查正确率达到95%以上的视为合格成果。

9.3.6 检查验收报告

1. 自检报告

报告内容包括:检查时间和地点、检查组人员组成、检查内容、发现的问题(须详细列表指出,并存档)、整改建议(须具体说明)和基本结论等。

2. 预检报告

预检单位须向被预检单位提交详细的预检报告,特别是对存在的问题和修改完善意见要明确,写清楚并说明是否需要第二次预检和预检内容。报告内容包括:预检时间和地点、预检组专家构成、预检内容、逐项成果检查结果、主要存在问题(详细列出)、基本结论和整改建议。

3. 验收意见

验收意见主要内容为:组织验收单位、时间、地点、程序;对提交验收成果的完整情况是否符合有关规定的评价;对总体技术路线、技术方法、工艺流程的评价;通过对成果的内外业检查、抽查,形成对成果质量的总体评价;对数据、图件、数据库成果的评价;对文字报告的评价;对技术创新点或采用新技术的评价;是否通过验收的结论;成果存在具体不足之处及改进意见。

4. 核查确认意见

根据内业一致性核查和外业实地核查情况,形成核查确认意见,主要内容包括:组织核查的单位、时间、地点及核查内容;内业一致性核查结果,外业实地核查结果,面积汇总检核结果,主要存在问题和建议,结论等。

思考题

1. 城镇地籍调查的主要成果有哪些?
2. 城镇地籍调查工作报告和技术报告的主要内容有何区别?
3. 简述城镇地籍调查工作检查验收制度。
4. 城镇地籍调查成果检查验收时,各级检查验收的比例如何规定?
5. 如何进行解析界址点点位误差的检查?
6. 城镇地籍调查成果的合格品标准是如何规定的?
7. 农村土地调查结束后县级成果主要有哪些?
8. 简述农村土地调查成果检查验收的程序。
9. 农村土地调查成果检查的内容有哪些?
10. 如何评价农村土地调查的成果?

第10章 土地勘测定界

§10.1 土地勘测定界概述

10.1.1 土地勘测定界的概念

土地勘测定界是根据土地征收、征用、划拨、出让、农用地转用、土地利用规划及土地开发、整理、复垦等工作的需要,实地界定土地使用范围、测定界址位置、调绘土地利用现状、计算用地面积,为国土资源行政主管部门用地审批和地籍管理等提供科学、准确的基础资料而进行的技术服务性工作。土地勘测定界工作,在各级国土资源行政主管部门组织下,由有资格的勘测单位承担。

10.1.2 土地勘测定界意义

土地勘测定界工作的意义在于:保障用地审查,使用地审批工作更加科学化、制度化、规范化,健全了用地的准入制度;使项目用地依法、科学、集约和规范,严格控制非农业建设占用耕地,保障耕地保护制度的实施。土地勘测定界工作是项目用地从立项到审批程序中的重要环节,是用地审批的重要依据。

项目用地环节:项目立项→预审→项目可行性研究论证→初步设计论证→勘测定界→审查报批→取得建设用地批准书。

10.1.3 土地勘测定界的特点

(1)综合性。土地勘测定界工作兼有地籍调查、土地利用现状调查及放样测量三者的内容。

(2)专门性。土地勘测定界是一项专门为用地审批服务而衍生出来的特殊性技术工作。

(3)精确性。土地勘测定界成果直接服务于用地审批工作,同时也服务于土地管理的其他工作,其精确性应与土地管理,特别是地籍管理的工作要求相衔接。

(4)及时性。土地勘测定界在一定程度上制约着工程进展速度,这就要求勘测定界人员准确、及时地提交勘测定界成果,提高审批效率。

(5)法律性。土地勘测定界的成果是用地审批、土地登记等工作的重要依据,具有一定的法律性。

10.1.4 土地勘测定界工作的内容

(1)收集资料、实地踏勘、制定技术方案。

(2)实地调查用地范围、权属、地类等基本情况。

(3)实地测设界址点并埋设界址桩。

(4)界址点坐标测量。

(5)编制土地勘测定界图及项目用地范围图。

(6)土地勘测定界面积量算和汇总。

(7)撰写土地勘测定界技术报告书。

10.1.5 土地勘测定界工作程序

土地勘测定界工作按其工作的先后顺序,将其分为以下四个阶段:准备工作阶段、外业工作阶段、内业工作阶段、成果检查验收及归档阶段。各个工作阶段之间的关系,见土地勘测定界工作程序框图,如图 10-1 所示。

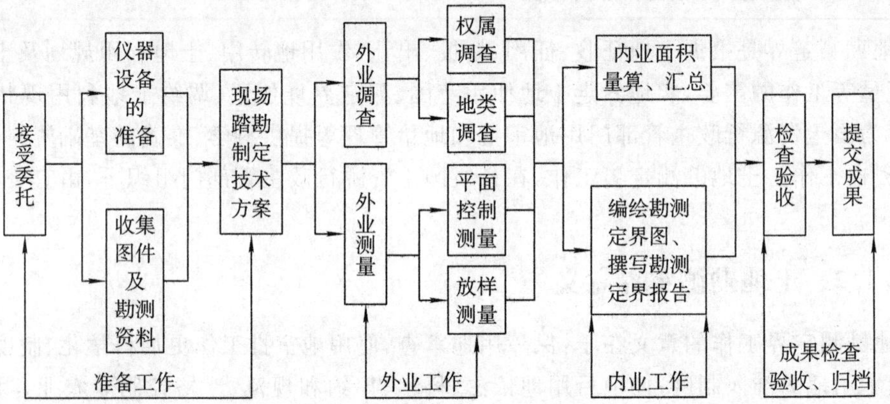

图 10-1 土地勘测定界工作程序

§10.2 土地勘测定界的准备工作

勘测定界的准备工作主要包括接受委托、组建队伍、查阅有关文件及图件、现场踏勘、技术设计等内容。

10.2.1 接受委托

具备勘测定界资格的勘测单位,须持有用地单位或有权批准该项目用地的政府自然资源主管部门的勘测定界委托书,方可开展土地勘测定界工作。

10.2.2 组建队伍

根据建设项目的大小和土地勘测定界的工作程序,可成立领导小组或确定项目总负责人,组建外业调查组、外业测量组、内业整理汇总组等具体工作小组,并配备相应的人员,各小组要分工明确。

10.2.3 收集、查阅相关文件、图件和勘测资料

1. 文件资料

查阅由用地单位提供的城市规划区内建设用地规划许可证或选址意见书及规划用地范围图、批准的施工设计和有关资料;自然资源主管部门在前期对项目用地的审查意见。

2. 图件资料

勘测定界工作应尽量搜集用地范围内的地籍图、地形图、土地利用现状图(比例尺不小于1∶10 000)、土地利用总体规划图、基本农田界线图,测区范围内的航片图、土地利用权属界线图,用地单位提供的由专业设计单位承担设计的用地范围图,以及比例尺不小于1∶2 000的建设项目工程总平面布置图,大型工程、线形工程总平面布置图的比例尺不小于1∶10 000。

3. 勘测资料

(1)用地范围附近原有平面控制点坐标成果、控制点点之记、控制点网图、原控制网技术设计书、有关坐标系统的投影带、投影面等资料。

(2)用地界址点拟定坐标(设计坐标)或与定界有关的参考资料。

4. 权属证明文件

作为权属认定的依据,权属证明文件的收集包括土地权属文件、征用土地文件、土地承包合同(协议)、土地出让合同、清理违法占地的处理文件、用地单位的权源证明等。此外,还应搜集工作范围内各种用地和建筑物(构筑物)的产权资料作为权属检核的依据。

10.2.4　现场踏勘、制定技术方案

1. 现场踏勘

在审查有关资料的基础上,根据收集的控制点成果资料,了解项目用地附近的各级控制点的标石完好情况和现场通视条件,以便制定合理的勘测技术方案。对于线形和大型建设项目用地还应调查了解交通和地理条件。

现场调查用地范围内的行政界线、地类界线及地下埋藏物,并标绘在地形图上。

2. 制定技术方案

根据收集、查阅资料情况和现场踏勘情况制定土地勘测定界工作技术方案。其主要内容包括:

(1)用地范围、地理位置、交通条件、权属状况、地形地貌等。

(2)工作程序、时间要求、经费安排、人员配备情况。

(3)工作底图的选择、测量方法、成果要求。

(4)控制网的布设方法、测量所需仪器状况、技术依据。

§10.3　土地勘测定界的外业调绘

实地调查核实用地范围内的行政界线、权属界线、土地利用类型界线、基本农田界线、已批准的农用地转为建设用地的范围线,将其测绘或转绘于工作底图上,同时对土地利用现状类型进行调查核实。

10.3.1　准备工作底图

工作底图是指土地勘测定界调查工作用图,是外业调查、转绘、面积量算、编制土地勘测定界图的基础图件。勘测定界所用工作底图应是用地范围内的现势性较好的地籍图、地形图、标准分幅的土地利用现状图。工作底图的比例尺应与勘测定界图的比例尺相同,一般不小于1∶2 000,大型工程工作底图比例尺不小于1∶10 000。工作底图的现状不能满足勘测定界工

作要求时应对界址线附近和界址范围内的地形地物进行修测或补测。

10.3.2 权属界线调绘

在查阅用地范围内的土地利用现状调查及土地登记有关资料的基础上，经实地核实，将用地范围内的权属界线、行政界线转绘到工作底图上。

对用地范围内的各权属单位的土地，在土地利用现状调查、城镇地籍调查时已形成的《土地权属界线协议书》核定的权属界线，经复核无误的，勘测定界调查时可不再重新调查，否则应重新调查。因此，权属调查的工作程序根据准备工作阶段的收集资料情况分两种进行：一种是具备土地权属定界资料的调查；另一种是不具备土地权属定界资料的调查。工作程序如图 10-2 所示。

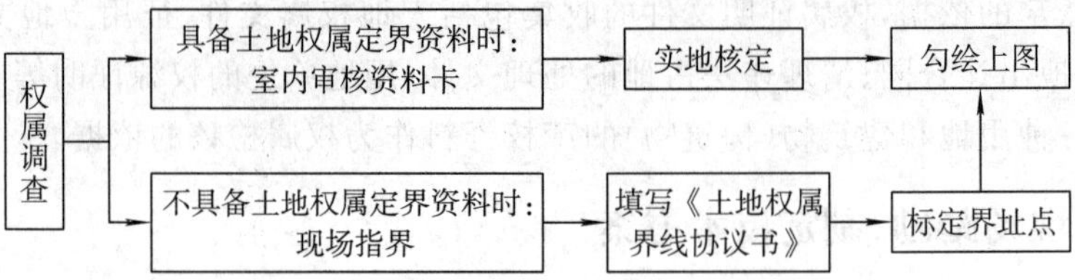

图 10-2 土地勘测定界权属调查的程序

10.3.3 地类调绘

依据土地利用现状分类，利用地籍图、土地利用现状图或地形图上的有关土地利用类型界线，通过现场调查及实地判读，将用地范围内及其附近的各土地利用类型界线测绘或转绘在工作底图上，并标注末级土地利用类型编号。同时对土地利用现状调查的土地利用类型进行核实，与实地不一致的，按变更地籍调查的有关规定处理。

10.3.4 基本农田界线调绘

在当地国土资源行政主管部门，查阅用地范围区域的土地利用总体规划资料、基本农田保护区规划资料。将用地范围内及其附近的基本农田界线测绘或转绘在工作底图上，图上确定项目用地占用基本农田的范围，并实地核定。

10.3.5 农用地转用范围线的调绘

如果项目用地占用土地利用总体规划经批准确定的农用地转用范围的农用地，应将用地范围内及其附近的已批准的农用地转用界线绘制在工作底图上。

§10.4 土地勘测定界的外业测量

土地勘测定界外业测量是指根据项目用地的初步设计图或规划用地范围图实地放样界址点并埋设界址桩，然后对用地界址点（包括权属界址点、行政界址点）进行解析测量界址点坐标的工作。土地勘测定界外业测量工作主要包括平面控制测量、界址点放样、埋设界址桩、界址点坐标测量。

10.4.1　平面控制测量

勘测定界平面控制测量作业及精度的基本技术要求，遵照《地籍调查规程》《第三次全国国土调查技术规程》《卫星定位城市测量技术标准》等。在充分调查分析原有控制点成果质量的基础上，如果原有控制点能够满足勘测定界需要，则可直接利用原有控制点进行界址点放样及坐标测量。若首级控制网点密度不能满足土地勘测定界，应在首级控制点的基础上布设一级或两级加密控制点。加密控制测量可采用 GNSS-RTK 测量、导线网等形式加密控制网，也可用单一附合导线，插点仅限于个别地点使用。若项目用地范围附近没有控制点，则应根据实地情况，重新布设控制网。

10.4.2　界址点的放样及界标的埋设

当测区的控制网逐级布设完成后，在此基础上，进行界址点的勘测放样。界址点放样的依据是建设项目用地条件。建设项目用地条件多为用地边界与规划道路或指定地物的相对关系，在地物稀少地区也可确定为界址点的设计坐标。建设项目用地条件是用地测量的法定文件，作业者不得擅自改动。

1. 实地放样界标的位置

根据用地条件不同，实地放样界标位置一般有两种方法。

1）坐标法放样

根据初步设计图或规划用地范围图，图上拟定界标位置，并图解获得拟用地界址点坐标，或利用工程总平面布置图给定的拟用地界址点坐标。可用全站仪或 GNSS-RTK 测量技术直接进行放样。也可利用控制点（或明显地物点）坐标和拟用地界址点坐标计算放样数据（反算边长、方位角），利用拟用地界址点邻近控制点（或明显地物点）采用极坐标法放样界标位置。

2）关系距离法放样

根据初步设计图、规划用地范围图或工程总平面布置图，拟定界标位置，并在图上量出界址点与邻近现有地物的边长（三条以上），或利用给定的拟用地边界与现有地物的距离夹角等放样界标位置。在实地采用边交会、边角交会等方法放样界标位置。

2. 界标的埋设

界址点是用地相邻界址线的交点，界标是埋设在界址点上的标志。界标之间的距离，直线最长为 150 m，明显转折点应设置界标。如果项目用地范围行政隶属不同，应在用地界线与省（自治区、直辖市）、市、县、乡（镇）的行政界线交点上加设界标。基本农田界线与用地界线的交点、国有土地与集体土地的分界线同用地界线的交点应加设界标。若界址点在河流池塘水域中，界标可埋设在岸边，待有条件时再补设界标。

1）界址点的编号

界址点编号原则上应以用地范围为单位，从左到右，自上而下统一编号。铁路、公路等线形工程的界址点编号可以采用“里程＋里程尾数”编号。新用地的界址点与原用地界址点重合的，采用原界址桩编号。

项目用地界线的界址点一般采用“ JX ”表示。土地权属界线、行政界线与用地范围线的交叉界址点编号应冠以字母表示。S 表示与省界的交点；E 表示与地区（市）界的交点；A 表示与县界的交点；X 表示与乡（镇）界的交点；C 表示与村界的交点；Z 表示与村民小组界的交点。

铁路、公路等线形工程的界址点编号可以采用"里程＋里程尾数"编号。按公里里程增加为前进方向，在里程数前冠以字母 L 为左边界桩，R 为右边界桩，如"RK45＋400"表示 45.4 km 处的前进方向右边界桩。

2)点之记

界址桩位置在实地确定以后，对埋石点或主要转折点均应在现场测记界址点点之记。界址点点之记略图应反映界址桩邻近四周地形、地物情况和必要的文字注记(如村名、路名、水系名等)。并量取与附近地物点的撑线三条(不少于两条，如附近地物稀少，可借助于附近的明显地物，如田埂交叉点、道路交叉点、池塘边角打辅助桩量取撑线)，并用红漆在地物点上标出点号和尺寸，以便他人根据点之记在现场寻找界址桩位置。点之记用 0.2 mm 线条绘制，撑线用虚线表示，测量数据注记到厘米，文字注记力求端正整齐，避免倒置，界址桩点用相应图例符号绘制。界址点撑线应尽量选取用地范围外不拆除的建筑物。界址点点之记格式如表 10-1 所示。

表 10-1　界址点点之记

图号：

点号		界标材料		点号		界标材料	
略图：				略图：			
点号		界标材料		点号		界标材料	
略图：				略图：			

制图者：　　　　年　　月　　日

10.4.3　界址点测量

为检核界址放样的可靠性及界址坐标的精度，在界标放样埋设后，需用解析法进行界址点测量。界址点测量应按照《地籍调查规程》的要求进行。政府用于审批的项目用地的界址点必须进行界址测量，经测量的界址点坐标才能作为审批坐标。项目用地初步设计的界址点坐标、项目工程总平面布置图上的界址点坐标只能作为勘测定界放样数据准备的依据，不能作为审批坐标。

1. 测量方法

界址测量可采用全站仪或 GNSS-RTK 测量。也可用经纬仪采用极坐标法测量，测量时需在已知控制点上设站。角度采用半测回测定，对中误差不得超过±3 mm，一测站结束后必须检查后视方向，其偏差不得超过±30″。距离测量可用电磁波测距仪或钢尺，用钢尺测量时一般不得超过二尺段；使用电磁波测距仪测量时一般不超过 200 m，个别放宽至 300 m；相邻测站至少应检测一界址点。

2. 精度要求

(1)解析测定界址点坐标相对邻近图根点的点位中误差，不得大于 5 cm。

(2)两相邻界址点间，界址边丈量中误差控制在±5 cm 范围内，坐标反算距离与实地丈量距离的校差应控制在 ±10 cm 范围内。

(3)解析法测定的界址点坐标与原拟用地界址点坐标的中误差应控制在±5 cm范围内，允许误差应控制在±10 cm范围内。

§10.5　土地勘测定界的内业工作

土地勘测定界内业工作是指在完成土地勘测定界的外业调查和外业测量工作后，需要对外业成果进行整理、量算、汇总及制图的过程。土地勘测定界内业工作包括编制土地勘测定界图及项目用地范围图、土地勘测定界面积量算和汇总、撰写土地勘测定界技术报告书。

10.5.1　土地勘测定界图的编制

勘测定界图是用于建设用地审批的主要图件材料，是量算项目用地占用各权属单位土地面积、基本农田面积、不同地类面积的基本图件。土地勘测定界图不但要保证一定的精度，同时还要准确地反映出用地周边的土地利用状况。勘测定界图是集各项地籍要素、土地利用现状要素和地形、地物要素为一体的区域性专业图件。勘测定界图是利用实测界址点坐标和实地调查测量的权属、土地利用类型等要素在地籍图或地形图上编绘或直接测绘的。为了便于土地勘测定界图件资料的储存、管理、编辑和资料更新，土地勘测定界资料和图件，应尽可能地采用计算机进行数字图形管理。

1. 土地勘测定界图的内容

土地勘测定界图的主要内容包括：用地界址点和线、用地总面积；用地范围内各权属单位名称及土地利用类型代号；用地范围内各地块编号及土地利用类型面积；用地范围内的行政界线、各权属单位的界址线、基本农田界线、土地利用总体规划确定的城市和村庄集镇建设用地规模范围内农用地转为建设用地的范围线、土地利用类型界线；地上物、文字注记、数学要素等。

1)界址点、用地界线

用地界线是建设项目占用土地的范围线，建设项目完工后，它就是该宗地的界址线。为了与地籍工作衔接及利用勘测定界成果进行土地登记发证，在编制勘测定界图时，用地界线及界址点的绘制，应与地籍图一致。

2)用地范围内的行政界线、权属界线

用地范围内的行政界线及各权属单位的界址线是量算建设项目占用各权属单位土地面积的主要依据。用地范围内的行政界线主要有：省、自治区、直辖市界；自治州、地区、盟、地级市界；县、自治县、旗、县级市及城市内的区界；各权属单位的界址线；乡、镇、村界，国有农、林、牧、渔场界及国有土地使用界线。两级行政界线重合时取高级界线，境界线在拐角处不得间断，应在拐角处绘出点或线。用地范围内的行政界及各权属单位的界址线用红色表示，图例按照《地籍调查规程》的要求。

3)地上物、地貌、地类界线及文字注记

地上物及地貌包括用地范围内及外延区域的各类垣栅管线、房屋、水面界线、道路界线、斜坡、陡坎、路堤、台阶等。地上物及地貌图例按照地形图图例的相关要求绘制，地类符号图例按照全国土地调查技术规程的要求绘制。地上物、地貌、地类界线原则上采用原有的地形图或地籍图上所反映的一切信息。在现场进行调绘时如发现地上物的增减与变化，或者用地界线的改变时，要及时进行修测或补测。地类界线是用地范围内各不同图斑的界线，它是量算建设项目占用各权属单位的不同地类面积及征地补偿的主要依据。文字注记包括地名、权属单位名称、道路名称、水系名称及有特色的地物名称等。

4)用地范围内占用各权属单位土地面积及地类面积

用地范围内占用各权属单位土地面积及地类面积在编辑好的勘测定界图上量算，用红色分式在相应的权属单位或地块上表示，分子为用地范围内占用各权属单位土地面积及地类面积，单位为平方米(m^2)或公顷(ha)，分母为地类编号或权属单位名称。

5)基本农田界线和农用地转用范围线

基本农田界线是项目用地占用基本农田的范围界线，是量算项目用地占用基本农田面积的主要依据。农用地转用范围线是项目用地占用已批准的土地利用总体规划确定的城市和村庄、集镇建设用地规模范围内农用地转为建设用地的范围线。

6)数学要素

数学要素包括：图廓线、坐标格网线、坐标注记及具体整饰注记；控制点及其注记；图框外的比例尺说明及图幅整饰。

2. 土地勘测定界图的绘制

土地勘测定界图是利用放样后复测的界址点坐标及调查成果，在地籍图或地形图上编绘或直接测绘的区域性专用图。利用现有的地籍图或地形图时，应检查其现势性，发现有变化的，应及时进行修测或补测。没有现势性较好的地籍图或地形图时，应在勘测定界前直接测绘地形图，作为调查工作底图及编绘底图。勘测定界图的编绘应在工作底图的蓝晒图或复印图上进行，编绘完成后应透绘在聚酯薄膜上。有条件的地区，应将工作底图扫描或数字化形成电子底图，编绘工作直接在电子底图上进行。土地勘测定界图的比例尺一般不得小于1∶2 000，大型工程经有权批准项目用地的政府土地管理部门批准，勘测定界图比例尺不小于1∶10 000。因此，在编绘土地勘测定界图时，注意选择适当的比例尺，以保证用图的精度。按《土地勘测定界规程》(TD/T 1008—2007)要求，土地勘测定界图的平面位置精度，以其相对于邻近图根点的点位中误差及相邻平面点的间距中误差，在图上应满足表10-2的规定。

表10-2 土地勘测定界图的精度指标

单位：mm

图纸类型	中误差限差	
	1∶500	1∶1 000、1∶2 000
薄膜图	±0.8	±0.6
计算机绘图、蓝晒图	±1.2	±0.8

1)土地勘测定界图的图纸分幅

土地勘测定界图的图纸分幅方式，原则上采用地形图或地籍图的分幅方式，即幅面采用50 cm×50 cm 和 50 cm×40 cm。线性用地或大型项目用地的勘测定界图，可以采用自由分幅。项目用地范围涉及多幅图纸，应编绘图幅接合表。

2)界址点及界址线的编绘

利用放样后复测的界址点坐标，直接展绘在工作底图上，图上连接界址点形成界址线。如果没有实测界址点坐标，可在实地丈量界址点与附近明显地物的关系距离，在图上用距离交会的方法绘出界址点位置。界址点分埋石(包括建筑物拐角界址点)和不埋石两种。将界址点按一定的顺序连接成界址线。界址桩在图上必须从左到右，自上而下统一按顺时针编号。界址桩之间的距离，直线最长为150 m，转折点必须设置界址桩。对于大型线性工程，直线段距离可适当延长。界址点位置用直径为1 mm的红色圆圈表示。界址点编号形式：如用地面积较小，可按阿拉伯数字1，2，3，…，n顺序编制；如用地面积较大，可采用地名或工程名的汉语拼音首字母作为代号顺编。所有界址点的编号或代号一律写在用地范围的外侧。

3）行政界线、权属界线、基本农田界线、农用地转用范围线及地类界线的绘制

为了清楚地表示各种界线，土地勘测定界图上项目用地边界线可根据用地范围的大小用0.3 mm红色实线表示；基本农田界线使用绿色实线绘制，并注明基本农田；农用地转为建设用地范围线使用黄色实线绘制；土地利用类型界线用直径0.3 mm、点间距1.5 mm的点线表示。

用地范围内的行政界限、各权属单位的界址线的编绘，应充分利用土地利用现状调查资料或农村集体土地产权调查资料进行编绘。按照土地利用现状调查时签署的《土地权属界线协议书》及界址走向描述或农村集体土地产权调查时填写的集体土地权属调查表，直接在工作底图上绘制用地范围内的行政界限、各权属单位的界址线。

当《土地权属界线协议书》或集体土地权属调查表上界线走向模糊且文字说明较简单，无法直接编绘时，应由相邻权属单位代表实地指定用地范围线与行政界限及各权属单位界址线的交点，并实地丈量其与附近明显地物的关系距离，在图上用前方交会的方法绘出用地范围线与行政界限及各权属单位界址线的交点位置。当进行较高精度的勘测定界时，应实地测量用地范围线与行政界限及各权属单位界址线的交点坐标，并将其展绘在工作底图上。

在外业期间一定要搞清楚行政界线、权属界线，在内业绘图时应按《地籍调查规程》及《第三次全国国土调查技术规程》的规定执行。基本农田界线应根据土地利用现状图或土地利用总体规划上的基本农田界线转绘到工作底图上；农用地转用范围线应按照土地利用总体规划或土地利用年度计划等进行转绘；地类界线应利用地籍图、地形图及土地利用现状图上的地类或图斑界线转绘，当有变化时，应根据地类调查资料修改。

4）用地面积、各种符号绘制及文字数字的注记

勘测定界图上用地范围内每个权属单位均应在适当位置注记权属单位名称和面积；每个地块均应在适当的位置注记地块编号、土地利用类型号和面积。其注记方式为

$$\frac{04}{241}3\ 368.067$$

其中，分母表示土地利用类型编号，分子表示该地块的编号，右侧表示该地块的面积。

$$\frac{\mathrm{RK}10 \pm 350}{31.30}$$

其中，分子代表点号，分母代表该点到中线的距离。

若同一块用地由多幅图纸拼接，面积数字应注记在较大一块的图幅内，其他图幅内只注记权属单位名称等文字。定界范围窄长或范围太小无法注记时，可用引线（黑色）标注在空余处。加盖勘测定界专用章，应加盖在“××土地勘测定界单位”处。每张图纸加盖一个勘测定界专用章。

对注记字体的要求：

（1）图名为“××工程用地勘测定界图”，字体为黑体，字高为5 mm；

(2)“用地总面积:17 669.538 m²”,字体为楷体,字高为 4 mm,颜色为红色;

(3)权属名称,如“粮食局”等,字体为楷体,字高为 2.4 mm,权属“国有”为楷体,字高为 4 mm;

(4)图中界址点号,字体为楷体,字高为 2.4 mm;

(5)地块号、地类号、地块面积,字体为楷体,字高为 2.4 mm。

勘测定界图图式按照《地籍调查规程》及《第三次全国国土调查技术规程》的规定执行。对以上两个规程未作规定的图式,应按照国家颁布的现行比例尺图式执行。图 10-3、图 10-4 为土地勘测定界图的样图。

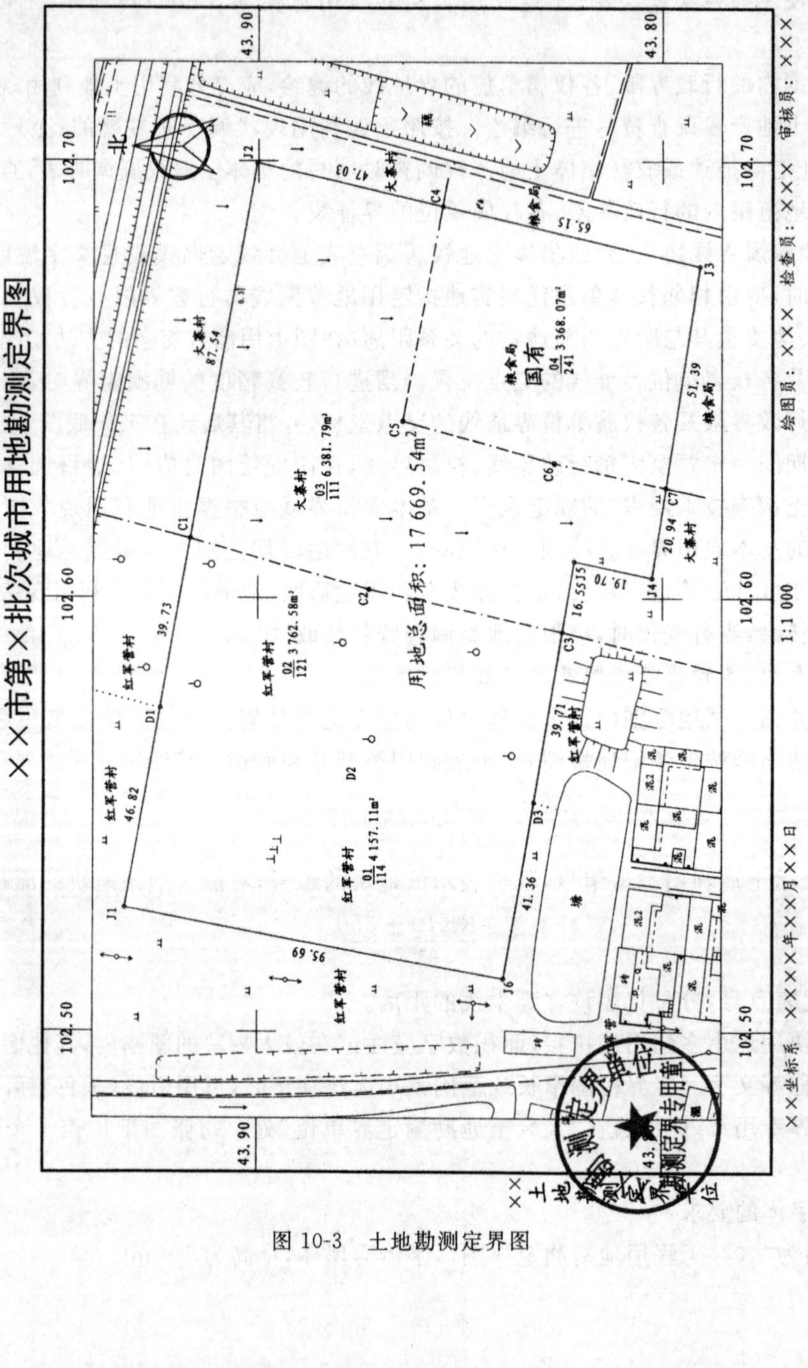

图 10-3 土地勘测定界图

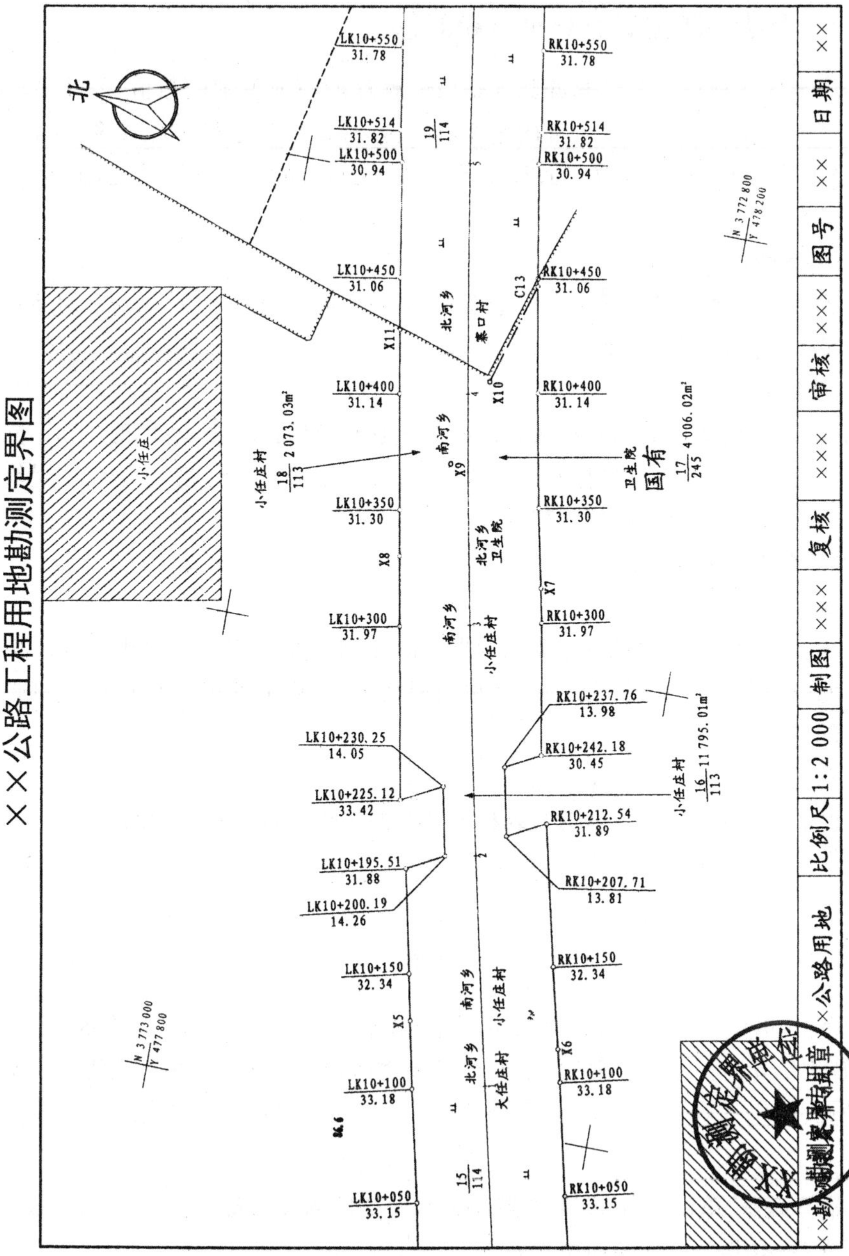

图 10-4　土地勘测定界图(线型)

3. 土地勘测定界用地范围图的编绘

为满足建设用地审批的需要，勘测定界图编制完成后，应依据勘测定界图，将用地范围展绘到比例尺不小于 1∶10 000 的土地利用现状图上，制作土地勘测定界用地范围图。该用地范围图即建设用地审批中要求的拟占用土地范围。用地范围图的绘制应力求点位精确，并与勘测定界图、土地分类面积表的内容相一致。条件具备的地区，尽量采用计算机图形处理技术，进行土地勘测定界用地范围图的制作。大型项目土地勘测定界用地范围图的比例尺不小于 1∶50 000。

10.5.2 土地勘测定界面积量算和汇总

土地勘测定界面积量算和汇总的数据是用地审批中一项关键的数值，因此要求作业人员必须具有严谨的工作作风和认真负责的态度，在量算面积及汇总统计时，必须按规定的表格认真填写，字迹工整清晰，不得涂改。面积量算应在土地勘测定界图上进行，面积量算单位为 m^2，取至 0.01 m^2。

1. 面积量算的内容

勘测定界面积量算内容包括项目用地面积、项目用地占用基本农田面积、用地范围内原不同权属单位及不同土地利用类型面积。

2. 面积量算的方法

项目用地面积、用地内部原不同权属面积应用解析坐标计算面积；用地内部不同土地利用类型面积可用解析坐标或图解坐标计算面积，也可以采用几何图形法、求积仪法量算面积。如果是数字图，可由计算机直接进行面积统计。

3. 面积量算的原则与精度

1)面积量算的原则

图上面积量算应遵循分级量算，按比例平差的原则。利用勘测定界用地总面积控制用地范围内原不同权属单位或不同土地利用类型面积之和，当其相对误差小于 1/200 时，将误差按面积比例分配。

2)精度要求

(1)坐标法计算面积需采用下列公式独立计算两次进行检核。公式为

$$P=\frac{1}{2}\sum_{1}^{n}X_i(Y_{i+1}-Y_{i-1}) \tag{10-1}$$

$$P=\frac{1}{2}\sum_{1}^{n}Y_i(X_{i+1}-X_{i-1}) \tag{10-2}$$

式中：P 为面积，单位为 m^2；X_i、Y_i 为界址点坐标，单位为 m；n 为界址点个数。

(2)图解法量算面积需进行两次，校差在限差之内时，取两次量算的均值。两次面积量算的校差应满足

$$\Delta \leqslant 0.000\,3M\sqrt{P} \tag{10-3}$$

式中：P 为量算面积，单位为 m^2；M 为勘测定界图纸比例尺分母。

满足要求后，取其平均值为地块面积。

(3)几何图形法计算面积的误差应满足

$$\Delta < 2.04m_L/P \tag{10-4}$$

式中：P 为量算面积，单位为 m^2；m_L 为界址边量算的中误差，单位为 m。

满足要求后，取其平均值为地块面积。

4. 面积量算数据汇总

在量算不同权属、不同土地利用类型面积的基础上，分别以市(县)、乡(镇)、村(组)为单位按不同的土地利用类型进行面积汇总，项目用地若占用基本农田，则基本农田保护区划内的土地和基本农田保护区划外的土地分别统计汇总。

10.5.3　撰写土地勘测定界技术报告书

土地勘测定界最后成果体现于土地勘测定界技术报告书。土地勘测定界技术报告书内容有土地勘测定界技术说明、土地勘测定界表、土地分类面积表、界址点坐标成果表、界址点点之记、项目用地地理位置图。将上述内容按封面、目录、说明、表格、略图等装订成册。

1. 封面

报告书的封面要标明用地单位、项目用地名称、勘测定界单位、日期、报告编号等要素，其中编号采用“年份-份数”的形式，以便于成果的归档、整理。例如：“编号(2020-12)”系指该单位 2020 年的第 12 份勘测定界技术报告。“日期”系指勘测定界内外业完成的时间。如图 10-5 所示。

编号(××××-××)

土地勘测定界技术报告书(示例)

用　地　单　位：

项目用地名称：

勘测定界单位：

年　月　日(指内外业完成时间)

图 10-5　土地勘测定界技术报告书封面

2. 目录

土地勘测定界技术报告书的目录如图 10-6 所示。

目　录

1. 土地勘测定界技术说明 ……………… 页
2. 土地勘测定界表 ……………………… 页
3. 土地分类面积表 ……………………… 页
4. 界址点坐标成果表 …………………… 页
5. 项目用地地理位置图 ………………… 页

图 10-6　土地勘测定界技术报告书目录

3. 土地勘测定界技术说明

(1)勘测定界的目的和依据，包括项目立项批复、技术依据等。

(2)施测单位及日期，包括勘测单位、施测起止时间、内业完成时间。

(3)勘测定界外业调查情况，包括权属、土地利用类型调查的依据、方法，以及基本农田界线的转绘等。

(4)勘测定界外业测量情况,包括测量仪器的选择、坐标系统的选择、首级控制选择、控制网布设情况及埋设界标个数等情况。

(5)勘测定界面积量算与汇总情况,包括面积量算的方法、实测用地总面积、占用基本农田面积等。

(6)相关情况说明,包括工作底图的选择、勘测定界图编绘(测量)方法、对成果资料的说明以及自检情况等。

4. 勘测定界表

勘测定界表主要填写内容:用地单位名称及经办人、单位地址及主管部门、土地坐落及用途、相关文件、图幅号、勘测定界单位的签注。勘测定界单位主管领导、项目负责人及审核人应在勘测定界表签字,如表10-3所示。

表10-3　勘测定界表

<table>
<tr><td colspan="2">单位名称①</td><td colspan="7"></td><td colspan="2">经办人</td><td colspan="5"></td></tr>
<tr><td colspan="2">单位地址②</td><td colspan="7"></td><td colspan="2">电话</td><td colspan="5"></td></tr>
<tr><td colspan="2">主管部门③</td><td colspan="7"></td><td colspan="2">土地用途④</td><td colspan="5"></td></tr>
<tr><td colspan="2">土地坐落⑤</td><td colspan="14"></td></tr>
<tr><td colspan="2">相关文件⑥</td><td colspan="14"></td></tr>
<tr><td colspan="2">图幅号⑦</td><td colspan="14"></td></tr>
<tr><td rowspan="5">勘测面积/m²或ha⑧</td><td rowspan="2">地类
所有权</td><td colspan="6">农用地</td><td colspan="4">建设用地</td><td colspan="3">未利用地</td><td rowspan="2">合计</td></tr>
<tr><td>耕地</td><td>园地</td><td>林地</td><td>牧草地</td><td>其他农用地</td><td>小计</td><td>工矿及居民点</td><td>交通运输用地</td><td>水利设施用地</td><td>小计</td><td>未利用地</td><td>其他土地</td><td>小计</td></tr>
<tr><td>国有</td><td></td><td></td><td></td><td></td><td></td><td></td><td></td><td></td><td></td><td></td><td></td><td></td><td></td><td></td></tr>
<tr><td>集体</td><td></td><td></td><td></td><td></td><td></td><td></td><td></td><td></td><td></td><td></td><td></td><td></td><td></td><td></td></tr>
<tr><td>合计</td><td colspan="6"></td><td colspan="9"></td></tr>
<tr><td colspan="8">占用基本农田面积</td><td colspan="8"></td></tr>
<tr><td colspan="16">勘测定界单位签注⑨</td></tr>
<tr><td colspan="16">单位主管:
审核人:
项目负责人:
盖章:(土地勘测定界专用章)
年　月　日</td></tr>
</table>

填写说明:①用地单位全称(即该单位公章全称)、个人用地则填户主姓名;②用地单位办公地址及联系电话;③与单位有资产、行政等关系的上级领导部门,个人用地时此栏不填;④项目用地土地用途,按全国统一的土地分类中土地分类含义填写;⑤用地的坐落;⑥项目可行性研究报告或项目建议书批准文件,工程初步设计或工程总平面规划批准文件,规划许可证等;⑦勘测定界图分幅图号;⑧按土地权属性质分,包括国有土地面积、集体土地面积;按现状土地利用类型分,包括农用地、建设用地、未利用土地,并填写占用基本农田面积;⑨勘测定界单位签注由单位主管、审核人、项目负责人的签章,并加盖勘测定界单位土地勘测定界专用章。

5. 土地分类面积表

土地分类面积表如表 10-4 所示。

表 10-4 土地分类面积表(　　)

__________土地分类面积表　　　　单位：m^2 或 ha

权属单位	农用地										建设用地								未利用土地		合计	备注
	耕地	其中			园地			林地	牧草地	其他农用地	商服用地	工矿仓储用地	公用设施用地	公共建筑用地	住宅用地	交通运输用地	水利设施用地	特殊用地	未利用土地	其他土地		
合计																						

填写说明：①本表要求填写用地范围内原不同权属、不同土地利用类型的土地面积；②在表题括号内填写权属状况，国有土地填写“国有”，集体土地填写“集体”；③当面积统计从行政村（组）汇总到乡（镇）时，表头填写市（县）、乡（镇），权属单位栏填写行政村；当面积统计从乡（镇）汇总到市（县）时，表头填写市（县），权属单位栏填写乡（镇）。

6. 界址点坐标表

界址点坐标表如表 10-5 所示。

表 10-5 界址点坐标成果表

点号	距离	纵坐标	横坐标	备注

计算者：　　　　检查者：　　　　　　　　年　　月　　日

7. 界址点点之记

界址点点之记如表 10-2 所示。

8. 用地地理位置图

绘制用地地理位置图应注意以下几方面：

(1)用地地理位置图可以在小比例的地形图或城市旅游交通图等上进行绘制；

(2)用地地理位置图要求点位间距、图形应大致近似，方向不能偏扭太大；

(3)用地地理位置图须绘制出用地范围四周主要成系统的建筑物(构筑物),如房屋、公路、铁路、河流、围墙走向等;

(4)用地地理位置图须注记四邻单位名称、村镇名称等。

思考题

1. 土地勘测定界概念、目的、意义、特点是什么?
2. 土地勘测定界工作的主要内容有哪些?
3. 土地勘测定界外业调查包括哪些主要内容?
4. 勘测定界图包括哪些内容?如何编制?
5. 简述勘测定界外业测量工作的主要内容和方法。
6. 土地勘测定界技术报告包括哪些内容?

参考文献

邓良基,2002.遥感基础与应用[M].北京:中国农业出版社.

樊志全,2005.地籍调查[M].北京:中国农业出版社.

高延利,2008.地籍调查[M].北京:中国农业出版社.

国家测绘局职业技能鉴定指导中心,2017.2018年注册测绘师资格考试辅导教材——测绘综合能力[M].北京:测绘出版社.

国家质量技术监督局,2000.房产测量规范 第1单元:房产测量规定:GB/T 17986.1—2000[S].北京:中国标准出版社.

国家质量技术监督局,2000.房产测量规范 第2单元:房产图图式:GB/T 17986.2—2000[S].北京:中国标准出版社.

国土资源部,2007.土地勘测定界规程:TD/T 1008—2007[S].北京:中国标准出版社.

国务院,2014.不动产登记暂行条例[M].北京:中国法制出版社.

洪波,2010.地籍与房产测量[M].北京:测绘出版社.

黄瑞,2010.地理信息系统[M].北京:测绘出版社.

纪勇,2012.地籍测量与房地产测绘[M].北京:中国电力出版社

蓝悦明,康雄华,2008.不动产测量与管理[M].武汉:武汉大学出版社.

李天文,张友顺,2004.现代地籍测量[M].北京:科学出版社.

吕永江,2001.房产测量规范与房地产测绘技术[M].北京:中国标准出版社.

孙忠才,1996.地籍管理[M].天津:天津人民出版社.

汤国安,杨昕,2012.ArcGIS地理信息系统空间分析实验教程[M].2版.北京:科学出版社.

王侬,廖元焰,2008.地籍测量[M].北京:测绘出版社.

王勇智,2007.GPS测量技术[M].北京:中国电力出版社.

杨红,李久进,2004.现代地籍测量[M].北京:科学出版社.

杨木壮,刘武,徐兴彬,等,2016.不动产测绘[M].武汉:中国地质大学出版社.

叶公强,2002.地籍管理[M].北京:中国农业出版社.

詹长根,2004.地籍测量学[M].武汉:武汉大学出版社.

章书寿,孙在宏,2004.地籍测量学[M].南京:河海大学出版社.

附录A　不动产权籍调查表(试行)

不动产权籍调查表

（试　行）

宗地/宗海代码：

调查单位(机构)：

调查时间：　　　　年　　月　　日

附录 A.1　地籍调查表

<table>
<tr><td colspan="8">宗地基本信息表</td></tr>
<tr><td rowspan="5">权利人</td><td>所有权</td><td colspan="6"></td></tr>
<tr><td rowspan="4">使用权</td><td rowspan="4" colspan="2"></td><td colspan="2">权利人类型</td><td colspan="2"></td></tr>
<tr><td colspan="2">证件种类</td><td colspan="2"></td></tr>
<tr><td colspan="2">证件号</td><td colspan="2"></td></tr>
<tr><td colspan="2">通信地址</td><td colspan="2"></td></tr>
<tr><td colspan="2">权利类型</td><td></td><td>权利性质</td><td></td><td>土地权属来源证明材料</td><td colspan="2"></td></tr>
<tr><td colspan="2">坐落</td><td colspan="6"></td></tr>
<tr><td colspan="2" rowspan="2">法定代表人或负责人姓名</td><td rowspan="2"></td><td>证件种类</td><td></td><td rowspan="2">电话</td><td colspan="2" rowspan="2"></td></tr>
<tr><td>证件号</td><td></td></tr>
<tr><td colspan="2" rowspan="2">代理人姓名</td><td rowspan="2"></td><td>证件种类</td><td></td><td rowspan="2">电话</td><td colspan="2" rowspan="2"></td></tr>
<tr><td>证件号</td><td></td></tr>
<tr><td colspan="2">权利设定方式</td><td colspan="6"></td></tr>
<tr><td colspan="2">国民经济行业分类代码</td><td colspan="6"></td></tr>
<tr><td colspan="2">预编宗地代码</td><td colspan="2"></td><td>宗地代码</td><td colspan="3"></td></tr>
<tr><td colspan="2">不动产单元号</td><td colspan="6"></td></tr>
<tr><td colspan="2" rowspan="2">所在图幅号</td><td>比例尺</td><td colspan="5"></td></tr>
<tr><td>图幅号</td><td colspan="5"></td></tr>
<tr><td colspan="2" rowspan="4">宗地四至</td><td colspan="6">北：</td></tr>
<tr><td colspan="6">东：</td></tr>
<tr><td colspan="6">南：</td></tr>
<tr><td colspan="6">西：</td></tr>
<tr><td colspan="2">等级</td><td colspan="2"></td><td colspan="2">价格(元)</td><td colspan="2"></td></tr>
<tr><td colspan="2" rowspan="2">批准用途</td><td colspan="2"></td><td rowspan="2">实际用途</td><td colspan="3"></td></tr>
<tr><td>地类编码</td><td></td><td colspan="2">地类编码</td><td></td></tr>
<tr><td colspan="2" rowspan="2">批准面积(m^2)</td><td rowspan="2"></td><td rowspan="2">宗地面积(m^2)</td><td rowspan="2"></td><td colspan="2">建筑占地总面积(m^2)</td><td></td></tr>
<tr><td colspan="2">建筑总面积(m^2)</td><td></td></tr>
<tr><td colspan="2">土地使用期限</td><td colspan="6"></td></tr>
<tr><td colspan="2">共有/共用权利人情况</td><td colspan="6"></td></tr>
<tr><td colspan="2">说明</td><td colspan="6"></td></tr>
</table>

界址标示表

界址点号	界标种类					界址间距（m）	界址线类别								界址线位置			说明
	钢钉	水泥桩	喷涂				界址线	道路	沟渠	围墙	围栏	田埂			内	中	外	

（表格行数可调整，可附页）

界址签章表

界址线			邻宗地		本宗地	日期
起点号	中间点号	终点号	相邻宗地权利人 (宗地代码)	指界人姓名 (签章)	指界人姓名 (签章)	

(表格行数可调整,可附页)

宗地草图

界址说明表

界址点位说明	
主要权属界线走向说明	

调查审核表	
权属调查记事	调查员： 日期： 年 月 日
地籍测量记事	测量人： 日期： 年 月 日
地籍调查结果审核意见	审核人： 日期： 年 月 日

<table>
<tr><th colspan="4">共有/共用宗地面积分摊表</th></tr>
<tr><td>土地坐落</td><td colspan="3"></td></tr>
<tr><td>宗地代码</td><td colspan="3"></td></tr>
<tr><td>宗地面积(m^2)</td><td></td><td>定着物单元数</td><td></td></tr>
<tr><td>定着物代码</td><td>土地所有权/使用权面积(m^2)</td><td>独有/独用土地面积(m^2)</td><td>分摊土地面积(m^2)</td></tr>
<tr><td></td><td></td><td></td><td></td></tr>
<tr><td></td><td></td><td></td><td></td></tr>
<tr><td></td><td></td><td></td><td></td></tr>
<tr><td></td><td></td><td></td><td></td></tr>
<tr><td></td><td></td><td></td><td></td></tr>
<tr><td></td><td></td><td></td><td></td></tr>
<tr><td></td><td></td><td></td><td></td></tr>
<tr><td>合计</td><td></td><td></td><td></td></tr>
<tr><td>备注</td><td colspan="3"></td></tr>
</table>

注:无共有/共用情况的无须填写此表。

附录 A.2　土地承包经营权、农用地其他使用权调查表

<table>
<tr><td colspan="9">土地承包经营权、农用地其他使用权调查表</td></tr>
<tr><td>宗地代码</td><td colspan="8"></td></tr>
<tr><td>不动产单元号</td><td colspan="8"></td></tr>
<tr><td rowspan="4">发包方</td><td colspan="2">名称</td><td colspan="6"></td></tr>
<tr><td colspan="2">负责人姓名</td><td colspan="3"></td><td>联系电话</td><td colspan="2"></td></tr>
<tr><td colspan="2">负责人地址</td><td colspan="3"></td><td>邮政编码</td><td colspan="2"></td></tr>
<tr><td colspan="2">证件种类</td><td colspan="3"></td><td>证件号</td><td colspan="2"></td></tr>
<tr><td rowspan="11">承包方</td><td colspan="2">承包方(代表)</td><td colspan="6"></td></tr>
<tr><td colspan="2">有无承包合同</td><td colspan="2"></td><td colspan="2">承包合同编号</td><td colspan="2"></td></tr>
<tr><td colspan="2">有无经营权证</td><td colspan="2"></td><td colspan="2">经营权证编号</td><td colspan="2"></td></tr>
<tr><td colspan="2">取得(承包)方式</td><td colspan="6">□家庭承包　□招标　□公开协商
□拍卖　□转让　□互换　□其他</td></tr>
<tr><td colspan="5">注:本部分信息仅供家庭承包方式填写</td><td colspan="2">家庭成员总数</td><td>共　人</td></tr>
<tr><td>成员姓名</td><td colspan="2">与户主关系</td><td colspan="2">身份证号码</td><td colspan="3">成员备注</td></tr>
<tr><td></td><td colspan="2"></td><td colspan="2"></td><td colspan="3"></td></tr>
<tr><td></td><td colspan="2"></td><td colspan="2"></td><td colspan="3"></td></tr>
<tr><td></td><td colspan="2"></td><td colspan="2"></td><td colspan="3"></td></tr>
<tr><td></td><td colspan="2"></td><td colspan="2"></td><td colspan="3"></td></tr>
<tr><td></td><td colspan="2"></td><td colspan="2"></td><td colspan="3"></td></tr>
<tr><td>土地用途</td><td colspan="8">□种植业　□林业　□畜牧业　□渔业　□其他</td></tr>
<tr><td>地力等级</td><td colspan="2"></td><td colspan="3">是否是
基本农田</td><td colspan="3">□是　□否</td></tr>
<tr><td>水域滩涂类型</td><td colspan="8"></td></tr>
<tr><td>养殖业方式</td><td colspan="8"></td></tr>
<tr><td>适宜载畜量</td><td colspan="8"></td></tr>
<tr><td rowspan="4">草原质量</td><td>草层高度</td><td colspan="7">cm</td></tr>
<tr><td>草地覆盖度</td><td colspan="7">%</td></tr>
<tr><td>建群</td><td colspan="7"></td></tr>
<tr><td>优势种</td><td colspan="7"></td></tr>
<tr><td>调查记事</td><td colspan="8">调查员：　　　　日期：　　　年　　月　　日</td></tr>
<tr><td>审核意见</td><td colspan="8">审核人：　　　　日期：　　　年　　月　　日</td></tr>
</table>

附录A.3　集体土地所有权宗地分类面积调查表

<table>
<tr><td colspan="4">集体土地所有权宗地分类面积调查表
单位：m^2</td></tr>
<tr><td colspan="3">权利人</td><td></td></tr>
<tr><td colspan="3">宗地代码</td><td></td></tr>
<tr><td colspan="3">不动产单元号</td><td></td></tr>
<tr><td rowspan="7">分类面积</td><td colspan="2">农用地</td><td></td></tr>
<tr><td rowspan="4">其中</td><td>耕地</td><td></td></tr>
<tr><td>林地</td><td></td></tr>
<tr><td>草地</td><td></td></tr>
<tr><td>其他</td><td></td></tr>
<tr><td colspan="2">建设用地</td><td></td></tr>
<tr><td colspan="2">未利用地</td><td></td></tr>
<tr><td colspan="3">调查记事</td><td>
调查员：　　　　日期：　　　年　　月　　日</td></tr>
<tr><td colspan="3">审核意见</td><td>
审核人：　　　　日期：　　　年　　月　　日</td></tr>
</table>

注：集体土地所有权宗地调查时需填写此表。

附录 A.4 房屋调查表

<table>
<tr><td colspan="17">房屋基本信息调查表</td></tr>
<tr><td colspan="3">市区名称或代码</td><td colspan="4">地籍区</td><td colspan="3">地籍子区</td><td colspan="3">宗地号</td><td colspan="4">定着物(房屋)代码</td></tr>
<tr><td>不动产单元号</td><td colspan="16"></td></tr>
<tr><td>房地坐落</td><td colspan="11"></td><td>邮政编码</td><td colspan="4"></td></tr>
<tr><td rowspan="2">房屋
所有权人</td><td colspan="7" rowspan="2"></td><td colspan="2">证件种类</td><td colspan="7"></td></tr>
<tr><td colspan="2">证件号</td><td colspan="7"></td></tr>
<tr><td>电话</td><td colspan="5"></td><td colspan="2">住址</td><td colspan="2"></td><td rowspan="4">共有情况</td><td colspan="6" rowspan="4"></td></tr>
<tr><td>权利人类型</td><td colspan="5"></td><td colspan="2">项目名称</td><td colspan="2"></td></tr>
<tr><td>房屋性质</td><td colspan="5"></td><td colspan="2">产别</td><td colspan="2"></td></tr>
<tr><td>用途</td><td colspan="5"></td><td colspan="2">规划用途</td><td colspan="2"></td></tr>
<tr><td rowspan="7">房屋状况</td><td rowspan="2">幢号</td><td rowspan="2">户号</td><td rowspan="2">总套数</td><td rowspan="2">总层数</td><td rowspan="2">所在层</td><td rowspan="2">房屋结构</td><td rowspan="2">竣工时间</td><td rowspan="2">占地面积（m²）</td><td rowspan="2">建筑面积（m²）</td><td rowspan="2">专有建筑面积（m²）</td><td rowspan="2">分摊建筑面积（m²）</td><td rowspan="2">产权来源</td><td colspan="4">墙体归属</td></tr>
<tr><td>东</td><td>南</td><td>西</td><td>北</td></tr>
<tr><td></td><td></td><td></td><td></td><td></td><td></td><td></td><td></td><td></td><td></td><td></td><td></td><td></td><td></td><td></td><td></td></tr>
<tr><td></td><td></td><td></td><td></td><td></td><td></td><td></td><td></td><td></td><td></td><td></td><td></td><td></td><td></td><td></td><td></td></tr>
<tr><td></td><td></td><td></td><td></td><td></td><td></td><td></td><td></td><td></td><td></td><td></td><td></td><td></td><td></td><td></td><td></td></tr>
<tr><td></td><td></td><td></td><td></td><td></td><td></td><td></td><td></td><td></td><td></td><td></td><td></td><td></td><td></td><td></td><td></td></tr>
<tr><td></td><td></td><td></td><td></td><td></td><td></td><td></td><td></td><td></td><td></td><td></td><td></td><td></td><td></td><td></td><td></td></tr>
<tr><td rowspan="2">房屋权界线
示意图</td><td colspan="9" rowspan="2"></td><td>附加说明</td><td colspan="6"></td></tr>
<tr><td>调查意见</td><td colspan="6"></td></tr>
</table>

调查员：　　　　　　　　　　　　　　　　　　　　　　日期：　　年　　月　　日

建筑物区分所有权业主共有部分调查表					
宗地代码：					
建筑物区分所有权业主共有部分权利人					
建(构)筑物编号	建(构)筑物名称	建(构)筑数量或者面积(m^2)	占地面积(m^2)	分摊土地面积(m^2)	附记

房产分户图

附图
（房产分户图,可附页）

附录 A.5　林权调查表

<table>
<tr><td>宗地代码</td><td colspan="3"></td><td>定着物代码</td><td colspan="2"></td></tr>
<tr><td>不动产单元号</td><td colspan="6"></td></tr>
<tr><td rowspan="2">森林、林木
所有权人</td><td rowspan="2" colspan="3"></td><td>证件种类</td><td colspan="2"></td></tr>
<tr><td>证件号</td><td colspan="2"></td></tr>
<tr><td rowspan="2">森林、林木
使用权人</td><td rowspan="2" colspan="3"></td><td>证件种类</td><td colspan="2"></td></tr>
<tr><td>证件号</td><td colspan="2"></td></tr>
<tr><td rowspan="2">代理人</td><td rowspan="2"></td><td>证件类型</td><td colspan="2"></td><td rowspan="2">电话</td><td rowspan="2"></td></tr>
<tr><td>证件编号</td><td colspan="2"></td></tr>
<tr><td>权利人类型</td><td colspan="6"></td></tr>
<tr><td>坐落</td><td colspan="6"></td></tr>
<tr><td>造林年度</td><td colspan="6"></td></tr>
<tr><td>小地名</td><td colspan="6"></td></tr>
<tr><td>林班</td><td colspan="2"></td><td>小班</td><td colspan="3"></td></tr>
<tr><td>面积(m²)</td><td colspan="2"></td><td>起源</td><td colspan="3"></td></tr>
<tr><td>株数</td><td colspan="2"></td><td>主要树种</td><td colspan="3"></td></tr>
<tr><td>林种</td><td colspan="6">□防护林　□用材林　□经济林
□薪炭林　□特种用途林　□其他</td></tr>
<tr><td>共有情况</td><td colspan="6"></td></tr>
<tr><td>审核意见</td><td colspan="6">

审核人：　　　　日期：　　　年　　月　　日</td></tr>
<tr><td>备注</td><td colspan="6"></td></tr>
</table>

调查员：　　　　　　　　　　　　日期：　　　　年　　月　　日

附录 A.6 海籍调查表

宗海基本信息表					
宗海代码					
不动产单元号					
权利人	权利人类型				
	单位/个人		联系电话		
			邮编		
			地址		
	证件种类		证件号		
	法定代表人		身份证号		
	联系/代理人		身份证号		
项目用海	项目名称			项目性质	
	等级			构(建)筑物类型	
	用海类型	用海类型 A			
		用海类型 B			
海籍测量	宗海面积		公顷	宗海位置(文字说明)	
	用海总面积		公顷		
	用海方式		公顷		
			公顷		
			公顷		
			公顷		
	占用岸线		米		
	使用金总额(万元)		使用金标准依据		
	使用金缴纳情况				
权属核查	使用期限				
	相邻用海	东	西	南	北
	使用人(签字)				
	共有情况				
无居民海岛状况	海岛名称		海岛代码		
	用岛范围		用岛面积(公顷)		
	海岛位置		用途		
记事	权属核查记事： 核查人： 日期： 年 月 日				
	海籍测量记事： 测量员： 日期： 年 月 日				
	海籍调查结果审核意见： 审核人： 日期： 年 月 日				
备注					

<table>
<tr><th colspan="6">宗海及内部单元记录表</th></tr>
<tr><td colspan="4">宗海界址线：</td><td colspan="2">宗海总面积(公顷)</td></tr>
<tr><td rowspan="2">用海方式</td><td rowspan="2">内部单元
(按用途)</td><td rowspan="2">内部单元界址线</td><td rowspan="2">使用金数额</td><td colspan="2">用海面积(公顷)</td></tr>
<tr><td>内部单元面积</td><td>合计</td></tr>
<tr><td rowspan="3"></td><td></td><td></td><td></td><td></td><td rowspan="3"></td></tr>
<tr><td></td><td></td><td></td><td></td></tr>
<tr><td></td><td></td><td></td><td></td></tr>
<tr><td rowspan="3"></td><td></td><td></td><td></td><td></td><td rowspan="3"></td></tr>
<tr><td></td><td></td><td></td><td></td></tr>
<tr><td></td><td></td><td></td><td></td></tr>
<tr><td rowspan="3"></td><td></td><td></td><td></td><td></td><td rowspan="3"></td></tr>
<tr><td></td><td></td><td></td><td></td></tr>
<tr><td></td><td></td><td></td><td></td></tr>
<tr><td rowspan="3"></td><td></td><td></td><td></td><td></td><td rowspan="3"></td></tr>
<tr><td></td><td></td><td></td><td></td></tr>
<tr><td></td><td></td><td></td><td></td></tr>
</table>

(表格行数可调整,可附页)

测量员：　　　　　　　　　　　　　　　　　　　　审核人：

<table>
<tr><th colspan="4">宗海现场测量记录表</th></tr>
<tr><td colspan="4">现场测量示意图</td></tr>
<tr><td>项目名称</td><td colspan="3"></td></tr>
<tr><td>测量单元</td><td colspan="2">标志点编号及坐标</td><td>用海设施/构筑物</td></tr>
<tr><td></td><td colspan="2"></td><td></td></tr>
<tr><td></td><td colspan="2"></td><td></td></tr>
<tr><td></td><td colspan="2"></td><td></td></tr>
<tr><td></td><td colspan="2"></td><td></td></tr>
<tr><td>测量单位</td><td></td><td>坐标系</td><td></td></tr>
<tr><td>测量员</td><td></td><td>测量日期</td><td></td></tr>
</table>

宗海位置图

坐标系		深度基准	
投影		中央子午线	
绘图人		审核人	
绘制日期			

宗海界址图

界址点编号及坐标(纬度|经度)		
1		
2		
3		
4		
5		
内部单元	界址线	面积(公顷)

(表格行数可根据界址点和内部单元个数调整,可加附页)

坐标系		深度基准	
投影		中央经线	
测量单位	(填写后需要加盖测量资质单位印章)		
测量员		绘图人	
绘制日期		审核人	

附录 A.7　构(建)筑物调查表

<table>
<tr><td colspan="4">构(建)筑物调查表</td></tr>
<tr><td>宗地(海)代码</td><td></td><td>坐落</td><td></td></tr>
<tr><td>不动产单元号</td><td colspan="3"></td></tr>
<tr><td rowspan="2">构(建)筑物
所有权人</td><td rowspan="2"></td><td>证件种类</td><td></td></tr>
<tr><td>证件号</td><td></td></tr>
<tr><td>权利人类型</td><td colspan="3"></td></tr>
<tr><td>构(建)筑物
类型</td><td colspan="3"></td></tr>
<tr><td>构(建)筑物
规划用途</td><td colspan="3"></td></tr>
<tr><td>构(建)筑物
面积(m^2)</td><td colspan="3"></td></tr>
<tr><td>竣工时间</td><td colspan="3"></td></tr>
<tr><td>共有情况</td><td colspan="3"></td></tr>
<tr><td>备注</td><td colspan="3"></td></tr>
<tr><td colspan="4">附图(构(建)筑物平面图,可附页)</td></tr>
</table>

附录 A.8 不动产权籍调查表填表说明

1 不动产权籍调查表封面

(1)宗地(海)代码:根据《不动产单元设定与代码编制规则》(GB/T 37346—2019)编码要求填写。

(2)调查单位(机构):记录负责承担本不动产单元调查任务的单位(机构)全称。

(3)调查时间:按照"××××年××月××日"的形式记载调查的日期。

2 地籍调查表填写方法

2.1 宗地基本信息表

(1)权利人。

所有权:属于国家所有的,填写国家;属于集体所有的,填写××农民集体。

使用权:填写权利人的姓名或名称。权利人为自然人的,填写身份证件上的姓名;权利人为法人、其他组织的,填写身份证件上的法定名称。

权利人类型:填写个人、企业、事业单位、国家机关、其他。无法归类为个人、企业、事业单位、国家机关的,填写其他。

证件种类:填写权利人身份证件的种类。境内自然人一般为居民身份证,无居民身份证的,可以为户口簿、军官证等。法人或其他组织一般为组织机构代码证,无组织机构代码证的,可以为营业执照、事业单位法人证书、社会团体法人登记证书。港澳同胞的为港澳居民来往内地通行证或港澳同胞回乡证、居民身份证;台湾同胞的为台湾居民来往大陆通行证或其他有效旅行证件,在台湾地区居住的有效身份证件或经确认的身份证件;外籍人的身份证件为护照和中国政府主管机关签发的居留证件。

证件号:填写身份证件上的编号。

通信地址:填写权利人的通信地址及邮政编码。

(2)权利类型:填写具体的权利类型,包括集体土地所有权、国家土地所有权、国有建设用地使用权、宅基地使用权、集体建设用地使用权、土地承包经营权、林地使用权、草原使用权、水域滩涂养殖权等法律规定的权利。其中,土地承包经营权包括耕地、林地、草地、水域滩涂等承包经营权。

(3)权利性质:国有土地填写划拨、出让、作价出资(入股)、国有土地租赁、授权经营、家庭承包、其他方式承包等;集体土地填写家庭承包、其他方式承包、批准拨用、入股、联营等。土地所有权不填写。

(4)土地权属来源证明材料:填写土地权属来源证明材料的名称,有编号的还需填写编号。

(5)坐落:填写土地所在的具体地理位置。

(6)法定代表人或负责人姓名:是法人单位的填写法定代表人姓名、身份证件号码和联系电话;是非法人单位的填写负责人相关信息;个人用地的不填。

证件种类:同上述权利人的证件种类。

证件号:填写身份证件上的编号。

(7)代理人姓名:填写代理人名称、身份证件号码和联系电话。无代理的不填。

证件种类:同上述权利人的证件种类。

证件号:填写身份证件上的编号。

(8)权利设定方式:填写地上、地表、地下。集体土地所有权无须填写。

(9)国民经济行业分类代码。根据《国民经济行业分类》(GB/T 4754—2017)大类标准,填写类别名称及编码。没有的不填。

(10)预编宗地代码。填写在外业调查工作开始前,根据基础图件资料预编的宗地代码。

(11)宗地代码。根据《不动产单元设定与代码编制规则》(GB/T 37346—2019)第8章的编码要求填写。

(12)不动产单元号:根据《不动产单元设定与代码编制规则》第8章的编码要求填写。若宗地上有定着物,不填写此栏。

(13)所在图幅号。按下列方法填写:

比例尺:填写1∶500、1∶1 000、1∶2 000、1∶5 000、1∶10 000或1∶50 000。

图幅号:填写宗地所在对应比例尺地籍图的图幅号。破宗时,填写宗地各部分地块所在地籍图的图幅号。

(14)宗地四至:填写相邻宗地的土地使用权人、所有权人名称。与道路、河流等线状地物相邻的应填写地物名称;与空地、荒山、荒滩等未确定使用权的国有土地相邻的,应准确描述相应地物、地貌的名称,不得空项。

(15)等级:根据《城镇土地分等定级规程》(GB/T 18507—2014)、《农用地质量分等规程》(GB/T 28407—2012)或《农用地定级规程》(GB/T 28405—2012)等填写土地等别或级别。

(16)价格:填写基准地价或标定地价。

(17)批准用途:填写土地权属来源材料或用地批准文件中经政府批准的土地用途,用汉字表示。地类编码按照《土地利用现状分类》(GB/T 21010—2017)填写至二级类,用阿拉伯数字表示。

(18)实际用途:填写经现场调查后按照《土地利用现状分类》二级类确定的宗地主要地类,用汉字表示。地类编码用阿拉伯数字表示。当涉及多种地类时,填写主要地类和代码,其他地类和代码在说明栏中进行填写。

(19)批准面积:填写经政府批准的宗地面积,不包括代征地、代管地的面积。

(20)宗地面积:填写经测量得到的宗地土地面积。此项由测绘单位在测量完成时提供,由调查人员填写,小数点后保留2位。

(21)建筑占地总面积:填写宗地内所有建筑物占地面积之和,小数点后保留2位。

(22)建筑总面积:填写宗地内建筑总面积,小数点后保留2位。

宗地内若有地下建筑物,地上建筑物与地下建筑物应分别填写建筑物总面积。用"/"作为分隔符。如"1 000.00/300.00",其中,"1 000.00"表示宗地地上建筑物总面积,"300.00"表示地下建筑物总面积。

(23)土地使用期限:有明确使用期限的,填写批准文件或合同等确定的使用起止日期。如××××年××月××日起××××年××月××日止。宗地内有多用途、多种使用期限的,可以分用途填写使用期限。土地所有权等未明确权利期限的可以不填。

(24)共有/共用权利人情况:应全称填写共有/共用权利人的名称、权利人类型、证件种类、证件号码、通信地址及共有/共用情况。无共有/共用情况的不填。如因权利人过多填写不下时,可根据申请书编号顺序填写第一个权利人名称,后面加“等几人”,将详细情况填写至共有/共用宗地面积分摊表。

(25)说明。

可填写以下内容:

填写土地权属来源证明材料的情况说明。

日常地籍调查时,填写原土地权利人、土地坐落、宗地代码及变更主要原因等内容。

对于集体土地所有权宗地,还可说明宗地被线状国有或其他农民集体土地分割的情况,需详细说明宗代码及如何被分割。

实际用途涉及多种地类时,应列举其他地类的信息。

(26)对面积较大、界线复杂的集体土地所有权宗地和国有建设用地使用权宗地,宜签订土地权属界线协议书并签字盖章(见《地籍调查规程》(TD/T 1001—2012)附录B)。界址线有争议的土地,填写《土地权属争议原由书》并签字盖章(见《地籍调查规程》附录C)。

2.2 界址标示表

(1)界址点号:从宗地某界址点开始按顺时针编列。例如:1、2……23、1。

(2)界标种类:根据实际埋设的界标种类在相应位置画“√”。表中没有明示的界标种类,补充在“界标种类”栏空白格中,如“石灰桩”等。

(3)界址间距:按照《地籍调查规程》要求填写。

(4)界址线类别:根据界线实际依附的地物和地貌在相应位置画“√”。表中没有明示的界址线类别,补充在“界址线类别”栏空白格中,如“山脊线、山谷线”等。

(5)界址线位置:界线标的物自有、他有、共有的分别在“外”处画“√”、“内”处画“√”、“中”处画“√”;分别自有的在“外”处画“√”,并在“说明”栏中注明,如“各自有墙”或“双墙”。

2.3 界址签章表

(1)界址线起点号、中间点号、终点号:例如某条界址线的界址点包括1、2、3、4、5、24、25、6;起点号填1、终点号填6,中间点号填2、3、4、5、24、25。

(2)相邻宗地权利人(宗地代码):填写相邻宗地权利人名称(或姓名)及相邻宗地的宗地代码。与道路、河流等线状地物及与空地、荒山、荒滩等未确定使用权的国有土地相邻的,参考“宗地四至”填写。宗地代码填写方法见《不动产单元设定与代码编制规则》。

(3)指界人姓名(签章):指界人签字、盖章或按手印。集体土地所有权调查时,应加盖集体土地所有权人印章。与未确定使用权的国有土地相邻时,邻宗地“指界人姓名(签章)”栏可不填写。

(4)日期:填写外业调查指界日期。

2.4 宗地草图

绘制方法见《地籍调查规程》中的规定。对于界线复杂的集体土地所有权宗地和国有土地使用权宗地,应制作土地权属界线附图并签订土地权属界线协议书,可不绘制宗地草图。

2.5 界址说明表

如果界址标示无法说明清楚全部或部分界址点线的情况,则需要填写此表对界址进行补充说明,填写要求如下。

(1)界址点位说明。利用工作底图和宗地草图，主要说明所依附标的物的类型及其位置(内、中、外)，及其与周围明显地物地貌的关系。如2号界址点位于两沟渠中心线的交点上；5号界址点位于××山顶最高处；3号界址点位于××工厂围墙西北角处；8号界址点位于农村道路与××公路交叉点中心；10号界址点位于××承包田西南角等。

(2)主要权属界线走向说明，说明权属界线的具体走向。以两个相邻界址点为一节，叙述界线所依附的标的物的状况及其与周围宗地和地物地貌的关系。例如1—2，由1沿××公路中央走向至2；4—5，由4沿山脊线至5；9—10，由9沿××学校东侧围墙至10等。

2.6　调查审核表

(1)权属调查记事。

——现场核实申请书有关栏目填写是否正确，对不正确的做更正说明。

——界线有纠纷时，要记录纠纷原因(含双方各自认定的界址)，并尽可能提出处理意见。

——记录指界手续履行等情况。

——记录界址设置、边长丈量等技术方法、手段。

——说明确实无法丈量界址边长、界址点与邻近地物的相关距离和条件距离的原因。

(2)地籍测量记事。

——审核测量前界标检查情况。

——根据需要，记录测量界址点及其他要素的技术方法、仪器。

——审核遇到的问题及处理的方法。

——审核提出遗留问题的处理意见。

(3)调查结果审核意见。

审核人对地籍调查结果进行全面审核，如无问题，即填写“合格”；如果发现调查结果有问题，应填写“不合格”，指明错误所在提出处理意见。审核人签字或盖章确认。

2.7　共有/共用宗地面积分摊表

(1)定着物单元数：表示同一宗地内所有的定着物单元数。

(2)定着物代码：根据《不动产单元设定与代码编制规则》第8章的编码要求填写，只填写定着物代码，不需填写宗地代码。

(3)土地所有权/使用权面积：土地权利人在一宗地内所有/使用的土地面积。

(4)独有/独用土地面积：土地权利人在一宗地内独自所有/使用的土地面积。

(5)分摊土地面积：各土地权利人在共有/共用面积内分摊到的上地面积。

(6)共有/共用宗地的所有权/使用权面积为独有/独用土地面积与分摊土地面积之和。共用一宗地，应做到不缺不漏。且所有不动产单元的所有权/使用权面积总和应等于该宗地面积。宗地内同一权利人有多个单元的，可合并填写。

(7)备注：针对共有情况，填写按份共有或共同共有。属于按份共有的，还要填写共有的份额。

3　土地承包经营权、农用地其他使用权调查表填写方法

(1)宗地代码：根据《不动产单元设定与代码编制规则》的编码要求填写。

(2)不动产单元号：根据《不动产单元设定与代码编制规则》的编码要求填写。

(3)发包方。

名称：以家庭承包或其他方式取得承包经营权的，填写承包合同的发包方全称。

负责人姓名/联系电话：填写发包方当前负责人的姓名、联系电话和(或)手机号码。

负责人地址/邮政编码：填写发包方负责人的通信地址及对应的邮政编码。

证件种类：填写负责人身份证件的种类，同前文权利人的证件种类。

证件号：填写身份证件上的编号。

(4)承包方。

承包方(代表)：填写承包方代表的姓名(家庭承包)或承包方姓名、名称(其他方式承包)。

有无承包合同/承包合同编号：根据实际情况说明农村土地承包合同情况，在对应选项前画"√"。选择"有"时，填写相应承包合同编号，选择"无"时，编号栏以"／"符号填充。

有无经营权证/经营权证编号：根据实际情况说明土地承包经营权证情况，在对应选项前画"√"。选择"有"时，填写相应经营权证编号；选择"无"时，编号栏以"／"符号填充。

取得(承包)方式：选择承包方取得农村土地承包经营权的方式，在对应选项前划"√"。选择"其他"方式时，注明取得(承包)的具体方式。

家庭成员总数：填写农户家庭成员的总数。

成员姓名：填写家庭成员姓名，户主填在第一顺序位。

与户主关系：填写该家庭成员与本户户主的关系，以《家庭关系代码》(GB/T 4761—2008)为依据。

身份证号码：填写家庭成员身份证号码，无身份证的可填写其他有效证件号码并予以注明。

成员备注：视需要填写相应信息，如"××××年外嫁""××××年入赘""××××年入学的在校学生""国家公职人员""军人(军官/士兵)""××××年新生儿""××××年去世"等。

(5)土地用途：根据土地当前的实际用途在对应选项前画"√"。选择"其他"时，说明具体用途。

(6)地力等级：按照《耕地地力调查与质量评价技术规程》(NY/T 1634—2008)、《全国耕地类型区、耕地地力等级划分》(NY/T 309—1996)或土地发包时当地的实际情况填写耕地的地力等级。

(7)是否是基本农田：根据具体情况在对应选项前画"√"。如无法确定该地块是否为基本农田，应在"调查记事"栏予以注明，相应栏目由农业主管部门会同国土部门确定后填写。

(8)水域滩涂类型：填写水域滩涂的类型，包括淡水水域滩涂或其他水域滩涂。

(9)养殖业方式：填写批准养殖的方式，包括池塘、大水面放养、围栏、工厂化、筏吊式、滩涂底播、网箱等养殖方式。

(10)适宜载畜量：填写管理部门按照草原的面积、牧草产量和家畜日采食量核定适宜畜养的家畜数量。

(11)草原质量：填写管理部门按照草原评价体系确定的草原质量情况，包括草层高度、草地覆盖度、建群种、优势种。

草层高度：每种植物测量5～10株植物个体。记录平均数，单位用厘米表示。

草地覆盖度：指植被垂直投影面积覆盖地表面积的百分比，一般用针刺法测定。

建群种：建群种是指在个体数量上不一定占绝对优势，但决定着群落内部的结构和特殊环境条件。建群种是群落的创造者、建设者。

优势种:指群落中占优势的种类,它包括群落每层中在数量、体积上最大、对生态环境影响最大的种类。各层的优势种可以不止一个种即共优种。

(12)调查记事/调查员:由调查员填写承包地块调查的情况。主要包括:①非承包地块的说明;②土地用途、土地利用类型的变更说明;③农村土地地力等级、是否基本农田的说明;④农村土地承包经营纠纷情况;⑤其他需要说明或注明的情况。由全体调查员签字或盖章确认。

(13)审核意见/审核人:审核人对调查结果进行全面审核,如无问题,填写"合格"。如发现问题,应填写"不合格",指明错误所在并提出处理意见。审核人签字或盖章确认。

(14)日期:以阿拉伯数字填写日期,年份应填写完整。

4　集体土地所有权宗地分类面积调查表

(1)权利人:填写集体土地所有权利人名称,应和地籍调查表上所有权权利人保持一致。

(2)宗地代码:根据《不动产单元设定与代码编制规则》的编码要求填写。

(3)不动产单元号:根据《不动产单元设定与代码编制规则》的编码要求填写。

(4)农用地:填写宗地内农用地总面积,并分别填写其中耕地、林地、草地和其他用地分类面积,农用地总面积和分类面积应相等。

(5)建设用地:填写宗地内建设用地面积。

(6)未利用地:填写宗地内未利用地面积。

(7)调查记事/调查员:由调查员填写其他有关情况说明。调查员签字或盖章确认。

(8)审核意见/审核人:审核人对调查结果进行全面审核,如无问题,填写"合格"。如发现问题,应填写"不合格",指明错误所在并提出处理意见。审核人签字或盖章确认。

5　房屋调查表填写方法

5.1　房屋基本信息调查表

(1)市区名称或代码:填写房屋所在市区的名称或代码。

(2)地籍区、地籍子区:根据《不动产单元设定与代码编制规则》的划分要求填写。

(3)宗地号、定着物代码:根据《不动产单元设定与代码编制规则》的编码要求填写。

(4)不动产单元号:根据《不动产单元设定与代码编制规则》的编码要求填写。

(5)房地坐落:填写有关部门依法确定的房地坐落,一般包括街道名称、门牌号、幢号、楼层号、房号等。

(6)邮政编码:填写该区(县)的邮政编码号。

(7)房屋所有权人:填写权利人的姓名或名称。权利人为自然人的,填写身份证明上的姓名;权利人为法人、其他组织的,填写证明文件上的法定名称。

(8)证件种类:同前文所述权利人身份证件的种类。

(9)证件号:填写身份证件上的编号。

(10)电话、住址:填写房屋所有权人的电话号码和现住地的详细地址。

(11)权利人类型:填写个人、企业、事业单位、国家机关、其他。无法归类为个人、企业、事业单位、国家机关的,填写其他。

(12)共有情况:填写单独所有、按份共有或共同共有。属于按份共有的,还要填写共有的份额。

(13)项目名称:按幢填写项目名称。

(14)房屋性质:填写商品房、房改房、经济适用住房、廉租住房、共有产权住房、自建房等。

(15)产别:根据产权占有不同而划分的类别。按两级分类记录,具体分类标准按《房产测量规范 第1单元:房产测量规定》(GB/T 17986.1—2000)附录A4房屋产别分类执行。

(16)用途:指房屋的实际用途。具体分类标准按《房产测量规范 第1单元:房产测量规定》附录A6房屋用途分类执行。一幢房屋有两种以上用途,应分别注明。

(17)规划用途:填写建设工程规划许可文件及其所附图件上确定的房屋用途。

(18)房屋状况:按幢分别填写幢号、户号、总套数、所在层、总层数、房屋结构、户型、竣工时间、使用面积、建筑面积,东西南北的墙体归属及产权来源等信息。

幢号:按照《不动产单元设定与代码编制规则》中的要求编制和填写。

户号:按照《房屋代码编码标准》(JGJ/T 246—2012)中4.0.7条的要求编制和填写。

总层数:总层数为房屋地上层数与地下层数之和。假层、附层(夹层)、插层、阁楼(暗楼)、装饰性塔楼,以及突出屋面的楼梯间、水箱间不计层数。

所在层:指本权属单元的房屋在该幢楼房中的第几层。地下层以负数表示。

房屋结构:分为钢结构、钢和钢筋混凝土结构、钢筋混凝土结构、混合结构、砖木结构、其他结构等六类。

竣工时间:房屋竣工时间是指房屋实际竣工年份。拆除翻建的,应以翻建竣工年份为准。一幢房屋有两种以上竣工时间,应分别注明。

占地面积:特指房屋地表底层外围水平投影面积,包括地表底层的阳台、柱廊、门廊、室外楼梯等水平投影面积。

建筑面积:房屋外墙(柱)勒脚以上各层的外围水平投影面积,包括阳台、挑廊、地下室、室外楼梯等,且具备上盖,结构牢固,层高2.20 m以上(含2.20 m)的永久性建筑。

专有建筑面积:填写区分所有的建筑物权利人专有部分建筑面积。

分摊建筑面积:填写区分所有的建筑物权利人分摊的共有部分建筑面积。

产权来源:指产权人取得房屋产权的时间和方式,如继承、分析、买受、受赠、交换、自建、翻建、征用、收购、调拨、价拨、拨用等。产权来源有两种以上的,应全部注明。

墙体归属:是房屋四面墙体所有权的归属,分别注明自有墙、共有墙和借墙三类。

(19)房屋权界线示意图:房屋权界线示意图是以权属单元为单位绘制的略图,表示房屋及其相关位置、权界线、共有共用房屋权界线,以及与邻户相连墙体的归属,并注记房屋边长。对有争议的权界线应标注部位。房屋权界线是指房屋权属范围的界线,包括共有共用房屋的权界线,以产权人的指界与邻户认证来确定,对有争议的权界线,应作相应记录。

(20)附加说明:在调查中对产权不清或有争议的,以及设有典当权、抵押权等他项权利的,应做出记录。

5.2 建筑物区分所有权业主共有部分调查表

(1)建筑物区分所有权业主共有部分权利人:填写“业主共有”,不填写具体业主姓名或名称。

(2)建(构)筑物编号、名称、数量或者面积:填写竣工验收后建(构)筑物编号、建(构)筑物名称、数量或者建筑面积。

(3)占地面积：特指建(构)筑物的占地面积。

(4)分摊土地面积：填写建(构)筑物在宗地内的分摊土地面积。

(5)附记：记载建筑区划内属于小区全体业主共有或者部分幢号业主共有的情况、是否分摊等情况。

5.3　房产分户图

参照《房产测量规范 第1单元：房产测量规定》7.3条的规定，按照《不动产权籍调查技术方案(试行)》中附录D的要求绘制。

6　林权调查表填写方法

(1)宗地代码、定着物代码：根据《不动产单元设定与代码编制规则》第8章的编码要求填写。

(2)不动产单元号：根据《不动产单元设定与代码编制规则》第8章的编码要求填写。

(3)森林或林木所有权人：填写权利人的姓名或名称，权利人为自然人的，填写身份证明上的姓名；权利人为法人、其他组织的，填写身份证明上的法定名称。

(4)森林或林木使用权人：填写权利人的姓名或名称，权利人为自然人的，填写身份证明上的姓名；权利人为法人、其他组织的，填写证明文件上的法定名称。

(5)证件种类和证件号：同前文所述权利人身份证件的种类。

(6)代理人姓名、证件类型和证件编号：姓名填写代理人名称、身份证号码和联系电话。无代理的不填。证件类型填写居民身份证、军官证、护照等。证件编号填写代理人的公民身份证号码、军官证号码、护照号码等。

(7)权利人类型：填写个人、企业、事业单位、国家机关、其他。无法归类为个人、企业、事业单位、国家机关的，填写其他。

(8)坐落：填写调查的森林、林木所在的具体地理位置。

(9)造林年度：填写有关文件确定的造林年度。

(10)地名：填写地形图上的标有地名，应以地形图为准，地形图上没有记载或者记载有误的，用当地群众普遍认可的地名。

(11)林班、小班：根据森林资源规划设计调查所区划的林班和小班数据填写。

(12)面积：填写经测量得到的林地面积。此项由测绘单位在测量完成时提供，由调查人员填写，小数点后保留2位。

(13)起源：填写天然林或者人工林。

(14)株数：森林、林木难以用面积准确表明的，填写零星树木、四旁树木和农田林网等的株数。

(15)主要树种：填写森林、林木所在宗地上1～3种主要树木种类。

(16)林种：填写森林种类，包括防护林、用材林、经济林、薪炭林、特种用途林等。

(17)共有情况：填写单独所有、按份共有或共同共有。属于按份共有的，还要填写共有的份额。

(18)审核意见：审核人对林权调查结果进行全面审核，如无问题，即填写“合格”；如果发现调查结果有问题，应填写“不合格”，指明错误所在并提出处理意见。

7 海籍调查表填写方法

7.1 海籍调查基本信息表

(1)不动产单元代码(号):根据《不动产单元设定与代码编制规则》第8章的编码要求填写。

(2)权利人。

权利人类型:填写个人、企业、事业单位、国家机关、其他。无法归类为个人、企业、事业单位、国家机关的,填写其他。

单位/个人:填写权利人的姓名或名称,权利人为自然人的,填写身份证明上的姓名;权利人为法人、其他组织的,填写证明文件上的法定名称。

地址、邮编:记录申请单位的地址或个人住址、邮政编码。如果申请者是非法人单位,或单位地址不明确,填写负责人通信地址。

证件种类:同前文所述权利人身份证件种类。

证件号:填写身份证件上的编号。

法定代表人、身份证号:记录申请单位法定代表人的姓名、身份证号码。如果申请者是非法人单位,填写负责人的姓名、身份证号码并注明。

联系/代理人、身份证号、联系电话:记录负责处理本宗海海域使用权相关问题的授权代表人的姓名、身份证号码和联系电话。

(3)项目用海。

项目名称:记录用海用岛的项目名称。

项目性质:根据用海、用岛项目总体情况,填写公益性或经营性。

等级:填写财政、海洋主管部门按规定确定的海域等级。

用海类型:记录本宗海的一级和二级使用类型,按《海域使用分类体系》中规定的用海类型填写。

构(建)筑物类型:填写构(建)筑物的类型,包括透水构筑物、非透水构筑物、跨海桥梁、海底隧道等海上构筑物类型。

(4)海籍测量。

宗海面积:记录宗海总面积,保留4位小数。

用海总面积:填写用海项目批准使用的全部海域面积。

用海方式:记录本宗海存在的用海方式及其对应内部单元的面积。用海方式按《海域使用分类体系》中规定的二级用海方式填写;面积保留4位小数。

占用岸线:记录本宗海占用的岸线长度,保留2位小数。

宗海位置:以文字方式记录宗海的地理方位、与明显标志物的相对位置等。

使用金总额:填写项目用海、用岛的使用金总额。

使用金标准依据:填写确定项目用海、用岛使用金的标准依据、文件名称。

使用金缴纳情况:填写海域使用人向管理部门缴纳海域使用金的方式,包括一次性、逐年、分期等不同方式。逐年、分期缴纳的,逐年、逐期分别记载。可以另加页记载。

(5)权属核查。

使用期限:有明确使用期限的,填写批准文件或者合同等确定的使用起止期限。如××××年

××月××日起××××年××月××日止。宗海内有多用途、多种使用期限的,可以分用途填写使用期限。

相邻用海的使用人:由本宗海毗邻用海的业主对双方共有界址点、界址线位置进行确认并签字。无毗邻用海的,填“无”;有毗邻用海但业主未签字的,填“未签”。

共有情况,填写单独所有、按份共有或共同共有。属于按份共有的,还要填写共有的份额。

(6)无居民海岛状况。

海岛名称、海岛代码:按照国家发布的全国海岛名称及代码填写。

用岛范围:填写整岛利用或者局部利用。

用岛面积:填写批准用岛的面积。

海岛位置:注明管辖区域,并描述海岛与周边大陆或者海岛的相对位置和距离。

用途:填写旅游娱乐、交通运输、工业、仓储、渔业、农林牧业、可再生能源利用、城乡建设、公共服务等。能够与《土地利用现状分类》衔接的,在备注栏同时记载二级类。

(7)记事。

权属核查记事:记录权属核查中发现的问题和需要说明的情况,例如尚未确权的毗邻用海及与本宗海的具体关系等,并由完成权属核查的人员签署姓名和日期。

海籍测量记事:简要记录测量采用的技术方法和使用的仪器;测量中遇到的问题和解决办法。若存在遗留问题,应记录问题及可行的解决方案,并由完成海籍测量的人员签署姓名和日期。

海籍调查结果审核意见:记录海籍调查结果是否合格、有效的评定意见,并由负责本宗海调查成果审核的人员签署姓名和日期。

(8)备注。

记录其他需要说明的问题。

(9)调查单位(章)。

填写负责承担海籍调查任务的单位全称,并加盖测量资质单位印章。

(10)宗海代码。

根据《不动产单元设定与代码编制规则》的编码要求填写。

7.2　宗海及内部单元记录表

(1)宗海界址线:记录以“*-*-…-*-*”方式表示的界址线,“*”代表界址点编号。首尾界址点编号应相同,以表示界址线闭合。

(2)宗海总面积:记录宗海总面积,保留4位小数。

(3)用海方式:记录本宗海出现的用海方式名称,按《海域使用权分类体系》中规定的二级用海方式填写。

(4)内部单元:记录对应用海方式的宗海内部单元名称,按用途取名,如码头、港池等。

(5)内部单元界址线:记录各宗海内部单元的界址线,要求同“宗海界址线”。

(6)使用金数额:按照用海方式填写其对应的使用金数额。

(7)内部单元面积:记录宗海内部单元的面积,保留4位小数。

(8)合计:记录每种用海方式的面积合计数,保留4位小数。

(9)测量人、审核人:签署测绘、审核人员的姓名。

(10)本表中对应各用海方式的宗海内部单元记录行数应根据实际情况进行调整,填写空间不足时可加附页。

7.3 海籍现场测量记录表

按《海籍调查规范》(HY/T 124—2009)7.7条要求绘制宗海示意图,填写相关界址点坐标。

7.4 宗海位置图绘制说明

按《海籍调查规范》9.3条要求绘制。

7.5 宗海界址图绘制说明

按《海籍调查规范》9.3条要求绘制。

8 构(建)筑物调查表填写方法

(1)宗地(海)代码:根据《不动产单元设定与代码编制规则》第8章的编码要求填写。

(2)不动产单元号:根据《不动产单元设定与代码编制规则》第8章的编码要求填写。

(3)坐落:构(建)筑物的坐落。

(4)构(建)筑物所有权人:填写权利人的姓名或名称,权利人为自然人的,填写身份证明上的姓名;权利人为法人、其他组织的,填写证明文件上的法定名称。

(5)证件种类:同前文所述权利人身份证件的种类。

(6)证件号:填写身份证件上的编号。

(7)权利人类型:填写个人、企业、事业单位、国家机关、其他。无法归类为个人、企业、事业单位、国家机关的,填写其他。

(8)构筑物类型:填写构筑物的类型,包括隧道、桥梁、水塔等地上构筑物。透水构筑物、非透水构筑物、跨海桥梁、海底隧道等海上构筑物类型。

(9)构(建)筑物规划用途:填写构(建)筑物规划许可文件及其所附图件上确定的用途。

(10)构(建)筑物面积:填写构(建)筑物的测量面积。

(11)竣工时间:填写构(建)筑物竣工验收文件确定的竣工时间。

(12)共有情况:填写单独所有、按份共有或共同共有。属于按份共有的,还要填写共有的份额。

附录 B　土地权属界线协议书

土地权属界线协议书

签订单位名称：______________________与

____

________年____月____日

（一）文字与签章

____________与____________相邻的土地权属界线，根据历史上形成的权属界线和有关文件规定，在双方自愿的基础上，经友好协商，于________年____月____日，经相邻双方实地核实，确认土地权属界线正确无争议。

土地权属界线所涉及图幅号：__________________________。

本协议书一式三份，界线双方和县（市、区）国土资源局各存一份。

本协议自双方签章之日起生效。

签订单位（盖章）：

法定代表人或负责人（签章）：

指界人（签章）：

年　　月　　日

签订单位（盖章）：

法定代表人或负责人（签章）：

指界人（签章）：

年　　月　　日

调查人员（签章）：　　　　年　　月　　日

第　　页共　　页

(二)附图

绘图员：　　绘图日期：　　检查员：　　检查日期：　　第　页 共　页

(三)界址说明

界址说明表		
	点号	说　明
界址点位说明		
	界线段	说　明
界址线走向说明		

文字叙述人：　　　　日期：　　年　　月　　日　　　　　　　　　第　　页共　　页

《土地权属界线协议书》填写要求

1. 文字与签章

(1)须用碳素、蓝黑墨水填写,不得涂改。相邻单位之间的飞地也可用此表。

(2)如不足填写,可另加附页,但粘贴处须加盖公章。

(3)“调查人员”填写,要求国土资源主管部门人员和作业队伍人员双方签字盖章。

2. 土地权属界线附图

2.1　绘制要求

(1)可利用土地利用现状图、地籍图、正射影像图、地形图等制作土地权属界线附图,也可以在白纸上绘制。

(2)可以在一张图上绘制一条界线,也可在一张图上绘制多条界线或绘制宗地的全部界线。

(3)按照界址签章表的说明要求,本宗地权利人或指界人和相邻宗地权利人或指界人,都应在附图上签字盖章。

(4)在工作底图上绘制土地权属界线附图,内容包括:①土地权利人及相关权利人的名称及其印章。② 宗地代码,界址点及其编号,界址线。③重要的地理名称和地理表示,如道路名称、山峰名称、山顶点的高程等。

(5)在白纸上绘制土地权属界线附图,内容包括:①土地权利人及相关权利人的名称及其印章。②宗地代码,界址点及其编号,界址线等。③重要的地理名称和地理表示,如道路名称、山峰名称、山顶点的高程等。④邻近界线的地类符号。⑤地形示意线和地理特征线,如山脊线、山谷线等。⑥界址线穿越或依附的沟、渠、路、河流、村庄等地物的符号和名称。⑦其他能够突出界址点线的要素。

2.2　界址线标注方法

(1)如果沟、渠、路、河流、田坎、围墙、地类界等明显线性地物是界址线的标的物,按照地籍图、地形图等图式规定的界线符号,准确调绘其位置并标绘在附图上。

(2)如果山脊线(分水线)、山谷线(合水线)是界址线,则应准确判定其位置。在有森林等植被覆盖的山体上,判读山脊线或山谷线的准确位置有一定难度,则可借助立体观察或参照地形图将山脊线或山谷线准确标绘为界址线。

(3)如果界址线不依附于任何明显线性地物或地形特征线,则应准确调查界址点位置。

(4)如果界址点不依附于任何明显地物,应根据界址点附近的明显地物点,结合地形地貌做好界址点位说明。条件允许,应埋设界桩。

(5)界址点用直径 0.1 mm 的点表示,并用半径为 1.0 mm 的圆圈圈定标注,界址点号用 J_n 表示,n 为 1、2、3……。

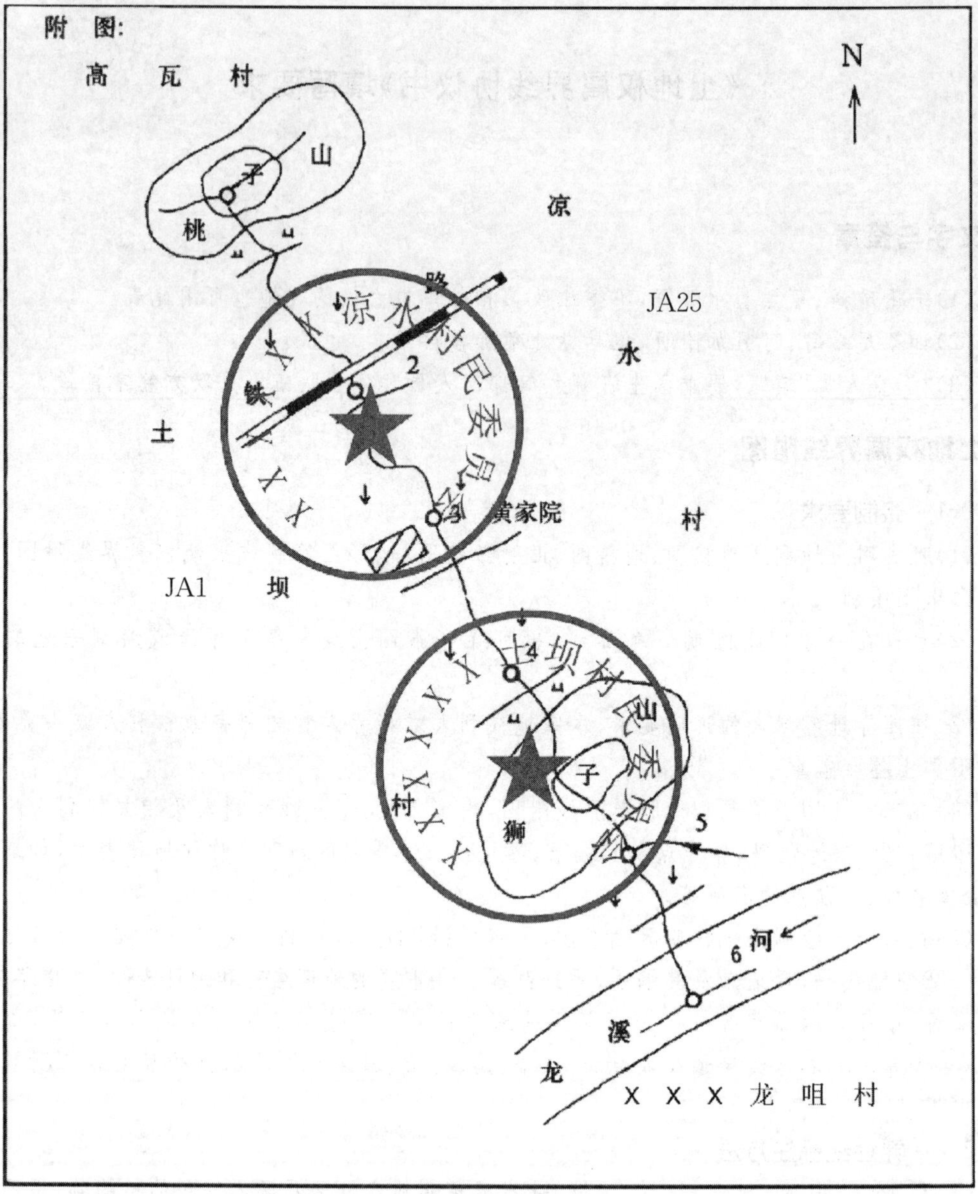

附图 B-1　土地权属界线附图示例

3. 界址说明

(1)如果界址标示无法说明清楚全部或部分界址点线的情况,则需要配合土地权属界线附图填写界址说明表。

(2)界址说明表的填写要求如下:①界址点位说明,利用工作底图,结合土地权属界线附图,主要说明所依附标的物的类型及其位置(内、中、外),及其与周围明显地物地貌的关系。②主要权属界线走向说明,说明权属界线的具体走向。以两个相邻界址点为一节,叙述界线所依附的标的物的状况及其与周围宗地和地物地貌的关系。

(3)界址说明表如附表 B-1 所示。

附表 B-1　界址说明表

界址说明表		
界址点位说明	点号	说　明
	J3	点位于两沟渠中心线的交点上
	J6	号界址点位于××山顶最高处
	J8	界址点位于××工厂围墙西北角处
	J11	界址点位于农村道路与××公路交叉点中心
	J12	界址点位于××承包田西南角等
界址线走向说明	界线段	说　明
	J1—J2	由 J1 沿××公路中央走向至 J2
	J4—J5	由 J4 沿山脊线至 J5
	J9—J10	由 J9 沿××学校东侧围墙至 J10

4　其他

协议书各页之间应编总页码和分页码，并加盖协议双方骑缝章。

附录C　土地权属争议原由书

土地权属争议原由书

争议单位名称：________________________与

____

________年____月____日

土地权属争议原由书

____________________与____________________的土地权属界线于________年______月______日经双方指界人实地踏勘，确认存在争议。经双方商定：暂划定临时界线作为工作界线，此界线仅供面积量算，不作确定权属界线的依据。

土地权属争议界线所涉及图幅号：________________。

本协议书一式三份，界线双方和县(市、区)国土资源局各存一份。

单位(盖章)：　　　　　　　　单位(盖章)：

法定代表人或负责人(签章)：　　　　　　　　法定代表人或负责人(签章)：

指界人(签章)：　　　　　　　　指界人(签章)：

调查人员(签章)：

年　　月　　日

土地权属争议界线示意图

工作界线的实地位置和走向说明	（本权属单位盖章）　（相邻权属单位盖章）
本权属单位认可的权属界线实地位置、走向说明及理由	（本权属单位盖章）
相邻权属单位认可的权属界线实地位置、走向说明及理由	（相邻权属单位盖章）
其他说明	

《土地权属争议原由书》填写说明

(1)争议界线示意图应表示出工作界线、双方各自认可界线的位置和走向，以及确定界线位置的参照物，示意图应与实地一致，争议双方应在示意图上盖章。

(2)签字盖章必须齐全，填写内容不得涂改；如有划改，加盖作业员名章。

(3)按争议地段填写《土地权属争议原由书》，项目栏不够填写的可另加。

(4)首页的编号，暂时不编，待资料归档时统一编号。

(5)"调查人员"填写，要求自然资源主管部门人员和作业队伍人员双方签字盖章。

附录 D　土地调查记录表(电子手簿)

土地调查记录表(电子手簿)

图斑基本信息(Ⅰ)								外业调查信息(Ⅱ)					举证信息(Ⅲ)			耕地信息(Ⅳ)		其他信息(Ⅴ)		备注
行政备注代码	图斑预编号	图斑编号	权属单位名称	权属性质	地类编码	预判地类	图斑面积	外业地类	图斑边界	权属变化	图斑标注	外业记录	是否举证	未举证类型	举证说明	耕地类型	耕地细化标注	城镇村标识	线性图斑宽度	
1	2	3	4	5	6	7	8	9	10	11	12	13	14	15	16	17	18	19	20	21

图斑预编号:草图　　　　填表人:

填写说明:

土地调查记录表(电子手簿)共有 6 部分 21 列,其中Ⅰ、Ⅱ和“备注”为基础部分,Ⅲ、Ⅳ、Ⅴ部分可根据需要与基础部分自行组合,自行组合时应保留列号,打印填写或设计电子手簿填写。

第 1 列“行政代码”,填写县级行政区划代码。

第 2 列“图斑预编号”,填写外业调查时图斑的临时编号,可直接填写国家内业提取图斑编号。外业调查时对预编号图斑进行分割或补测新增调查图斑时,在原预编号图斑下方插入行填写新增图斑调查信息,“图斑预编号”在原图斑预编号上加顺序支号“－1”表示。

第 3 列“图斑编号”,填写数据库建成后图斑编号,可能与图斑预编号不一致。编号统一以行政村为单位,对地类图斑按从左到右、自上而下由“1”顺序编号。

第 4 列“权属单位名称”,填写原土地调查数据库图斑权属单位名称。

第 5 列“权属性质”,填写原数据库图斑权属性质。

第 6 列“地类编码”,填写原土地调查数据库图斑地类编码。

第 7 列“预判地类”，填写国家内业提取地类编码或地方自主内业判读地类编码。

第 8 列“图斑面积”，填写外业调查时图斑的面积，单位为亩，保留 2 位小数。

第 9 列“外业地类”，填写外业调查认定的图斑地类编码。

第 10 列“图斑边界”，填写外业调查图斑边界调绘情况，图斑边界不变填写“BB”，图斑边界变化见调绘草图填写“CT”，图斑边界变化见高精度补测数据填写“BC”，图斑分割或新增图斑填写“XZ”。

第 11 列“权属变化”，填写外业调查权属变化信息，权属单位名称及权属性质不变填写“BB”，权属信息有变化直接填写变化后的“权属单位名称＋权属性质”。

第 12 列“图斑标注”，填写图斑标注代码。

第 13 列“外业记录”，填写外业调查及问询记录。

第 14 列“是否举证”，填写该图斑是否实地举证并提交举证照片，已举证填写“Y”，未举证填写“N”。

第 15 列“未举证类型”，填写未举证情况的类型说明，偏移图斑填写“PY”，已标注种植属性图斑填写“YBZ”，调查地类与影像特征明显一致图斑填写“YXYZ”，不一致部分为狭长或小图斑填写“XTB”，同一道路或影像特征明显的同类型图斑可按类型举证填写“LXJZ”并在备注(21)中填写按类型举证的典型图斑编号，其他情况填写“QT”。

第 16 列“举证说明”，填写图斑外业调查核实需要说明的情况。

第 17 列“耕地类型”，仅填写梯田耕地，梯田填写“TT”，耕地为坡地的不填写。

第 18 列“耕地细化标注”，河道内或滩涂上耕地填写“HDGD”，湖区或滩涂上耕地填写“HQGD”，牧区内的耕地填写“MQGD”，林区内的耕地填写“LQGD”，荒漠化沙化耕地填写“SHGD”等细化调查标注属性。

第 19 列“城镇村标识”，对城市、建制镇、村庄范围内的地类图斑，相应标注 201、202、203 属性，城镇村外部的采矿用地、盐田和特殊用地标注 204 或 205 属性。

第 20 列“线性图斑宽度”，填写线性图斑实地丈量平均宽度，单位为 m，保留 1 位小数。

第 21 列“备注”，记录图斑其他需要备注的内容。如是飞地在此栏填写“飞地”。

草图栏，当图斑边界发生变化时，应绘制图斑变化边界的草图，标记图斑预编号，变化边界草图也可绘制在外业调查底图上。采用 PDA 或高精度测量设备辅助外业调查时，可在 PDA 上调绘变化边界或进行数字测量，并录入相应图斑预编号，以便后期数据处理。